학문의 이해
11

서양 윤리 사상의 이해

서양 윤리 사상의 이해

초판 1쇄 인쇄 2023년 01월 13일
초판 1쇄 발행 2023년 01월 20일
—

지은이 박찬구
펴낸이 이방원
책임편집 송원빈   **책임디자인** 박혜옥
마케팅 최성수 · 김 준   **경영지원** 조성규 · 이석원
—

펴낸곳 세창출판사
　　　신고번호 제1990-000013호 **주소** 03736 서울특별시 서대문구 경기대로 58 경기빌딩 602호
　　　전화 02-723-8660 **팩스** 02-720-4579 **이메일** edit@sechangpub.co.kr **홈페이지** http://www.sechangpub.co.kr
　　　블로그 blog.naver.com/scpc1992 **페이스북** fb.me/Sechangofficial **인스타그램** @sechang_official
—

ISBN 979-11-6684-159-0 93190

학문의 이해
11

서양 윤리 사상의 이해

박찬구 지음

세창출판사

　이 책은 서양 윤리 사상의 흐름을 시대순으로 살펴본 것입니다. 고대 그리스부터 헬레니즘 시대, 그리고 중세와 근대를 거쳐 현대에 이르기까지 방대한 서양 윤리 사상의 흐름을 한 권의 책에서 모두 다룬다는 것은 다소 무모해 보이기도 합니다. 너무 많은 내용을 다루다 보면 읽기에 부담스러워질 수 있고, 그렇다고 너무 간략하게 서술하다 보면 수박 겉핥기식의 내용이 될 수 있기 때문입니다. 저자의 전략은 중용을 취하는 것입니다. 핵심적인 내용을 모두 전달하면서도 간략하고 짜임새 있게 구성하는 것, 후세까지 널리 알려진 주요 메시지를 최대한 담으면서도 마치 이야기의 흐름처럼 유기적으로 구성하는 것, 과연 이 두 마리 토끼를 다 잡았는지의 여부는 독자 여러분의 평가에 맡기도록 하겠습니다.

　이 책을 구성하는 데 저자가 가장 신경 쓴 부분은 사상가들의 저술을 직접 인용한 부분입니다. 가능한 한 원문(그리스어나 라틴어의 경우는 영어나 독일어 번역본) 대조 과정을 거쳤으며, 복수의 번역본이 있는 경우에는 되도록 최근의 번역본이나 널리 알려진 번역본을 참고하였습니다.

저자가 이렇게 원전의 인용에 특별히 주의를 기울이게 된 데에는 나름의 사연이 있습니다. 고등학교 시절 저자는 원래 이과반 학생이었고, 이는 재수하던 시절에도 마찬가지였습니다. 전공분야를 문과로 바꾸게 된 것은 여름방학 직후였습니다. 그때 문과반에서 윤리(당시에는 '국민윤리')를 가르치시던 선생님의 교재가 제 진로를 결정짓는 계기가 되었습니다. 당시 재수학원에서는 과목 담당 선생님이 직접 만든 교재를 사용했는데, 그 교재 속에 인용된 철학자의 한마디 말이 제게 어떤 깨달음을 가져다주었던 것입니다. 결국 저는 당시 학원장의 만류에도 불구하고 철학과로 진학했으며, 저에게 다른 과로 진학할 것을 권유했던 학원장의 뜻을 거스른 일을 결코 후회한 적이 없습니다.

"위대한 사상가의 한마디는 사람의 인생을 바꿀 수 있다!"

제가 인용문에 특별히 신경을 쓰게 된 이유입니다. 그래서 이 책에 등장하는 사상가들의 생생한 목소리가 우리에게 어떤 새로운 깨우침으로 다가오는 경험을 함께 누릴 수 있기를 기대합니다.

이 책이 나오게 되기까지 감사해야 할 분들이 있습니다. 제일 먼저 저자의 스승이자 정신적 멘토였고 지난 3월 갑자기 별세하신 진

교훈 선생님께 무한한 감사의 인사를 드립니다. "선생님! 선생님이 안 계셨다면 학자로서의 저도 없었을 것입니다. 부디 하늘나라에서 행복하소서!" 다음으로 늘 열심히 수업에 참여함으로써 저자에게 지적 자극과 도전의식을 불어넣어 준 서울대학교 윤리교육과의 학부(서양윤리사상)와 대학원(서양윤리사상연습) 학생들에게 고마운 마음을 전합니다. 아울러 정년퇴임한 저자에게 전공 강의를 허락함으로써 저자의 강의 인생을 마무리할 기회를 준 윤리교육과 교수님들께도 심심한 감사를 표합니다.

끝으로 저자에 대한 변함없는 신뢰로 좋은 책을 쓸 수 있도록 늘 격려해 주시는 세창출판사의 김명희 이사님과 편집 과정에서 세심한 배려를 아끼지 않은 편집진 여러분께 깊이 감사드립니다.

들어가며

2023년 1월
박찬구

차례

들어가며   5

제1장 소피스트와 소크라테스   13
  1. 서양 윤리 사상의 연원   15
  2. 소피스트의 윤리 사상   17
  3. 소크라테스의 윤리 사상   19
  생각해 볼 문제   30

제2장 플라톤   33
  1. 플라톤의 문제의식과 이상주의   35
  2. 도덕은 행복과 일치하는가?   40
  3. 이상적 국가와 이상적 인간   45
  생각해 볼 문제   55

제3장 아리스토텔레스   57
  1. 목적론과 최고선   59
  2. 덕과 행복   63
  생각해 볼 문제   78

제4장 에피쿠로스학파와 스토아학파   81

   1. 헬레니즘 시대 윤리 사상의 형성 배경   83

   2. 에피쿠로스학파의 윤리 사상   85

   3. 스토아학파의 윤리 사상   93

   생각해 볼 문제   102

제5장 아우구스티누스와 아퀴나스   105

   1. 중세 윤리 사상의 형성 배경   107

   2. 아우구스티누스의 윤리 사상   108

   3. 아퀴나스의 윤리 사상   116

   생각해 볼 문제   126

제6장 홉스   129

   1. 홉스 윤리 사상의 등장 배경   131

   2. 홉스 윤리 사상의 주요 개념   134

   3. 홉스 윤리 사상의 쟁점들   141

   생각해 볼 문제   147

제7장 스피노자   151

   1. 스피노자 윤리 사상의 등장 배경   153

   2. 스피노자 윤리 사상의 주요 개념   159

   생각해 볼 문제   170

제8장 흄 173

1. 흄 윤리 사상의 등장 배경 175

2. 흄 윤리 사상의 주요 개념 177

3. 흄 윤리 사상의 쟁점들 191

생각해 볼 문제 194

제9장 칸트 197

1. 칸트 윤리 사상의 등장 배경 199

2. 칸트 윤리 사상의 주요 개념 201

3. 칸트 윤리 사상의 쟁점들 213

생각해 볼 문제 219

제10장 벤담과 밀 221

1. 공리주의의 기본 입장 223

2. 벤담의 공리주의 윤리 사상 227

3. 밀의 공리주의 윤리 사상 232

4. 공리주의 윤리 사상의 쟁점들 240

생각해 볼 문제 244

제11장 실존주의와 실용주의   247

    1. 실존주의와 실용주의의 등장 배경   249

    2. 실존주의 윤리 사상   250

    3. 실용주의 윤리 사상   264

    생각해 볼 문제   272

제12장 최근의 윤리적 담론   275

    1. 20세기 윤리학의 흐름   277

    2. 롤스의 정의론   279

    3. 매킨타이어의 덕 윤리   289

    4. 싱어의 실천 윤리   295

    생각해 볼 문제   300

나가며   302

참고문헌   306

찾아보기   309

서양 윤리 사상의 흐름

제1장

소피스트와 소크라테스

기원전 5세기 고대 그리스의 아테네 문화가 꽃필 무렵 등장한 **소피스트**는 객관적 진리와 보편적 윤리의 존재를 부정한 상대주의자들로 알려져 있습니다. 이러한 극단적 상대주의는 급기야 회의주의로까지 나아가면서 윤리의 존립 기반을 허물게 되었습니다. 소피스트들의 상대주의 윤리에 맞서 보편 윤리를 주장한 인물이 바로 **소크라테스**입니다. 그는 윤리적 성찰을 통해 사람들이 보편 윤리에 이르게 하는 것을 자기의 사명으로 여겼습니다.

1. 서양 윤리 사상의 연원

헬레니즘과 헤브라이즘

서양 사상의 두 가지 뿌리를 흔히 헬레니즘(Hellenism)과 헤브라이즘(Hebraism)이라 하는데, 전자는 '고대 그리스-로마 사상'을, 후자는 '유대-그리스도교 사상'을 의미합니다. 서양 철학의 역사에서 전자가 '인간 중심적 문화'이자 '이성 중심의 흐름'을 대표한다면, 후자는 '신 중심적 문화'이자 '신앙 중심의 흐름'을 대표합니다.

소크라테스 이전의 자연철학자들

고대 그리스 사상은 자연에 대한 관심에서 출발했습니다. 그래서 최초의 철학자들을 자연철학자라고 부릅니다. 이들은 우주를 이루는 근원적인 물질(아리스토텔레스가 '아르케'라고 부른 것)이 무엇인지 탐구하였고, 저마다 자기 나름의 주장을 펼쳤습니다. 예컨대 밀레토스학파의 창시자이자 흔히 '철학의 아버지'로 일컬어지는 **탈레스**(BC 624~546)는 '물'을, **아낙시만드로스**(BC 612?~545)는 '무한자(아페이론, Apeiron)'를, 이오니아학파의 창시자이자 '피타고라스의 정리'로 유명한 **피타고라스**(BC 582~497)는 '수'를, "같은 강물에 두 번 들어갈 수 없다"·"만물은 유전(流轉) 변화한다"라는 말로 유명한 **헤라클레이토스**(BC 544?~484)는 '불'을, **데모크리토스**(BC 460~370)는 '원자'를 각각 만물의 근원이라고 주장했습니다.

철학의 역사에서 이들 자연철학이 지니는 의의는, 자연과 우주에서 벌어지는 사건들을 종래의 신화적이고 주술적인 관점에서 벗어나 과학적으로 해석하기 시작했다는 점입니다. 여기서 '과학적'이라는 말은 세계나 인간이나 사회의 일들을 끈기 있고 편견 없이 관찰함으로써 객관적인 지식을 얻으려는 태도를 가리킵니다. 이러한 정신은 옛 전통에 사로잡혀 부정확한 관찰을 하거나 왜곡된 판단을 하는 일 없이 성실한 호기심으로 탐구하는 과학적 전통을 낳게 됩니다. 따라서 고대 그리스의 자연철학이야말로 과학적 정신을 바탕으로 한 서양 문화의 원천이라 불러도 좋을 것입니다.

2. 소피스트의 윤리 사상

소피스트의 등장

페르시아 전쟁에서 승리한 후 아테네는 그 국력과 부가 절정에 이르러 정치적 담론이 활성화되고 문학과 예술이 꽃피는 등 문화가 융성했습니다. 이에 그리스의 여러 도시로부터 아테네로 모여든 일군의 지식인들이 있었는데, 그들 가운데 일부가 이른바 **소피스트**라고 불리는 이들입니다.

소피스트라는 말은 '궤변론자'라는 번역어에서 짐작할 수 있듯이 대체로 부정적인 의미를 지닙니다. 그럴듯한 말로 사람을 현혹하는 지식 장사꾼의 이미지가 그것입니다. 플라톤은 이들을 가리켜 '부유하고 뛰어난 젊은이들을 돈을 받고 현혹하는 사냥꾼'이라고 했으며, 아리스토텔레스는 '피상적인 지식을 설파하여 돈을 벌려고 하는 사람'이라고 표현했습니다. 그러나 다른 관점에서 보면 이들의 활동이 철학의 발전에 중대한 공헌을 한 것도 사실입니다. 이들은 철학적 탐구의 대상을 자연과 우주에서 인간과 사회로, 가치중립적인 과학에서 인간의 실제 삶으로, 형이상학적이고 추상적인 것에서 현실적이고 구체적인 것으로 옮겨 놓았던 것입니다.

상대주의, 쾌락주의, 회의주의

소피스트들은 윤리적 **상대주의**를 표방한 것으로 알려져 있습니다. 그 이유 중 하나는 이들이 다양한 지역에서 왔고, 여러 지역 사람들이 실제로 어떻게 서로 다르게 살고 있는가를 경험했기 때문입니다. 그들은 도시마다 사람들의 생활방식이나 규범에 차이가 있다는 것을 발견하고 다음과 같이 주장했습니다. '모든 인간에게 보편적으로 바람직한 삶의 방식은 존재하지 않는다. 윤리 역시 시대와 장소에 따라 달라지는 상대적인 것일 뿐이다!'

'인간은 만물의 척도'라는 프로타고라스(BC 490?~420)의 말은 이러한 '상대주의'의 입장을 대변한 것이라 할 수 있습니다. 여기서 '인간'이란 보편적인 인간이 아닌 개개인을 가리킵니다. 똑같은 사물도 사람에 따라 다르게 받아들일 수 있고 또 그 판단 기준도 제각각일 수 있다는 것입니다. 따라서 모든 것은 상대적이고, 옳고 그름의 가치 판단도 개인에 따라 달라지며, 보편적인 윤리 또한 존재하지 않게 됩니다.

이렇게 우리의 삶과 행위를 위한 객관적인 판단 기준이 존재하지 않는다면, 우리는 무엇을 근거로 행위하게 될까요? 그것은 아마도 개개인의 욕망일 것입니다. 각 사람이 자신의 욕망을 추구하고 그것을 충족함으로써 쾌락을 얻는 것, 이것이 삶의 목적이 될 것입니다. 자신의 욕망을 마음껏 추구하고 그 욕망을 규제할 어떤 윤리적 기준도 인정하지 않는 삶의 자세는 곧 쾌락주의를 의미합니다. 동시에 이것은 '약육강식(弱肉强食)의 자연법칙'만을 행위의 유일한 근거로 인정하는 태도이자, 힘과 힘의 투쟁에서 공정한 표준은 없다는 선언이기도 합니다. "정의란 강자의 이익 이외에 다른 것이 아니다"(『국가』 338c)[001]라든가 "법이란 정부가 자기들의 편익을 위해 만들어 낸 것"(『국

---

001   이하 『국가』의 인용은 『플라톤의 국가』(박종현 역주, 서광사, 2005) 참조.

가』 338e)이라는 트라시마코스(BC 459~400)의 주장은 이러한 입장을 대변한 것입니다. 이에 따르면 세상을 지배하는 것은 권력이며, 정부는 강자가 약자를 통제하기 위하여 만든 것이고, 통치자들은 오직 자신들의 이익을 추구하기 위하여 법률을 제정합니다. 이처럼 권력이 옳음을 만들어 내고, 힘이 곧 정의가 되는 세상에서는 모든 사람이 권력을 차지하기 위해 투쟁하게 될 것입니다.

여기서 우리는 상대주의가 무절제한 개인주의로 흐르면서 힘과 힘의 투쟁으로 점철된 야만적 자연 상태를 낳고, 급기야 회의주의로 이어질 수 있음을 보게 됩니다. 다음과 같은 고르기아스(BC 483~375)의 주장은 이를 잘 보여 줍니다. "아무것도 존재하지 않는다. 그 이유는 어떤 것이 존재한다 하더라도 우리가 그것을 알 수 없으며, 설사 누군가 그것을 알았다고 하더라도 그 지식을 남에게 전할 수 없기 때문이다."

소크라테스는 이러한 상대주의와 회의주의에 맞서 참된 지식과 윤리적 판단을 위한 확고한 기초를 세우기 위해 노력합니다.

3. 소크라테스의 윤리 사상

소크라테스가 소피스트와 다른 점

철학적 탐구의 대상을 자연에서 인간으로 옮기는 데 선구적 역할을 한 것은 소피스트들이었는데, 어떤 관점에서는 소크라테스도 이들 중 한 명이라 할 수 있습니다. 그러나 똑같이 인간의 문제를 다루었다는 공통점 외에 이들 사이에는 두 가지 다른 점이 있었습니다. 첫째, 소피스트들은 스스로 현자임을 자처하면서 사람들에게 일방적으로 자기 의견을 전달하려 하였고 상대주의적 입장에서 그럴듯한 수사학적 설득 방법을 주로 사용하였던 반면, 소크라테스는 이성적 추론 과정과 대화를 통한 상대방과의 공동 탐구를 중시하였다는 점입니다. 둘째, 소피스트들이 인간의 문제에 관심을 가지긴 했으나 주로 피상적이고 지엽적인 문제를 다루었던 반면, 소크라테스는 인간의 본질적 이해로서의 자각을 중시하고 그의 참된 사명과 고유의 기능(ergon)을 알려고 했다는 점입니다.[002]

소크라테스

002   박종현(1985), 『희랍사상의 이해』, 종로서적, 117~118쪽.

'무지의 지'와 '산파술'

이제 소크라테스가 어떤 취지에서 **무지의 지**를 강조하게 되었는지 알아봅시다. 처음에 그는 '소크라테스가 가장 현명한 인물'이라는 신탁의 내용을 듣고 그것을 반박(확인)하기 위해, 이른바 현명하다는 사람들을 찾아가 차례로 대화를 시도해 보았다고 합니다. 그 결과 그가 깨달은 사실은, 그들이 진정으로 현명하지 않으면서도 스스로 많은 것을 알고 있다고 잘못 생각하고 있더라는 것입니다.

> 그 사람보다야 내가 더 현명하지. 사실은 그 사람도 나도 가장 훌륭한 것에 대해 아무것도 알고 있지 못한 것 같은데, 그 사람은 아무것도 모르면서도 마치 자기가 대단한 것을 알고 있는 것처럼 생각하지만, 나는 실제로 아무것도 모르기 때문에 알고 있다는 생각도 하지 않기 때문이지. 어쨌든 내가 모르는 것을 있는 그대로 모른다고 생각하는 바로 이 사소한 한 가지 점에서 내가 더 현명한 것 같아. (「소크라테스의 변론」21d)[003]

현명하다는 정치인, 시인, 장인(匠人)들을 만나 대화해 본 결과 소크라테스가 내린 결론은 다음과 같습니다.

> 그러나 여러분! 사실은 신만이 지혜롭고, 또한 신은 이 신탁의 응답에서 인간적인 지혜는 거의 무가치하거나 전혀 가치가 없

---

[003]　이하 「소크라테스의 변론」의 인용은 『플라톤의 네 대화 편』(박종현 역주, 서광사, 2003) 참조.

다는 걸 말하고 있는 것 같습니다. 신은 또한 저 소크라테스를 거론하기는 하되, 단지 저를 본보기로 삼느라 저의 이름을 이용한 것 같아 보입니다. 마치 "인간들이여! 그대들 중에서는 이 사람, 즉 소크라테스처럼, 자기의 지혜가 진실로 전혀 보잘 것없다는 사실을 깨달은 자가 가장 지혜로운 자이니라"라고 말하려 한 것 같다는 말씀입니다. (『소크라테스의 변론』 23a~b)

소크라테스가 보기에 '자신의 무지에 대한 깨달음'은 참된 지식을 얻기 위한 첫째 조건입니다. 어떤 사람이 어떤 문제에 관한 지식을 자신이 이미 소유하고 있다고 생각한다면 그런 지식을 탐구하려고 할 리가 없기 때문입니다. 그래서 소크라테스는 참된 지식의 탐구에 앞서 마음을 채우고 있는 어설프고 잘못 인도된 생각들이 먼저 제거되지 않으면 안 된다고 생각했습니다. 그리고 이를 통해 사람의 '사람다움'과 '훌륭함(덕)'이 무엇인지 밝히고자 하였으며, 무엇보다 이러한 진리를 일방적으로 전달하기보다 상대방과의 공동 탐구를 통해 스스로 깨닫도록 하는 방식을 취했습니다. 흔히 산파술이라 불리는 이 방식은 다음과 같은 소크라테스의 소신에서 나온 것입니다. 즉 인간은 결코 진리를 가르칠 수 없다는 것, 자신이 가진 진리를 타인에게 전달할 수 없다는 것, 그리고 배우는 자는 오직 스스로 자신 안에서 진리를 낳을 수밖에 없다는 것입니다. 따라서 어떤 스승도 제자에게 직접 진리를 전달해 줄 수는 없으며, 단지 제자가 스스로 진리를 깨닫도록 인도할 수 있을 뿐이라는 것입니다.

이는 진리를 낳는 것은 인간이 아니라 (인간에 내재한) 신이라는 의미이기도 합니다. 진리를 깨우치는 순간, 인간은 이미 신과의 관계성을 확보하는 것이며 신성한 세계에 들어서게 되는 것입니다. 그래서 인간이 자신의 참모습을 안다는 것은 곧 신을 안다는 것을 의미합니다. 이러한 인간 이해는, 인간이란 그의 내면에 이미 '신성한 어떤 것'을 가능성으로서 지닌 존재이며, 초월적인 세계를 향해 열려 있는 존재라는 것을 말해 줍니다.

죽음에 대한 생각

잘 알다시피 소크라테스는 석가모니, 공자, 예수와 더불어 세계 4대 성인의 한 명으로 꼽히는 인물입니다. 이 중 예수와 소크라테스는 그들을 반대하는 사람들의 고발로 재판에서 사형 선고를 받아 죽임을 당했습니다. 오늘날 우리가 이 두 사람을 성인으로 추앙하는 이유 중 하나는 그들이 '죽음을 극복'했기 때문입니다. 당시 소크라테스가 기소된 이유는 "그가 젊은이들을 타락시키고, 나라가 믿는 신들을 믿지 않고, 다른 새로운 영적 존재(daimonion)를 믿음으로써 죄를 범했다"(「소크라테스의 변론」 24b)는 것입니다. 이에 대해 소크라테스는 다음과 같이 당당하게 외칩니다.

> 만일 여러분이 저를 사형에 처한다면, 여러분은 저를 해친다기보다 오히려 여러분 자신을 해치게 될 것입니다. […] 한결 나은 사람[선인]이 한결 못한 사람[악인]에 의해서 해를 입는다는 것은 가당치 않다고 여겨지기 때문입니다. […] 그러므로 아테네인 여러분! 지금 제가 변론을 하고 있는 것은 결코 저 자

신을 위해서가 아니라 오히려 여러분을 위해서입니다. 즉 여러분이 제게 유죄 평결을 내림으로써 여러분을 위한 신의 선물과 관련해서 무엇인가 잘못을 저지르는 일이 없었으면 해서입니다. (「소크라테스의 변론」 30c~d)

특히 죽음과 관련하여 소크라테스는 죽음은 자신의 관심거리가 아니며, 오로지 어떤 옳지 못한 일, 불경한 일을 행하지 않는 것만이 자신의 관심거리라고 주장합니다. 다음 글은 죽음에 대한 그의 생각, 특히 **영혼불멸**에 대한 그의 믿음을 보여 줍니다.

죽는다는 것은 둘 중 하나일 것입니다. 하나는 아무것도 아닌 것으로서, 죽은 자는 아무런 감각도 갖지 않거나, 다른 하나는 일종의 변화로서 혼이 이곳에서 저곳으로 이주하는 것일 것입니다. 만일 그것이 아무런 감각도 없는 상태, 이를테면 잠자는 사람이 아무 꿈도 꾸지 않을 경우의 수면 상태라면 죽음은 놀라운 이득일 것입니다. [⋯] 그러나 죽음이라는 것이 이곳에서 저곳으로 떠나가는 것과 같은 것이라면, 그래서 죽은 자들이 모두 거기에 있다는 것이 사실이라면, 이보다 더 좋은 일이 어디에 있겠습니까? [⋯] 만약에 이것이 진실이라면 저로서는 몇 번이고 죽고 싶은 마음일 것입니다. [⋯] [만나고 싶었던] 이들과 거기에서 대화를 하며 함께 지낸다는 것은 굉장한 행복일 테니까요. [⋯] 여러분 또한 죽음에 대해서는 희망차야만 합니다. 그리고 이 한 가지는 진실이라고 생각해야 합니다. 즉 선량한 사람에게는 그가 살아서건 죽어서건 그 어떤 나쁜 일도 없으며, 또한 이 사람의 일들을 신들이 소홀히 하지도 않는다 고 말입니다. (「소크라테스의 변론」 40c~41d)

「소크라테스의 변론」은 우리에게 한 위대한 인물의 초상을 보여 줍니다. 확고한 신념을 지닌 고결한, 그러면서도 세속적 성공에 관심이 없는 인물, 갈고닦은 위대한 정신력으로 육신의 욕망을 완전히 지배한 인물, 그리고 자기 내면에서 들려오는 신의 목소리(다이모니온, 양심)를 믿고 따르며, 올바르게 살기 위해서는 명료한 사고가 제일 중요한 조건임을 굳게 믿는 인물을 보여 주고 있습니다.

지와 덕의 일치

소크라테스는 '덕(훌륭함)은 곧 지식(지혜)'이라고 주장합니다.[004]

만약에 [사람으로서의] 훌륭함(덕)이 혼에 있는 것들 중 한 가지이고 또 이로운 것임이 틀림없다면, 그것은 마땅히 지혜(사려분별)여야만 하네. 혼과 관련된 모든 것은 그 자체로는 이롭지도 해롭지도 않으나, 지혜(사려분별)와 함께하는가 또는 어리석음과 함께하는가에 따라 이롭기도 하고 해롭기도 하기 때

---

004 우리는 플라톤의 네 가지 주요 덕(이른바 지혜, 용기, 절제, 정의)에 대해 이미 잘 알고 있습니다. 그 덕들 중 지혜가 첫 번째인 점(즉 지혜는 덕의 부분집합임)과, 플라톤이 소크라테스의 사상을 이어받았음을 감안할 때, '덕이 곧 지식(지혜)'라는 입장은 충분히 납득할 만합니다.

문일세. 이 주장에 따른다면, [사람으로서의] 훌륭함은 어쨌든 이로운 것이기에 일종의 지혜(사려분별)임에 틀림없네. (「메논」 88c~d)[005]

덕이 곧 지식이라는 주장에 이어서 소크라테스는 '모든 인간은 좋은 것(선)을 원하지 나쁜 것(악)을 원하지는 않는다'고 주장합니다. 사람들은 항상 자신이 좋다고 믿는 것을 추구하지, 누구도 어떤 것이 나쁘다는 것을 알면서 그것을 자발적으로 선택하지는 않는다는 것입니다. 그렇다면 우리가 무엇이 좋은 것인지를 알게 된다면, 이러한 앎(지식)은 바로 그 좋은 것을 추구하는 행위로 이어질 것입니다. 이로써 우리의 지식은 덕 있는 행위를 하기 위한 충분조건이 됩니다.

"무지란, 우리가 중요한 문제들에 대해 그릇된 판단을 하고 있거나 속고 있는 것이 아닐까요?"
이에 나는 다음과 같이 말했네.
"그렇다면 어느 누구도 나쁜 일 또는 나쁘다고 생각하는 일을 자발적으로 행하려 하지는 않을 것입니다. 자신이 좋다고 생각하는 일 대신에 나쁘다고 생각하는 일을 선호하여 이를 행하려 하는 것이 인간의 본성은 아니지 않겠습니까? 또한 두 가지 나쁜 일 중에서 부득이 어느 하나를 선택하지 않을 수 없을 경우, 누구든 덜 나쁜 걸 선택할 수 있는데도 더 나쁜 걸 선

---

005   이하 「메논」과 「프로타고라스」의 인용은 『플라톤의 프로타고라스/라케스/메논』(박종현 역주, 서광사, 2010)을 참고하였음.

택하지는 않지 않겠습니까?"

우리 모두는 이러한 의견에 동의하였네. (『프로타고라스』 358c~d)

살다 보면 어떤 것이 나쁘다는 것을 뻔히 알면서도 '쾌락의 유혹에 넘어가', 즉 '의지의 나약함 때문에' 그것을 추구하는 일도 있지 않나요? 하지만 소크라테스는 이를 부정합니다. 어떤 행위가 나쁘다는 것을 알면서도 쾌락을 탐하는 욕구에 굴복하여 그 행위를 하겠다고 마음먹을 때, 그는 자신이 하려는 행위가 결국 고통스러운 결과를 낳으리라는 점을 깨닫지 못하고 있다는 것입니다. 즉 그는 제대로 안 것이 아니라는 것입니다. 그가 참으로 깨달았다면 그의 앎은 반드시 실천으로 이어졌으리라는 것입니다. 따라서 소크라테스가 보기에 악한 행위란 분명히 비자발적인 것이며 무지의 결과입니다. 이로써 우리는 왜 소크라테스의 학설을 **주지주의**라고 부르는지 짐작할 수 있습니다.

올바른 인식이 올바른 행동을 낳는다는 소크라테스의 주장은 나중에 아리스토텔레스에 의해 비판을 받습니다. 무엇이 선이고 무엇이 옳은지를 아무리 잘 알고 있다 하더라도 실제로 그것을 선택하고 행하는 일은 별개의 문제라는 것입니다. 만일 사람들이 어떤 일이 옳지 못하다는 것을 알면서도 그 일을 한다면, 이는 과연 '지적인 오류' 때문일까요, 아니면 '도덕적인 나약함' 때문일까요? 소크라테스는 전자에 기인한다고 말하지만, 아리스토텔레스도 지적하듯이, 이는 우리의 일상적 경험과 일치하지 않는 것 같습니다.

윤리의 영역에서 '지식'의 성격을 우리는 어떻게 이해해야 할까요? 그것은 현상세계에서 사건의 인과관계를 정확히 추론하는 것과 같은 '논리적·경험적 지식'일까요, 아니면 플라톤이 이데아를 상기해 내는 것과 같은 '직관적 통찰'일까요?

덕과 복의 일치

소크라테스에 따르면, 덕 있는 사람은 어떤 해도 입을 수 없으며, 오직 덕이 있다는 그 이유만으로 행복한 사람입니다. 반대로 덕이 없는 사람은 어떤 행복도 누릴 수 없습니다. 앞에서 덕은 곧 지식(앎)이라고 했으므로, 덕 있는 사람은 무엇이 좋은 것(선)인지를 알고 있기 때문에 좋은 것을 추구하고 나쁜 것(악)을 피할 것입니다. 그리고 그렇게 함으로써 행복을 누릴 수 있습니다.

그렇다면 소크라테스에게 행복이란 과연 어떤 것일까요? 그것은 쾌락과 같은 것일까요? 잘 알다시피 쾌락이란 인간의 욕구와 관련된 개념입니다. 먼저 어떤 욕구를 전제하고 그 욕구가 충족될 때 뒤따르는 심리적 상태를 의미합니다. 즉 쾌락은 욕망 충족에 뒤따르는 우리의 주관적 느낌이라고 할 수 있습니다. 그런데 소크라테스는 객관적으로 타당한 기준에 의해 옳다고 인정되지 않는 한 인간의 욕망을 신뢰하지 않았습니다. 따라서 무한한 욕망의 추구를 긍정하는 쾌락주의에도 반대했습니다. 극단적 쾌락주의자인 칼리클레스가 무엇보다도 쾌락이 가장 좋은 것이라고 말할 때, 소크라테스는 이렇게 되묻습니다.

가려움증을 참지 못해 실컷 몸을 긁어 대는 자가 이 긁어 대기

를 평생토록 계속한다면, 행복하게 사는 것인가? (「고르기아스」 494c)[006]

아무리 가려운 곳을 긁는 일에 쾌락이 뒤따른다 해도 이것이 가려움증 없는 건강한 상태보다 더 행복한 것이라고 말할 수는 없을 것입니다. 따라서 **진정한 행복**은 감각적 쾌락에서가 아니라 삶의 온전함이나 영혼의 온전함에서, 다시 말해 자기 자신의 본성을 실현한 상태에서 찾을 수 있을 것입니다. 이것은 우리가 무엇이 선인지, 무엇이 옳은지, 무엇이 행복인지를 알게 될 때, 즉 **참된 앎**에 이를 때 가능해집니다. 이로써 우리는 '지와 덕과 복의 일치'를 주장하는 소크라테스의 입장을 확인할 수 있습니다.

한편, 소크라테스는 우리가 보편적 가치의 존재를 부인할 수 없으며 오랜 토론을 통해 그것을 알아낼 수 있다고 주장했습니다. 또 우리가 보편적 가치의 최종적 근거를 확인하는 데까지 이르지 못한다 해도 그 탐구 과정에서 커다란 소득을 얻게 된다고, 즉 자신의 역량과 한계를 더 잘 인식하게 된다고 주장했습니다. 이처럼 소크라테스는 사람들의 윤리적 성찰을 돕는 일을 자기의 사명으로 생각했습니다. 그는 윤리학의 역사상 어떤 최종적인 결론을 제시해 준 사람은 아니지만, 탐구의 방법과 목적을 제시해 준 사람이었습니다.

006　「고르기아스」의 인용은 『플라톤의 고르기아스/메넥세노스/이온』(박종현 역주, 서광사, 2018)을 참고하였음.

1. 다음은 프로타고라스의 사상을 설명하는 글입니다. 여기서 언급된 '인간'이란 어떤 인간을 의미할까요? '유(類, 전체)로서의 인간'일까요, '집단적인 인간'일까요, 아니면 '개인으로서의 주체'일까요?

> 프로타고라스는 보편타당하고 객관적인 진리는 없다고 주장한다. 진리는 대상 속에 있지 않다. 객관적인 사태란 존재하지 않으며, 항상 주관 자신이 스스로의 의견을 말하고 있을 뿐이다. 우리는 사물을 이렇게도 볼 수 있고 저렇게도 볼 수 있다. "나에게는 개별적인 사물이 나에게 나타나는 그대로이고, 너에게는 너에게 나타나는 그대로이다." (단편 1)
>
> 이리하여 인간은 진리라고 말해지는 모든 것에 대해 척도가 되며, 가치·규범·법률·이념 및 이상과 같은 모든 것의 척도가 된다. "인간은 만물의 척도다. 있는 것에 대해서는 그것이 있다는 사실의 척도요, 없는 것에 대해서는 그것이 없다는 사실의 척도다." (단편 1)[007]

2. 다음은 소크라테스의 생전 마지막 날, 그가 독배를 마시기 직전에 언급한 내용입니다. 이를 통해 소크라테스의 생사관과 인생관에 대해 이야기해 봅시다.

---

[007]   요한네스 힐쉬베르거(1994), 『서양철학사』(상권), 강성위 역, 이문출판사, 95쪽.

혼이 과연 죽지 않는 것이라면, 혼을 보살피는 것이야말로 비단 우리가 살고 있는 이 기간만이 아니라 모든 때를 위해서 요구되는 일이네. 그리고 만약에 누군가가 이를 소홀히 한다면, 그 위험은 이제 곧 무서운 것일 것으로 생각되네. 만일 죽음이 모든 것으로부터의 벗어남이라면, 나쁜 사람들에게는 천행일 것이니, 이들은 죽음으로써 몸에서 벗어남과 동시에 혼과 함께 자신들의 나쁨(사악함)에서도 벗어나게 되는 것이지. 그러나 실은 혼이 죽지 않는 것 같으므로, 혼이 나쁜 것들에서 벗어나는 길이나 구원책으로는, 혼이 가능한 한 최대한으로 훌륭해지고 지혜롭게 되는 것 이외에는 도무지 다른 길이 없다네…. (『파이돈』 107c~d)[008]

바로 이런 이유들로 해서 누구든 이런 사람은 자신의 혼에 대해서 확신을 가져야만 하네. 즉, 생애를 통해 몸과 관련된 다른 즐거움들이나 치장들에 대해서는, 제 것 아닌 낯선 것들이며, 이롭게 하기보다는 더 해롭게 하는 것이라 여기고서 결별을 하되, 배우는 것과 관련된 즐거움들에 대해서는 열의를 보이며, 혼을 낯선 것이 아닌 혼 자체의 장식물로, 곧 절제와 정의, 용기, 자유 그리고 진리로 장식하고서, 정해진 운명이 부를 때에는 이처럼 저승으로의 여행을 떠날 생각으로 기다리고 있는 사람은 말일세. 그러므로 자네들도, 또 다른 사람들도, 저마다 다음 기회에 어느 땐가는 그 여행을 떠나게 될 걸세. (『파이돈』 114d~115a)

---

008   이하 『파이돈』의 인용은 박종현 역주, 『플라톤의 네 대화 편』(박종현 역주, 서광사, 2003)을 참고하였음.

제2장

플라톤

20세기 미국의 철학자 화이트헤드(1861~1947)는 '플라톤 이후의 서양철학사는 단지 플라톤에 대한 주석에 지나지 않는다'고 말했습니다. 서양철학사에 미친 플라톤의 영향이 그만큼 결정적이었다는 뜻입니다.

플라톤의 윤리학은 그의 대표적 저술인 『국가』를 통해서 잘 드러납니다. 이 책의 중심 주제는 **정의**인데, 플라톤은 정의의 본질에 대해서 독창적인 이론을 전개합니다. **행복** 또한 그가 중시한 주제로서, '무엇이 과연 행복인가'라는 물음을 놓고 심도 있게 검토합니다.

1. 플라톤의 문제의식과 이상주의

시대적 배경

플라톤의 윤리학의 배경에는 당시의 시대 상황이 놓여 있습니다. 그 당시 아테네는 펠로폰네소스 전쟁에서 스파르타에 패하여 도시가 모두 무너지고 기존 질서도 전면 와해된 상태였습니다. 전쟁의 패배와 더불어 문명이 쇠퇴하고 모든 것이 해체되어 가고 있었습니다. 국가 간에는 힘의 논리만 작용하여 '강자의 이익'이 곧 정의였고, 국가 내의 각 계층은 당파적 이익만을 앞세움으로써 나라는 혼란의 도가니였으며, 도덕이 땅에 떨어져 패륜적인 행동조차 변명만 잘 하면 아무 일 없이 지나갈 수 있었습니다.

이러한 세태를 가장 잘 반영한 것이 바로 소피스트들의 행태였습니다. 이들은 제대로 알지도 못하면서 마치 모든 것을 아는 것처럼 떠들고 다니며 돈을 벌었고, 궤변을 일삼으며 극단적 상대주의를 표방하였습니다. 대중을 선동하는 교묘한 언변으로 재판에서 이기는 것만이 목적일 뿐, 무엇이 참된 진리인지에 대해서는 아무런 관심도 없었습니다. 이는 진리란 따로 존재하는 것이 아니라 인간이 정하기 나름이라는 극도의 상대주의적이고 회의주의적인 입장에 다름 아니었습니다. 플라톤의 의도는 이러한 상대주의와 회의주의에 맞서 사물의 참된 본성과 질서를 회복하고 이를 통해 인간의 참모습을 되찾는 것이었습니다.

플라톤

동굴의 비유

이러한 문제의식은 『국가』 제7권에 나오는 **동굴의 비유**를 통해 잘 드러납니다. 이는 현실의 일상적 삶을 살아가는 우리의 모습을 동굴 안에 묶여 있는 죄수의 처지에 비유한 것으로서 그 요지는 다음과 같습니다.

동굴 안에는 오직 눈앞의 벽면만을 쳐다보도록 묶여 있는 죄수들이 있는데, 그 벽면에는 뒤에 있는 담 위로 지나가는 사람·동물 모형의 그림자가 비치게 되며, 담의 뒤쪽에는 빛의 근원인 불이 타오르고 있다. 늘 그림자만을 보면서 지내는 죄수들은 그 그림자들을 진짜 사람과 동물이라고 믿을 것이다. 그러던 중 몇몇 죄수들이 고개를 돌려 타오르는 불과 여러 가지 사람이나 동물의 모형을 직접 보게 된다면, 그런 모형들이 벽면에 비친 그림자보다 더욱 진짜임을 깨닫게 될 것이다. 그런데 만일 어떤 죄수가 동굴 밖으로 빠져나와 거기서 사람이나 동물들과 직접 마주치게 된다면, 그는 이런 대상들이야말로 가장 진짜이며 동굴 안에서 보았던 여러 모형이나 벽면의 그림자는 단지 실제 사물의 모사나 반영일 뿐이라는 사실을 깨닫게 될 것이다. 그 결과 우리의 앎에는 그 실재성과 참됨의 측면에서 정도의 차이가 있다는 점을 알게 될 것이다. 마침내 그는 동굴 안으로 되돌아가서 여전히 사슬에 묶여 있는 다른 죄수들을 깨우쳐 주고 싶겠지만 이는 쉽지 않을 것이다. 진짜 세계를 경험하지 않는 한 그들의 이야기를 잘 믿으려 하지 않을 것이기 때문이다. (『국가』 514a 이하)009

동굴의 비유에는 플라톤이 우리에게 전하려는 메시지가 담겨 있습니다. 특히 윤리학의 관점에서 이 비유는 우리의 일상적인 도덕적 사고들이 마치 동굴 벽에 비친 그림자들에 대한 지식과 같은 것은 아닌지 돌아보게 만듭니다. 실제 사물의 모형이나 그림자, 즉 가짜를 진짜로 알고 있는 것은 아닌지 돌아보라는 것입니다. 우리는 동굴 속과 같은 제한된 시각에서 벗어나야만 참된 **진리**나 **정의**가 무엇인지 알 수 있다는 것, 그리고 그것을 아직 깨닫지 못한 동료들에게 전하는 일은 결코 쉽지 않다는 것입니다.

이데아, 그리고 '선의 이데아'

플라톤은 흔히 실재론자이자 이상주의자로 불립니다. 플라톤에게 **실재**(實在, 참된 존재)란 현실 세계에서가 아니라 **이상**(이데아, idea) 세계에서 찾아집니다. 시·공간 속에서 전개되는 현실 세계에서는 모든 것이 변화합니다. 따라서 일시적으로 존재했다가 사라지기를 반복하는 불완전한 존재들만 있을 뿐, 불변하는 참된 실재를 찾을 수는 없습니다. 반면에 이상 세계에는 모든 사물의 본질이 이상의 형태로 존재합니다. 이러한 이상을 **형상**(形相, 사물의 본질)이라고도 합니다. 이것은 감각 경험을 통해서가 아니라 이성을 통해서, 즉 수학적 사고와 같은 순수한 지성을 통해서 인식됩니다. 이상의 예로는 이상적인 정삼각형, 이상적인 인간, 이상적인 국가 등을 들 수 있는데, 현실 세계에는 이러한 완전한 형태의 정삼각형, 완벽한 인간이나 국가는 존재하지

---

009   이하 『국가』의 인용은 플라톤, 『플라톤의 국가』(박종현 역주, 서광사, 2005)를 참고하였음.

않습니다. 현실의 모든 정삼각형, 개인, 국가는 그 이상적 본질에 비추어 볼 때 실재성의 측면에서 불완전하고 열등한 것이 사실입니다. 그런데 이러한 이상은 우리에게 중요한 의미를 지닙니다. 그것은 불완전한 현실의 모습을 더욱 실재에 가깝게 만들기 위한 기준이 되기 때문입니다.

이러한 이상의 중심에는 궁극적 이상으로서의 참된 선(좋음), 즉 선의 형상이 놓여 있습니다. 선의 형상은 세계의 모든 실재의 궁극적 원인입니다. 플라톤은 이를 태양의 비유를 통해 설명합니다. 마치 태양이 빛을 발하여 모든 사물들을 보이게 해 주고, 또한 그것들에 생성과 성장 그리고 영양을 제공해 주듯이, 선의 형상도 모든 사물을 현존하게 해 줄 뿐만 아니라 그것들을 더욱 좋게 만드는 근거가 된다는 것입니다.

> 인식할 수 있는 영역에서 최종적으로 그리고 힘겨운 노력 끝에 보게 되는 것이 '좋음(선)의 이데아'이네. 그러나 일단 이를 본 다음에는, 이것이 만사에 모든 옳고 아름다운(훌륭한) 것의 원인이라고, 또한 '가시적(可視的) 영역'에서는 빛과 이 빛의 주인을 낳고, '가지적(可知的) 영역'에서도 스스로 주인으로서 진리와 지성을 제공하는 것이라고, 그리고 또 장차 사적으로나 공적으로나 슬기롭게 행하고자 하는 자는 이 이데아를 보아야만 한다고 결론을 내려야만 하네. (『국가』 517b~c)

2. 도덕은 행복과 일치하는가?

의로운 자의 불행과 불의한 자의 행복

도덕적으로 바르게 살아 봐야 손해만 본다는 말을 흔히 듣습니다. 그래서 어떤 이는 적당히 비도덕적 행위를 하면서도 들키지 않는 게 자신에게 가장 이득이 된다고 주장하기도 합니다. '정의는 강자의 이익'이라는 말로 유명한 트라시마코스는 이러한 입장을 가장 강하게 피력합니다.

> 정의(올바름 및 올바른 것)란 실은 '남에게 좋은 것', 즉 강자나 통치자의 이익일 뿐, 복종하고 섬기는 자 '자신에게는 해가 되는 것'입니다. 반면에 '불의(올바르지 못함)'는 참으로 순진하고 의로운 사람들을 조종하여 피치자들이 강자에게 이익이 되는 것을 행하고 그를 섬기며 행복하게 만들 뿐, 결코 자신들을 행복하게 만들지는 못합니다. 그러니 지극히 순진하신 소크라테스 선생님, 선생님은 다음과 같은 사실을 아셔야만 합니다. 즉 의로운(올바른) 자는 불의한(올바르지 못한) 자보다 언제나 '덜 가진다[손해 본다]'는 것을 말입니다. (『국가』 343c~d)

이처럼 트라시마코스에 따르면, 도덕적 행위는 남에게 이익을 주고 남을 행복하게 해 줄 뿐, 결코 자기 자신을 행복하게 해 주지는 못합니다. 의로운 사람일수록 손해만 보고 더 불행해지며, 불의한 사람일수록 이익을 보고 더 행복해진다는 것입니다. 이것이 진실이라면 우리는 어떻게 사람들보고 정의롭고 도덕적으로 살아야 한다고 설득할 수 있을까요? 비도덕적인 행위를 통해 이득을 챙기면서도 전혀 들키거나 처벌받지 않는다면, 그래도 여전히 도덕적으로 살고자 하는 사람이 있을까요? 여기서 유명한 **기게스의 반지**(Gyges' Ring) 이야기가 나옵니다.

기게스의 반지와 도덕적 삶의 가치

다음은 『국가』 제2권에 나오는 '기게스의 반지' 이야기입니다.

기게스는 평범하고 착한 양치기로서 자신의 양 떼를 잘 돌보며 동료들과도 잘 어울려 지내는 별 문제없는 인물이었다. 그러던 어느 날 기게스는 우연히 금반지 하나를 얻게 되는데, 이 반지의 보석 부분을 손 안쪽으로 돌리면 자신의 모습이 보이지 않게 되고, 바깥쪽으로 돌리면 다시 자신의 모습이 보이게 된다는 사실을 발견한다. 그는 곧 이 반지를 이용하여 왕이 사는 궁전으로 숨어들어 가 왕비와 간통을 하고, 왕비와 더불어 왕을 살해한 다음, 왕국을 장악한다. 화자(話者)인 글라우콘은, 만일 이러한 반지를 손에 넣게 된다면 대부분의 사람은 도둑질, 간통, 살인 등을 자행하면서 마치 신과 같은 존재로 행세할 것이라고 주장한다. (『국가』 359d~360c)

이 이야기를 접한 우리는 다음과 같은 질문을 던지게 됩니다. 도덕을 무시하고 자기 멋대로 살면서도 아무런 처벌을 받지 않는다면 그래도 여전히 도덕을 지키는 사람이 있을까? 정의롭게 행위하는 것이 단지 자기 이익을 얻기 위한 수단에 불과하다면 정의란 그 자체로는 어떤 본래적 가치도 지니지 않는 것이 아닐까? 따라서 자기 이익에 도움이 되지 않는 한, 정의란 언제든 포기해도 좋은 가치가 아닐까? 만일 우리의 이익과 무관하게 우리가 정의롭게 살아야 한다면 도대체 그 이유는 무엇일까?

작가 미상, 〈기게스의 반지〉, 16세기경

이 문제를 더욱 분명히 드러내기 위해 글라우콘은 좋은 것들 중에는 '그 자체로 좋은 것'과 '그것에서 생기는 결과 때문에 좋은 것' 그리고 '그 자체로도 좋고 그 결과 때문에도 좋은 것'이라는 세 가지가 있는데 올바름(정의)은 이 중에서 어느 것에 속하는지를 물은 다음,

마지막 것에 속한다는 대답을 이끌어 냅니다. 그리고 이어서 올바름은 그 자체로는 안 좋지만 그것이 가져다주는 이익 등의 결과 때문에 사람들이 좋게 생각할 뿐이라고 지적하면서, 올바른 사람보다 올바르지 못한 사람이 누리는 삶이 훨씬 더 행복하다고 주장합니다. 이에 맞서 플라톤은 (소크라테스의 입을 빌려) 올바름이란 도대체 무엇인지부터 밝히고자 하는데, 이해를 돕기 위해 개인(영혼)적 차원과 국가적 차원으로 나누어 설명합니다.

기게스의 반지 이야기는 도덕에 대한 회의주의적 관점을 잘 드러내고 있습니다. 이제 플라톤의 과제는 이러한 회의주의에 맞서 도덕적인 삶이 '그 자체로 좋을 뿐만 아니라 결과로서도 좋다'는 것을 보여 주는 일입니다. 다시 말해서 도덕(정의)은 어떤 목적을 달성하기 위한 수단이 아니라 '목적 그 자체'라는 것, 그리고 결과적으로 '우리를 선과 행복으로 인도'하는 것이요 '인간의 참된 본성에 부합'하는 것이라는 사실을 보여 주는 일입니다. 이 과제와 관련하여 아데이만토스(BC 432~382)는 단도직입적으로 묻습니다.

> 그러니 선생님께서는 저희에게 다만 올바름이 올바르지 못함
> 보다 낫다는 주장만 밝히실 것이 아니라, 이들 각각이 그걸 지
> 니고 있는 당사자에게 그 자체로 무슨 작용을 하기에, 한쪽은
> 나쁜 것이지만 다른 한쪽은 좋은 것인지 밝혀 주십시오. (『국가』
> 367b)

과연 의로운 사람의 삶이 불의한 사람의 삶보다 더 행복하다

는 것(즉 불의한 사람의 삶은 의로운 사람의 삶보다 더 불행하다는 것)을 플라톤은 성공적으로 보여 줄 수 있을까요? 『국가』의 마지막 부분은 올바른 삶에 대한 보상이 생시에는 물론이고, 특히 사후에도 얼마나 큰지를 언급함으로써 '올바름'이 그 자체로도 좋은 것이지만 그 결과 때문에도 좋은 것임을 밝히고 있습니다.

올바르지 못함(불의)은 그걸 지닌 사람에게 있어서 마치 질병처럼 치명적이어서, 그것의 본성에 의해서 살해를 하게 되므로, 그것을 취하게 되는 자들은 그것에 의해서 죽게 되며 (『국가』 610c~d)

우리는 '올바름(정의)'이 그 자체로 혼 자체를 위해서 최선의 것임을 알게 되었으며, 혼으로서는, 자기가 '기게스의 반지'를 가졌건 갖지 않았건 간에, 그리고 그런 반지에 더하여 '보이지 않게 하는 모자'를 가졌건 갖지 않았건 간에, 올바른 것들을 행해야만 한다는 것도 알게 되지 않았는가? (『국가』 612b)

올바른 사람의 경우에는 우리가 이렇게 생각해야만 하네. 그가 가난한 처지가 되거나 또는 질병이나 그 밖에 나쁜 것으로 여겨지는 어떤 곤경에 처하게 되더라도, 이런 일들이, 그가 살아생전에건 또는 죽어서건, 결국에는 좋은 일로 끝을 맺게 된다고 말일세. 그야 물론 올바르게 되려고 열심히 노력하는 사람이, 그리고 훌륭함(덕)을 수행하여 인간으로서 가능한 한 신을 닮으려 하는 사람이 적어도 신들한테서 홀대받는 일은 결코 없을 것이기 때문이네. (『국가』 613a~b)

플라톤이 보기에 도덕적 상대주의나 회의주의는 인간의 본성에 대한 그릇된 이해에 근거하고 있기 때문에 실패할 수밖에 없습니다. 인간이 어떤 존재인지를 우리가 제대로 파악하기만 한다면 도덕적인 삶은 그 자체로 가장 큰 보상이 된다는 사실을 깨닫게 된다는 것입니다.

3. 이상적 국가와 이상적 인간

정의로운 국가

제1장에서 살펴본바 소크라테스에 따르면 참된 행복은 인간이 자신의 참된 본성을 실현할 때 가능합니다. 그렇다면 인간의 참된 본성은 무엇이고 또 그것을 실현하는 방법은 어떤 것일까요?

플라톤이 내세우는 인간의 본성에 관한 이론은 크게 두 부분으로 나누어집니다. 하나는 국가(도시국가, 즉 폴리스)에 대한 이론이며 다른 하나는 인간 영혼에 대한 이론입니다. 플라톤이 먼저 국가를 탐구하려는 것은 국가야말로 인간의 본성이 실현될 수 있는 장소이므로 국가를 바로 세우는 것이 곧 인간을 구제하는 길이라 보기 때문입니다. 또한 국가는 개인에 비해 규모가 큰 만큼 그 구조도 눈에 잘 띄고 파악하기도 쉬운데, 이는 한층 파악하기 어려운 인간 영혼의 본성을 이해하는 데 도움이 되리라 생각하기 때문입니다.

> 한결 큰 것과 관련한 정의(올바름)는 더 큰 규모일 것이며 따라
> 서 파악하기도 더 쉬울 걸세. 자네들이 원한다면 먼저 국가에
> 서의 정의가 무엇인지를 탐구하도록 하세. 그런 다음에 한결
> 작은 형태의 정의와 한결 큰 형태의 정의와의 유사성을 검토
> 하면서, 각 개인에 있어서의 정의를 마찬가지로 검토해 보도
> 록 하세. (『국가』 368e~369a)

플라톤에 따르면 바람직한 국가는 각 구성원이 자신에게 맡겨
진 본분, 즉 자신의 책임과 역할을 잘 수행할 때 구현됩니다. 국가는
세 계층의 시민들로 구성됩니다. 통치자 계층, 수호자 계층,[010] 생산자
계층이 그들입니다. 각 계층은 타고난 성향이나 재능을 필요로 하되,
경우에 따라서는 이를 더욱 계발하고 교육해야 합니다. 통치자 계층
은 국가 전체의 선을 파악하는 폭넓은 지성, 즉 **이성**을 지녀야 하고,
수호자 계층은 언제라도 국가를 위해 싸울 수 있는 **기개**를 지녀야 하
며, 생산자 계층은 그들의 생산 활동을 이끄는 **욕망**을 지니고 있습니
다. 모든 구성원이 자기 본분에 걸맞은 능력을 발휘하려면 또한 거기
에 합당한 '덕(arete)'[011]을 지니고 있어야 합니다. 통치자에게 필요한 이

---

010   번역에 따라서는 통치자 대신 '수호자', 수호자 대신 '보조자'라는 표현을 쓰기도 하는데,
           특히 '수호자'라는 표현이 중복 사용되어 혼란을 일으킬 수 있으므로 주의를 요함.

011   고대 그리스 사상에서 '덕(arete)'의 의미는 오늘날 우리가 흔히 도덕적 함축을 지닌 개념
           으로 이해하는 '덕(virtue)'과는 다른 면이 있습니다. 그것은 어떤 존재가 자신의 고유한 능
           력을 잘 발휘하는 것을 가리키며, 그래서 '훌륭함'이나 '탁월함(excellence)'으로 번역되기도
           합니다.

성의 덕은 **지혜**이고, 수호자에게 필요한 기개의 덕은 **용기**이며, 생산자에게 필요한 욕망의 덕은 **절제**입니다. 특히 이 '절제'는 비단 생산 계층만이 아니라 모든 계층의 시민이 반드시 갖추어야 하는 덕임을 플라톤은 강조합니다. 국가건 개인이건 자신의 운명을 개척하려면 무엇보다 자신을 잘 통제할 수 있어야 한다고 보기 때문입니다.

각 계층이 자기에게 합당한 덕을 잘 발휘할 때 **정의**가 구현되며 국가의 건강함이 유지되어 나라도 번성하게 됩니다. 이처럼 모든 시민이 각자 자기의 본분을 다함으로써 자기의 몫을 받게 될 때, 즉 적절한 분배가 이루어질 때 국가 전체적으로도 조화와 균형을 이루게 되며, 이것이 바로 정의로운 국가의 모습입니다.

통치자 교육과 철인(哲人) 정치

플라톤이 보기에 이상 국가를 실현하기 위한 관건은 **교육**에 있습니다. 그중에서도 통치자 계층의 교육이 가장 중요하다고 보아 이를 위한 교육 기준을 상세하게 밝혀 놓고 있습니다.

통치자 계층의 '어린이 교육'에서는 무엇보다 체육과 (음악 등의) 예술 활동을 중시합니다. **체육**은 육체를 단련하기 위한 것으로 이를 통해 '절제와 용기의 덕을 함양'하며, **예술**은 정신을 단련하기 위한 것으로 이러한 미적 교육을 통해 '선을 지향'하도록 합니다. 플라톤에 따르면 선과 미(아름다움) 사이에는 밀접한 관련이 있기 때문에, 미적 교육은 그들의 마음을 선으로 이끌고 악을 멀리하게 만들 수 있습니다.

'젊은이 교육'에서는 무엇보다 **수학**을 중시합니다. 수학이야말로 인간의 지적 활동 중에서 가장 뛰어난 것이요, "우연히 생성되었다가 소멸하는 것에 대한 앎이 아니라, '언제나 있는 것(영원한 실재)'에 대한 앎을 위한 것"이며 "혼을 진리로 이끄는 것"(『국가』 527b)이기 때문입니다. 젊은 통치자들의 교육은 훌륭한 정치가들을 길러내기 위한 것으로서 인간의 본성과 국가의 구조를 파악하고 이해할 수 있는 인간, 특히 자신의 욕구와 감정을 이성적으로 조절할 줄 아는 인간을 길러내는 것을 목표로 합니다. 이런 과정을 통해 충분히 교육받은 젊은 이들은 마침내 철학자로 성장할 것이며, 그 나라는 철인 군주가 다스리는 나라가 될 것입니다.

> 철학자(지혜를 사랑하는 자)가 국가의 군왕으로서 다스리거나, 아니면 현재의 군왕 또는 최고 권력자가 '참으로 충분히 철학을 하게(지혜를 사랑하게)' 되지 않는 한, 그리하여 '정치권력'과 철학(지혜에 대한 사랑)이 한데 합쳐지지 않는 한, 국가와 인류에게 '악의 종식'은 없다네. (『국가』 473c~d)

또한 플라톤에 따르면 통치자들은 매우 엄격하게 자기 관리를 해야 합니다. 그들은 사유재산을 소유할 수 없으며 부를 축적해서도 안 됩니다. 통치할 때에는 언제나 이성적으로 판단하고 공익을 앞세움으로써 시민 전체의 최대 행복을 도모해야 합니다.

감성 교육의 중요성

소크라테스는 '덕이 곧 지식'이라고 굳게 믿었습니다. 따라서 선이 무엇인지 알게 되면 선을 행할 수 있다고 생각했습니다. 그가 주지주의자로 불리는 이유이기도 합니다. 그러나 플라톤은 이런 유형의 주지주의자는 아닙니다. 이는 이성 외에 용기와 절제의 덕을 강조한 데서도 알 수 있습니다. 플라톤은 인간이 지식을 통해서만 행복해질 수 없다는 점을 분명하게 알고 있었습니다. 그래서 조화롭고 균형 잡힌, 전체적인 인간의 형성을 지지했습니다. 그가 감성 교육을 중시한 이유도 여기에 있습니다.

플라톤이 생각하기에, 선이 무엇이고 정의가 무엇인지를 파악하는 데 필요한 지성을 모든 시민이 소유하고 있지는 않습니다. 사실상 대부분의 사람은 지성보다는 본능적 욕구에 더 끌리는 경향이 있습니다. 현실의 인간은 비이성적인 측면을 너무 많이 지닌 불완전한 존재입니다. 그들은 늘 육신의 쾌락을 좇으며 영혼을 돌보지 않기 일쑤입니다. 따라서 인간이 이성적이라는 말은 하나의 당위일 뿐, 현실의 실상을 반영한 말은 아닙니다.

이러한 측면은 『국가』 제8권에서 **최선자(철인) 정체**가 점차 쇠퇴하면서 생기는 네 가지 유형의 잘못된 정체들과 이를 닮은 혼의 유형을 설명하는 가운데 잘 드러납니다. 처음 변질된 형태로 나타나는 정체는 **명예 지상 정체**로서, 이 정체에서는 이성적 측면보다 격정적 측면이 우세하여 주로 승리와 명예, 그리고 축재(蓄財, 재산 쌓기)를 추구합니다. 그다음으로 생겨나는 것은 **과두 정체**인데, 이 정체에서는 재산에 근거하여 통치자를 세우기 때문에 소수의 과도한 축재 세력과 대다수의 가난한 세력이 대립하는 양상을 보입니다. 다음 단계는 이러한 대립에서 다수의 가난한 세력이 승리함으로써 출현하는 **민주**

정체인데, 여기서 정권을 잡은 민중은 과두 정권을 숙청한 다음 모두가 평등한 권리와 넘치는 자유를 누리게 됩니다. 그러나 부(富)에 대한 끝없는 욕망이 과두 정체를 무너뜨렸듯, 이번에는 자유에 대한 끝없는 욕망이 민주 정체를 무너뜨리고 **참주 정체**를 탄생시킵니다. 하지만 개인적 야망을 이루기 위해 민중을 선동하고 기만함으로써 참주가 된 자는 결국 나라 살림을 모두 거덜 내고 맙니다.

명예 지상 정체	격정적 측면 우세 승리, 명예, 축재(蓄財) 추구
과두 정체	재산에 근거한 통치자 추대 소수의 재력가와 다수의 빈민층이 대립
민주 정체	민중의 승리로 쟁취한 평등한 권리, 넘치는 자유 자유에 대한 끝없는 욕망
참주 정체	개인적 야망을 이루기 위해 민중 선동하여 참주 탄생 공동의 자산이 사리사욕에 낭비됨

이러한 잘못된 정체들의 성립 및 몰락 과정을 묘사하는 가운데 플라톤은 그런 정체들을 닮은 사람들의 탄생 과정에 대해서도 함께 살펴봅니다. 이는 가장 올바른 사람과 가장 올바르지 못한 사람이 어떤 사람인지를 알아보기 위한 것입니다. 플라톤이 보기에 인간은 이처럼 불완전한 존재이기 때문에, 모든 시민은 욕구나 정념과 관련한 요소들에 대하여 교육을 잘 받아야 합니다. 국가의 경우에 통치자의 명령을 제대로 수행하려면 기개를 지닌 수호자(보조자)들이 필요하듯이, 개인의 경우에도 이성의 명령을 실천에 옮기려면 감정적으로 올바른 마음의 상태가 필요한 것입니다. 예컨대 순수한 지적 인식을 통해 선이 무엇인지 파악했다 하더라도 적절한 감성이 함께하지

않는다면 그것을 제대로 실천할 수 없을 것입니다. 같은 이유에서 플라톤은 악한 행위란 비자발적인 것이며 무지의 결과라는 소크라테스의 주장도 받아들이지 않습니다. 선을 성취하기 위해서는 우리가 선을 사랑하고 악을 혐오해야 한다고 보기 때문입니다. 플라톤이 생각하기에 바로 이러한 감수성을 가르치는 것이 교육의 역할입니다. 그가 『국가』 제2권과 제3권에서 시와 예술을 매개로 미적 체험을 통한 도덕성 함양 교육, 즉 무시케(mousike, 시가 또는 음악) 교육을 강조한 것도 이런 맥락에서입니다.

건강한 영혼

바람직한 국가의 조건을 살펴보았으므로 이제 이와 유사한 것으로서 건강한 영혼의 조건을 살펴볼 차례입니다. 플라톤에 따르면 윤리학과 정치학은 기본적으로 하나이며, 마찬가지로 개인의 영혼 또한 그 구성과 구조의 측면에서 국가와 동일합니다. 따라서 이상적 국가에서 각 계층에 요구되는 덕은 건강한 영혼의 각 부분에 그대로 적용될 수 있습니다. 통치자 계층(이성의 측면)에 해당하는 **머리**는 '지혜'의 덕을, 수호자 계층(기개의 측면)에 해당하는 **가슴**은 '용기'의 덕을, 생산자 계층(욕망의 측면)에 해당하는 **배**는 '절제'의 덕을 지녀야 합니다.

영혼에서의 정의도 국가에서의 정의와 유사합니다. 국가의 경우에 각 계층이 자신들의 본분을 다하고 그 결과 국가 전체가 조화와 균형을 이룰 때 **정의로운 국가**가 되듯이, 영혼의 경우에도 각 부분이 자신의 역할을 잘 수행하고 그 결과 영혼 전체가 조화와 균형을 이룰 때 **건강한 영혼**이 됩니다.

"그러니까 국가를 지혜롭게 만드는 방식 또는 부분과 똑같은 방식 또는 부분에 의해서 개인도 지혜롭게 되는 것임은 아무튼 필연적이지 않은가?"

"물론입니다."

"또한 개인을 용기 있게 만드는 방식 또는 부분, 바로 그 방식 또는 부분으로 국가 또한 용기 있는 국가로 되었으며, 덕(훌륭함)과 관련되는 다른 모든 것의 경우에서도 양자[국가와 개인]는 마찬가지겠지?"

"필연적으로 그렇습니다."

"그리고, 글라우콘! 인간이 정의롭게 되는 것도 국가가 정의롭게 된 것과 똑같은 방식에 의해서라고 말하게 될 걸로 나는 생각하네."

"그것 또한 전적으로 필연적입니다." (『국가』 441c~d)

인간 영혼의 구조를 이런 방식으로 설명하는 것은 다른 대화편에서도 찾아볼 수 있습니다. 예를 들어 「파이드로스(Phaidros)」편에서는 우리의 영혼을 '두 마리의 말이 이끄는 마차를 한 사람의 마부가 조종하는 것'에 비유하고 있습니다(「파이드로스」 246a~b). 말들 중 한 마리는 좋은 성질을 지니고 있고 다른 한 마리는 나쁜 성질을 지니고 있는데, 좋은 성질의 말은 기개에, 나쁜 성질의 말은 욕망에, 마부는 이성에 해당합니다. 영혼의 조화와 균형이 깨지는 일은 마부가 말들을 제대로 통제하지 못할 때, 즉 이성이 영혼의 각 부분에 대한 통제권을 상실할 때 생깁니다. 가장 나쁜 경우는 나쁜 성질의 말이 마부의 말을 듣지 않고 함부로 날뛸 때입니다. 이때는 이성에 의해 지배되어야 할 욕망이 도리어 이성을 무력화하고 심지어 도구로 사용할 수도 있습니다. 이런 식으로 초래된 영혼의 무질서와 혼란이 바로 **악덕**(나쁨)입니다. 반면에 영혼의 각 요소들이 자기의 기능을 제대로 수행함으로써 조화와 균형을 이룬 상태가 바로 **덕**(훌륭함)이요 건강한 영혼의 모습입니다.

> 덕(훌륭함)은 영혼의 건강의 일종이요 아름다움이며 좋은 상태
> 인 반면, 악덕(나쁨)은 영혼의 질병의 일종이요 추함이며 허약
> 함인 것 같네. (『국가』 444d-e)

건강함이 '그 자체로도 좋고 그 결과 때문에도 좋다'는 것은 젊고 건강한 사람의 신체를 연상해 보면 알 수 있습니다. 신체의 각 부분이 본래의 기능을 잘 발휘하여 전체적으로 조화와 균형을 이룬 몸은 보기에도 아름다울 뿐만 아니라 건강하고 힘이 넘쳐 무슨 일이라도 잘 해낼 것 같은 신뢰감을 줍니다. 이처럼 플라톤은 정의로운 삶과 건강한 삶을 동일시함으로써 정의로운 삶은 그 자체로 좋을 뿐만 아니라 그 결과 때문에도 좋은 것임을 보여 주고자 합니다. 그리고 이를 통해 '우리가 왜 올바른(정의로운) 삶을 추구해야 하는지'를 정당화합니다. 과연 올바름(정의)을 좋음(선)을 통해 정당화하려는 플라톤의 시도는 성공했다고 볼 수 있을까요?

플라톤의 윤리학에서 우리는 고대 그리스 문화의 특징을 엿볼 수 있습니다. 그것은 훌륭한(탁월한) 것을 좋고(선하고) 아름다운 것으로

여긴다는 점입니다. 어떤 존재가 내적으로 조화를 이루어 자신의 자연적 본성을 온전히 실현하는 것, 즉 그 건강함에서 선함과 아름다움과 정의로움을 찾는다는 것입니다.

과연 건강함과 정의로움은 동일시될 수 있는 것일까요? 건강하고 아름답고 좋다고 해서 그것이 반드시 올바른 것은 아니지 않을까요? 이러한 의문은 윤리학에서 그냥 '좋은 것(the good)'과 '도덕적으로 좋은 것(the morally good)', 즉 '옳은 것(the right)'을 구분하는 문제[012]와 더불어 후세에 두고두고 논쟁거리가 됩니다.

012   예컨대 칸트의 '가언명법'과 '정언명법'의 구분.

1. 다음은 플라톤이 (소크라테스의 입을 빌려) '도덕과 행복의 관계'에 대해 논한 내용입니다. 그는 도덕과 행복이 결국 일치한다고 보는 걸까요? 만약 그렇다면 그 이유는 무엇일까요?

"선생은 나라나 군대, 강도단이나 도둑의 무리, 또는 다른 어떤 집단이 올바르지 못하게 뭔가를 공동으로 도모할 경우에, 만약에 그들이 자기네끼리 서로에 대해 올바르지 못한 짓을 저지른다면, 그 일을 조금인들 수행해 낼 수 있을 것으로 생각하오?"

"물론 해낼 수 없습니다." 그가 대답했네.

"하지만 만약에 자기네끼리는 올바르지 못한 짓을 하지 않는다면, 어떻겠소? 한결 더 잘 해낼 수 있지 않겠소?"

"물론입니다."

"트라시마코스 선생, 어쩌면 그건 올바르지 못함이 서로 간에 대립과 증오 및 다툼을 가져다주나, 올바름은 합심과 우애를 가져다주기 때문일 것이오. 그렇지 않소?" (『국가』 351c~d)

[…]

"올바른 혼과 올바른 사람은 잘 살게 되겠지만, 올바르지 못한 사람은 잘 못 살게 될 것이오." (『국가』 353e)

[…]

"그러니까 올바른 사람은 행복하되, 올바르지 못한 사람은 불행하오."

(『국가』 354a)

2. 플라톤의 『국가』 제7권에 나오는 '동굴의 비유'에서는 우리가 지니고 있는 지식(앎)의 여러 가지 차원을 비유로 설명하고 있습니다. 여기에는 크게 네 가지가 있는데, ① 동굴 벽면에 비친 사람이나 동물의 모형의 그림자, ② 죄수의 뒤편에서 지나가는 사람이나 동물의 모형, ③ 동굴 밖의 실제 사물들이 물에 비친 영상들, ④ 동굴 밖의 실제 사물들이 그 것입니다. 다음 『국가』의 원문을 읽고 플라톤이 생각하는 여러 가지 차원의 지식(앎)을 가리키는 용어를 (표로 만들어) 정리해 봅시다.

첫째 것은 '인식(지식)'으로 부르되, 둘째 것은 '추론적 사고'로, 셋째 것은 '믿음(확신)'으로, 그리고 넷째 것은 '상상(짐작)'으로 불러 족할 걸세. 그리고 뒤의 둘을 함께 '의견(판단: doxa)'으로, 앞의 둘을 함께 '지성에 의한 이해(앎: noesis 또는 episteme)'로 일컫네. 또한 '의견'은 '생성'에 관련된 것이지만, '지성에 의한 이해(앎)'는 '존재(본질)'에 관련된 것이라 일컫고, 존재가 생성에 대해 갖는 관계는 '지성에 의한 이해(앎)'가 '의견'에 대해 갖는 관계와 같으며, '지성에 대한 이해(앎)'가 '의견'에 대해 갖는 관계는 '지식(인식)'이 '믿음'에 대해, 그리고 '추론적 사고'가 '상상'에 대해 갖는 관계와 같다네. (『국가』 533e~534a)

제3장

아리스토텔레스

소크라테스와 그의 제자 플라톤, 또 플라톤과 그의 제자 아리스토텔레스, 이렇게 사제지간으로 연결된 고대 그리스의 세 현인은 서양 윤리 사상의 초석을 놓은 위대한 사상가들입니다. 이 세 사상가들에게 공통적으로 흐르는 주지주의적이고 이성주의적인 경향은 이후 서양사상의 주류를 형성했다고 해도 과언이 아닙니다.

하지만 이들에게는 공통점 못지않게 차이점도 존재합니다. 특히 아리스토텔레스는 스승 플라톤의 이상주의 대신에 **현실주의**(또는 **자연주의**)를, 도덕주의 대신에 **행복주의**[013]를 표방함으로써 자신의 윤리학을 차별화했습니다.

013 　　여기서 '도덕주의'란 '도덕은 행복과 무관한 것으로서 그 자체로 궁극적 목적'이라는
　　　　입장, 또는 '도덕적으로 살면 행복은 저절로 따라온다'는 입장을 의미하고, 행복주의
　　　　(eudaimonism)란 '행복은 모든 행위의 궁극 목적으로서 도덕도 행복을 위한 수단'이라는 입
　　　　장을 의미합니다. 그러나 아리스토텔레스의 '행복' 개념이 근대 공리주의에서처럼 '쾌락'
　　　　이나 '즐거움'과 비슷한 의미를 지닌 것은 아닙니다. 그것은 오히려 플라톤의 '정의' 개념
　　　　에 가깝다고 할 수 있을 것입니다

1. 목적론과 최고선

목적론적 세계관

아리스토텔레스에 따르면 이 세상에 존재하는 모든 것은 어떤 목적을 가지고 있습니다. 즉 자연의 모든 사물은 어떤 목적을 추구하고 있습니다. 따라서 인간의 행위를 포함한 이 세상의 모든 일(사건)은 이러한 목적의 관점에서 해석될 수 있습니다. 이러한 '목적론적 세계관'은 세상의 모든 일을 물리적 인과관계로 해석하는 근대의 '기계론적 세계관'과 대비됩니다. 목적론에 따라서 우리는 인간의 어떤 행위에 대해 왜 그 사람이 그 행위를 하는지, 즉 행위의 이유 또는 근거를 설명할 수 있습니다.

보통 우리가 행위하는 목적은 어떤 좋은 것(선)을 얻기 위해서입니다. 예컨대 우리가 영양제를 먹는 이유는 건강을 위해서입니다. 그렇다면 우리가 건강을 추구하는 이유는 무엇일까요? 아마도 건강을 통해서 자신이 꿈꾸는 더 좋은 목적을 이루기 위해서일 것입니다. 이런 식으로 계속 목적의 목적을 추구해 올라간다면, 다른 어떤 것 때문이 아니라 오직 그 자체만을 위하여 추구하는 '궁극 목적'이 있지 않을까요? 즉 좋은 것(선)들 중에서도 최고로 좋은 것이 있지 않을까요?

> 만일 우리의 행위에 그 자체의 목적이 있어서 그것 때문에 우리가 원하고, 우리가 원하는 다른 모든 것은 이 목적을 위한 것이라면, 그리하여 우리가 그 어떤 것도 다른 것 때문에 선택하지 않는다면(만약 이런 최종적 목적이 없다면 목적의 계열은 끝없이 이어져 결과적으로 우리의 욕구는 무익하고 공허한 것이 되고 말 테니까), 그것은 분명 좋음이며 그것도 최상의 좋음일 것이라는 사실은 명백하다. (『니코마코스 윤리학』 1094a)[014]

최고선으로서의 행복

어떤 다른 것을 위해서 좋은 것이 아니라 그 자체로 좋은 것, 즉 최고선이 존재한다면 그것은 무엇일까요? 아리스토텔레스에 따르면 그것은 바로 행복(eudaimonia)입니다. 행복은 보통 '잘사는 것'이나 '잘나가는 것'을 가리킵니다. 그러나 행복이 과연 무엇인지에 대해서

---

[014] 아리스토텔레스의 『니코마코스 윤리학』 인용은 『니코마코스 윤리학』(최명관 역, 서광사, 1984); 『니코마코스 윤리학』(이창우 · 김재홍 · 강상진 역, 이제이북스, 2006); 『니코마코스 윤리학』(천병희 역, 도서출판 숲, 2018) 이상 3권의 책을 두루 참고하였으며, 이하 인용에서는 벡커(I. Bekker)가 편집한 아리스토텔레스 전집의 쪽수만을 표기함.

는 의견이 엇갈립니다. 흔히 사람들은 행복을 '쾌락'이나 '부'나 '명예'처럼 눈에 보이고 누구나 알 수 있는 어떤 것으로 생각하지만, 아리스토텔레스는 이런 통속적 견해를 거부합니다(1095a). 행복을 '쾌락'과 동일시하는 견해에 대해서는, 그런 향락적인 삶은 짐승 같은 삶에 불과하므로 받아들일 수 없다고 주장합니다. 행복을 '명예'와 동일시하는 교양인이나 정치가의 견해에 대해서는, 명예란 받는 사람보다 부여하는 사람에게 의존적이어서 우리에게 고유한 것이 아니므로 진정한 좋음이라 볼 수 없다고 말합니다. 그리고 행복을 '부'와 동일시하는 사업가의 견해에 대해서는, 부란 다른 것을 얻기 위한 수단에 불과하므로 우리가 찾는 좋음이 아니라고 단언합니다(1095b~1096a).

아리스토텔레스에 따르면 진정한 좋음, 최고선이란 그 존재의 본성, 즉 그 존재가 지니고 있는 고유한 측면을 반드시 반영해야만 합니다. 다시 말해 그 존재의 고유한 기능(ergon)을 잘 발휘하는 것, 그 존재가 지니고 있는 잠재적 가능성을 완전히 실현하는 것에서 찾을 수 있습니다. 그렇다면 인간의 고유한 기능은 무엇일까요? 식물이나 동물 등 다른 존재들과 공유하는 영양섭취나 성장, 감각 등은 인간에게만 고유한 기능이 아닙니다. 인간만이 지닌 고유하고 본질적인 기능은 바로 **이성**(logos)입니다. 따라서 인간의 최고선, 즉 행복은 인간의 이성적 능력을 잘 발휘하는 영혼의 활동인 '덕'에서 찾을 수 있습니다. 당시 그리스에서는 '자신의 고유한 기능을 수행하는 데 있어서의 탁월함'을 **덕**(arete)이라 일컬었으므로, 우리는 아리스토텔레스 역시 소크라테스나 플라톤과 마찬가지로 행복과 덕이 서로 밀접하게 관련되어 있다고 생각했음을 알 수 있습니다.

하지만 주지주의적 경향이 강한 앞선 스승들과 달리, 아리스토텔레스는 인간의 최고선이 지적인 측면뿐만 아니라 욕구나 정념의 측면과 관련되어 있다는 점을 강조합니다. 행복을 얻기 위해서는 현실적인 측면도 충분히 고려해야 한다고 보기 때문입니다. 아리스토텔레스가 보기에 행복은 한 가지 지식이나 한 번의 실천으로 가능한 것이 아닙니다.

> [덕에 따르는] 영혼의 활동은 평생토록 지속되어야 한다. 제비한 마리가 날아온다고 하루아침에 봄이 오지 않듯, 사람도 하루아침에 또는 단기간에 행복해지지는 않는다. (1098a)

또한 행복을 위해서는 '덕에 따르는 활동' 외에 추가적으로 '외적인 좋음(행운)'도 필요합니다.

> 좋은 집안, 훌륭한 자식, 준수한 외모와 같이 그것이 없으면 행복에 흠이 가는 경우도 있다. 용모가 아주 추하거나 보잘것없는 집안 태생이거나 자식이 없어 외로운 사람은 행복하기 어려우며, [···] 그래서 행복에는 이런 종류의 좋은 조건들이 필요한 것 같다. 바로 이런 까닭에 어떤 사람은 덕을 행복과 동일시하지만, 어떤 사람은 행운을 행복과 동일시하는 것이다. (1099b)

이처럼 행복을 얻기 위한 조건으로서 행운의 요소를 아리스토텔레스가 언급한다고 해서 그가 행운을 행복의 필수조건으로 여긴 것은 아닙니다. 전체적 맥락으로 볼 때, 인생에는 행운도 필요하지만 "행복에 결정적인 것은 [어디까지나] 덕에 따르는 활동"(1100b)이라는 것이 그의 일관된 입장이라 할 수 있습니다. 아래에서는 이 '덕'에 주목하면서 인간 영혼의 활동에 대한 그의 설명을 살펴봅니다.

2. 덕과 행복

품성의 덕

아리스토텔레스에 따르면 인간의 영혼은 두 부분으로 나누어져 있습니다. 사고와 추론을 담당하는 '이성적인 부분'과 영양과 욕구를 담당하는 '비이성적인 부분'이 그것입니다. 비이성적인 부분 중 '영양'을 담당하는 부분은 우리의 도덕적 삶과 무관하므로 일단 논외로 합니다. 하지만 '욕구'를 담당하는 부분은 이성의 영향을 받을 수 있어서 특별히 주목할 필요가 있습니다.

앞서 살펴본 바와 같이, 일반적인 덕은 인간의 고유한 특성인 이성 능력을 탁월하게 발휘하는 것을 가리킵니다. 인간의 영혼 중 사고와 추론을 담당하는 부분에서 이성 능력이 잘 발휘되는 것을 **사유**(dianoia)의 **덕**(virtue of thought) 또는 지적인 덕(intellectual virtues)이라 하고, 욕구를 담당하는 부분이 이성의 명령을 잘 따르는 것을 **품성**(ēthos)의 **덕**(virtue of character) 또는 도덕적 덕(moral virtues)이라 합니다. 사유의 덕의 예로는 지혜, 이해력, 지성을 들 수 있고, 품성의 덕의 예로는 관용, 인내, 용기, 정의 등을 들 수 있습니다.

사유의 덕은 주로 '교육'에 의해 생겨나고 성장하는데, 그러려면 시간과 경험이 필요합니다. 반면에 품성의 덕은 '습관'의 산물입니다. 이는 품성을 가리키는 에토스(ēthos)라는 용어가 습관을 의미하는 에토스(ethos)를 약간 변형하여 얻어진 데서도 알 수 있습니다. 이렇게 볼 때 품성의 덕은 본성적으로 생겨나는 것이 아니라 습관을 통해 완성되는 것임을 알 수 있습니다.

> 덕을 습득하려면 먼저 실천해 보아야 한다. 예컨대 우리는 건축을 해 보아야 건축가가 되고, 리라를 연주해 보아야 리라 연주자가 된다. 마찬가지로 올바른 행동을 해야 올바른 사람이 되고, 절제 있는 행동을 해야 절제하는 사람이 되며, 용감한 행동을 해야 용감한 사람이 된다. (1103a~b)

아리스토텔레스의 말처럼 덕이 반복적 실천을 통해 습득되는 것이라면, 그래서 어린 시절부터 올바른 습관을 형성하는 일이 중요하다면, 우리의 도덕적 삶의 관건은 바로 **도덕 교육**에 있다고 할 수 있겠습니다. 여기서 우리는 아리스토텔레스에게 도덕적이 된다는 것은 어떤 주어진 도덕 규칙을 따르는 것이 아니라 어떤 종류의 사람이 되는 것, 즉 자신의 말과 행위를 통해 자신이 지니고 있는 덕성을 발현하는 것임을 알 수 있습니다. 자연히 아리스토텔레스의 과제도 '무엇이 옳은가, 무엇이 의무인가'를 밝히는 일이 아니라 '선한 사람은 어떻게 행위하는가'를 밝히는 일이 될 것입니다. 아리스토텔레스는

(칸트와는 반대로) 옳은 행위를 통해서 덕(선)을 규정하지 않고 덕(선)을 통해서 옳은 행위를 규정한다고 말할 수 있습니다.[015]

아리스토텔레스에게 (품성의) 덕이란 행위와 밀접하게 연관된 것으로서, 어떤 정념(passion)이나 능력(faculty)이라기보다는 일종의 **마음가짐**(품성 상태, state of character), 즉 "인간을 좋게 이끌며 인간이 자신의 기능을 잘 수행하게 하는 마음가짐"(1106a)이라 할 수 있습니다. 여기서 플라톤과 구별되는 아리스토텔레스의 특징이 드러납니다. 플라톤의 경우에 이성이 정념을 통제하고 지배하는 것이 덕이라면, 아리스토텔레스의 경우에는 이성이 정념을 일방적으로 지배하는 것이 아니라 양자가 상호 협력함으로써 덕이 가능하다는 것입니다. 이는 마치 정념을 예술작품의 재료로 보고 이성을 예술가의 손으로 생각하는 것과 같습니다. 예술가의 손이 닿음으로써 그 재료가 형상을 부여받아 결과적으로 하나의 훌륭한 예술작품이 탄생하듯이, 이성이 정념을 가공함으로써 바람직한 행위를 낳는다는 것입니다. 그 가공하는 방식이 바로 **중용**(mean)입니다.

중용

아리스토텔레스는 체력과 건강의 예를 통해 중용을 설명합니다. 운동이 지나치거나 모자라면 체력이 떨어지고 음식을 너무 많이 먹거나 너무 적게 먹으면 건강을 해칩니다. 반면에 적당한 운동과 섭생은 건강을 증진하거나 유지하게 합니다. 이는 절제와 용기, 그리고

015 로버트 L. 애링턴(2003), 『서양윤리학사』, 김성호 역, 서광사, 128쪽 참조.

다른 덕의 경우에도 마찬가지입니다.

무슨 일이든 회피하고 두려워하며 버티지 못하는 사람은 비겁해지고, 아무것도 두려워하지 않고 모든 위험에 맞서는 사람은 무모해진다. 마찬가지로 모든 쾌락에 탐닉하며 어떤 것도 삼가지 않는 사람은 방탕해지고, 촌뜨기처럼 모든 쾌락을 회피하는 사람은 무감각해진다. 이와 같이 절제와 용기는 지나침과 모자람에 의해 손상되고, 중용에 의해 보존된다. (1104a)

'중용'이란 절대적이거나 산술적인 중간점이 아니라 각 사람이나 경우에 따라 달라지는 '상대적인 중간점'이라 할 수 있습니다.

적절한 때에, 적절한 사물과 관련하여, 적절한 사람들에게, 적절한 목적을 위하여, 적절한 방식으로 그런 감정을 느끼는 것은 중간이자 최선이며, 이것이 바로 덕의 특징이다. 마찬가지로 행위에도 지나침과 모자람, 그리고 중간이 있다. 그런데 덕은 정념과 행위와 관련되고, 이것들 안에서 지나침과 모자람은 일종의 실패인 반면 중간은 칭찬받고 일종의 성공으로 인정받는데, 이렇게 칭찬받고 성공하는 것이 모두 덕의 특징이다. 따라서 덕은 중간을 목표로 삼는다는 점에서 일종의 중용이다. (1106b)

요약하자면 "덕은 합리적 선택과 결부된 품성 상태로서, 우리와의 관계에서 성립하는 중용에 의존하며, 이 중용이란 이성에 의해, 실천적 지혜를 가진 사람이 결정할 법한 그런 방식으로 규정된 것"입니다. 하지만 모든 행위나 정념에 중용이 존재하는 것은 아닙니다. 예를 들어 질투와 같은 정념이나 간음, 살인과 같은 행위는 그 자체로 나쁜 것이지 그것들이 지나치거나 모자라기 때문에 나쁜 것이 아닙니다. 그런 행위는 항상 무조건적으로 그른 것입니다(1107a).

매사에 중용을 찾아내기란 쉽지 않습니다. 중간 지점은 모자란 극단에서 보면 지나쳐 보이고, 지나친 극단에서 보면 모자라 보이기 때문입니다. 예컨대 용감한 사람은 비겁한 사람에 비해 무모해 보이고, 무모한 사람에 비해서는 비겁해 보입니다. 마찬가지로 후한 사람은 인색한 사람에 비해 낭비하는 사람처럼 보이고, 낭비하는 사람에 비해서는 인색한 사람처럼 보입니다(1108b). 그래서 중용을 지키기란 매우 어렵습니다.

> 어떻게, 누구에게, 무슨 이유로, 얼마 동안이나 화를 낼지 결정하기란 쉽지 않다. 실제로 우리는 어떤 때에는 모자라는[화를 잘 안 내는] 사람을 칭찬하면서 온유하다고 말하는가 하면, 어떤 때에는 화를 잘 내는 사람을 칭찬하면서 남자답다고 말한다. 적정선에서 지나친 쪽으로든 모자란 쪽으로든 조금 벗어난 사람은 비난받지 않지만 많이 벗어난 사람은 비난받는다. 그런 사람이 눈에 띄기 때문이다. 그러나 누가 얼마나 많이, 어느 정도 벗어나야 비난받는지 이성에 따라 결정하기란 쉽지 않다. […] 이제 어떤 경우든 중간 상태가 칭찬받을 만하다는

사실은 밝혀졌다. 그러나 우리는 때로는 지나친 쪽으로 때로는 모자란 쪽으로 치우쳐 보아야 한다. 그래야만 가장 쉽게 중용을 지키고 좋은 것을 알아낼 수 있기 때문이다. (1109b)

정의

아리스토텔레스에 따르면 **정의**란 '합법'과 '공정'이고, **불의**란 '불법'과 '불공정'입니다(1129a). 전자(즉, 합법)의 정의는 '보편적 정의'로서, 실제로는 법에 복종하는 것과 같은 것입니다. 보편적 정의는 사회적이거나 국가적인 차원에서 고찰된 덕과 어느 정도 일치합니다. 후자(즉, 공정)의 정의, 즉 '특수한 정의'는 두 가지로 나뉩니다. 첫째는 국가가 그 시민들에게 '기하학적 비례'에 따라, 즉 공적에 따라 재화를 나누어 주는 **분배적 정의**입니다. 만일 비례에 어긋나는 분배가 이루어진다면 그것은 곧 '불의'가 됩니다(1131a~b). 둘째는 사람들 사이의 거래를 조정하고 바로잡는 **시정적**(是正的) **정의**입니다. 이것은 다시 두 가지 유형, 즉 '자발적인 거래'를 다루는 유형(민법)과 '비자발적인 거래'를 다루는 유형(형법)으로 나뉩니다. 각종 거래에서의 정의는 일종의 '균등함'으로서 이는 '산술적 비례'에 따르는 것을 의미합니다. 이때 균등함이란 더 많음과 더 적음, 이익과 손해 사이의 중간으로서, 이 경우에 정의는 일종의 '중용'이 됩니다. 시비가 붙을 경우 재판관은 균등함을 회복시키는 역할을 합니다(1132a~b). **교환적 정의**도 있습니다. 사람들 사이의 거래에서 모든 재화는 균등하게 교환되어야 합니다. 그러려면 모든 것들은 어떤 식으로든 서로 비교될 수 있어야 하는데, 이를 위해 돈이 도입되었습니다. 돈은 일종의 척도로서 재화들을 같은 척도로 잴 수 있게 만들어 그것들을 균등하게 만듭니다. 요약하자면, 정의란 '각자에게 비례적으로 균등한 것을 할당하는 마음가짐'입니다. 반대로 불의란 '이익과 손해의 비례에 어긋나는 지나침이나 모자람'입니다. 불의한 행위에서 너무 적게 가지는 것은 불의를 '당하는' 것이고, 너무 많이 가지는 것은 불의를 '행하는' 것입니다 (1134a).

분배적 정의	국가가 시민들에게 공적에 따라 재화를 나누어 줌 비례에 어긋나는 분배는 불의
시정적 정의	사람들 사이의 거래를 조정함 자발적인 거래(민법) 비자발적인 거래(형법) 균등함(중용)을 이루는 것
교환적 정의	균등한 교환을 위한 가치 척도로서 돈의 도입

　　이제 **정의와 공정성의 관계**에 대해 논할 차례입니다. 아리스토텔레스에 따르면 정의와 공정성은 대체로 일치하며 둘 다 훌륭하지만 '공정성이 더 우월'합니다. 문제는 공정한 것이 정의로운 것이긴 하지만, 법에 따른다는 의미에서 정의로운 것이 아니라 '법적 정의를 바로잡는 것'이라는 의미에서 정의로운 것이라는 점입니다. 법은 보편적 정의를 실현하지만, 예외적인 경우까지 바로잡기에는 부족합니다. 이처럼 법의 보편성 때문에 법에 결함이 있는 곳에서 법을 교정하는 것, 이것이 바로 공정성의 본성입니다.

　이제 공정성이 무엇인지 […] 공정한 사람이 어떤 사람인지 분명해졌다. 공정한 사람은 합리적으로 선택해서 공정한 행위를 하는 사람이다. 그는 부당하게 자기 권리를 주장하지 않으며, 법이 그의 편을 들더라도 자기 몫보다 덜 받는 사람이다. 이런 사람이 공정한 사람이고 이런 마음가짐이 공정성이다. 공정성은 일종의 정의이며, 이와 별개의 마음가짐이 아니다. (1137b)

이성의 덕

아리스토텔레스는 인간의 영혼을 이성적인 부분과 비이성적인 부분으로 나눈 바 있고, 지금까지 우리는 그 비이성적인 부분 중 욕구를 담당하는 부분과 관련한 '품성의 덕'에 대해 살펴보았습니다. 이제부터는 이성적인 부분과 관련한 '사유의 덕'들을 살펴보기로 합니다.

이성적인 부분은 다시 둘로 나눌 수 있습니다. 하나는 '불변하는 존재자들을 성찰하는 부분'이고, 다른 하나는 '가변적인 존재자들을 성찰하는 부분'입니다. 아리스토텔레스는 전자를 "학문적으로 인식하는 부분"이라 부르고, 후자를 "이성적으로 추론하는 부분"이라 부릅니다. 우리는 이들 두 부분 각각의 최선의 상태가 무엇인지 파악해야 합니다. 그것이 각 부분의 덕이기 때문입니다(1139a). 오늘날 '이론이성'이라 불리는 전자의 임무는 필연적이고 영속적인 존재들에 대한 진리를 파악하는 것이고, 오늘날 '실천이성'이라 불리는 후자의 임무는 우리의 영혼이 행복에 이르도록 돕는 것입니다. **이성의 덕**이란 다름 아니라 이성으로 하여금 이러한 '학문적'이고 '실천적'인 임무들을 가장 탁월하게 수행하도록 돕는 마음가짐 또는 품성 상태를 의미할 것입니다.

우리의 영혼이 진리를 인식하는 방법에는 기술(technē), 학문적 인식(epistēmē), 실천적 지혜(phronēsis), 철학적 지혜(sophia), 직관적 지성(nous) 이렇게 다섯 가지가 있습니다(1139b).

기술은 행위와 관련된 것이 아니라 제작과 관련된 것으로서, 참된 이성을 동반해서 무엇인가 제작할 수 있는 일종의 품성 상태입니다. 기술은 불변하는 존재자가 아니라 가변적인 존재자와 관련됩니다.

학문적 인식은 불변적인 것, 즉 필연적이고 영원한 것을 대상으로 하는 인식입니다. 모든 학문적 인식은 가르칠 수 있고, 그 대상은 배울 수 있습니다. 모든 가르침은 귀납과 연역을 통해 이루어집니다. 우리는 귀납을 통해 제1원리, 즉 보편적인 것에 이르며, 다시 이 보편적인 것, 즉 제1원리로부터 출발하여 연역적 추론을 전개합니다. 따라서 학문적 인식은 자기가 알고 있는 것을 증명할 수 있는 마음가짐입니다.

실천적 지혜는 우리로 하여금 올바른 결정을 내리고 올바른 행위를 하게 함으로써 행복에 이르도록 돕는 마음가짐입니다. 실천적 지혜가 무엇인지는 우리가 어떤 사람을 실천적 지혜가 있는 사람이라고 부르는지 생각해 보면 알 수 있습니다. 실천적 지혜를 지닌 사람의 특징은 자기에게 좋고 유익한 것뿐만 아니라 훌륭한 삶 일반에 도움이 되는 것을 올바르게 숙고하는 것입니다. 이로써 우리는 "실천적 지혜란 인간의 좋음과 관련하여 행동하는 이성적이고 참된 마음가짐"이자 "영혼의 이성적 부분 중 (학문적으로 인식하는 부분이 아닌) 다른 부분의 덕, 즉 이성적으로 추론하는 부분의 덕"임을 알 수 있습니다(1140b).

직관적 지성이란 학문적 진리의 제1원인들을 파악하는 능력입니다. 모든 종류의 학문적 인식은 제1원리에서 시작하여 논증을 통해 진리로 확인됩니다. 그러나 이 제1원리 자체는 학문적 인식이나 기술, 실천적 지혜나 철학적 지혜로 파악될 수 없습니다. 제1원리들을 파악할 수 있는 것은 오직 직관적 지성뿐입니다.

학문적 인식들 가운데에도 가장 정확한 것이 철학적(또는 사변적) 지혜입니다. 지혜로운 사람은 제1원리에서 도출된 것들을 알아야 할 뿐만 아니라 이 제1원리 자체의 참됨도 알고 있어야 합니다. 그러므로 철학적 지혜는 직관적 지성과 학문적 인식을 합친 것이며 가장 소중한 진리들에 대응하는 최정상의 학문적 인식입니다(1141a).

실천적 지혜

앞서 살펴보았듯, 철학적 지혜는 본성상 가장 가치 있는 것들을 다루는 학문적이면서 직관적인 인식입니다. 흔히 현자들 가운데 자기 이익에 무지한(또는 무관심한) 사람들이 있는데, 우리는 이들을 가리켜 '철학적 지혜는 있지만 실천적 지혜는 없다'고 말합니다. 그래서 사람들은 그들의 지식이 비범하고 놀랍고 난해하고 신적이기는 하지만 '쓸모가 없다'고 말합니다. 그것이 인간적인 좋음과는 무관하기 때문입니다. 반면에 실천적 지혜는 인간적인 좋음을 다루며 행위로 성취할 수 있는 최선의 목표들에 관해 숙고합니다(1141b). 우리는 심사숙고함으로써 합리적 선택을 하게 되는데 이 합리적 선택의 제1원리는 욕구와 목적 지향적 이성입니다.

> 사유 자체만으로는 아무것도 움직이지 못하며, 목적 지향적이
> 고 실천적인 사유만이 행위를 유발할 수 있다. [⋯] 따라서 합
> 리적 선택은 욕구와 관련한 지성이거나 사유와 관련한 욕구이
> 다. 그리고 인간이 바로 그런 종류의 제1원리이다. (1139a~b)

인간의 기능은 실천적 지혜와 품성의 덕이 결합할 때 완전하
게 실현됩니다. 덕은 행위가 지향하는 목표를 바르게 세워 줍니다.
다시 말해서 합리적 선택을 잘 하도록 해 줍니다. 그리고 실천적 지
혜는 그 목표 달성의 수단이 되는 행위(즉, 중용에 따르는 행위)를 하도록
이끌어 줍니다(1144a). 아리스토텔레스가 보기에, 덕은 올바른 이성에
부합할 뿐만 아니라 올바른 이성을 수반하는 마음가짐이며, 실천적
지혜는 그것에 대응하는 올바른 이성입니다. 소크라테스는 덕이 곧
이성(logos)이라고 생각했지만(그에게는 모든 덕이 지식(epistēmē)이었으므로), 아
리스토텔레스는 덕이 이성을 수반한다고 보는 것입니다. 결국 그는
"우리는 실천적 지혜 없이는 진실로 좋은 사람이 될 수 없고, 품성의
덕 없이는 실천적 지혜를 가진 사람이 될 수 없다"고 결론 내립니다
(1144b).

> 실천적 지혜는 품성의 덕과 결부되고, 품성의 덕은 실천적 지
> 혜와 결부된다. 실천적 지혜의 원리가 품성의 덕에 따라 주어
> 지고, 품성의 덕들을 위한 올바른 기준이 실천적 지혜에 따라

주어지기 때문이다. (1178a)

자제력 없음(의지의 나약함)

자제력 없음 또는 **의지의 나약함**(akrasia)이라는 문제는 소크라테스, 플라톤, 아리스토텔레스가 모두 다룬 문제입니다. 이는 '좋다고 인식한 것을 행하지 않거나, 좋지 않다고 인식한 것을 행하는 일'과 관련한 문제입니다. 소크라테스가 보기에, 제대로 알고 있는 사람이라면 그 앎(epistēmē)을 실천하지 않을 수 없기 때문에 '자제력 없음' 같은 것은 있을 수 없습니다. 만일 누군가가 최선의 것을 알면서도 거기에 어긋나는 행위를 한다면, 그것은 오로지 '무지' 때문입니다. 하지만 아리스토텔레스가 보기에 이러한 주장은 명백히 현실과 어긋납니다. 알면서도 의지가 약하여 알고 있는 것을 실천하지 못하는 사례는 흔한 일로 보이기 때문입니다. 물론 이에 대해 소크라테스는, 자제력 없는 사람은 제대로 된 앎(epistēmē)이 아니라 단지 의견(doxa)을 가진 것이기에 쾌락에 굴복하게 된 것이라고 주장할 것입니다(1145b).

아리스토텔레스에게 '의지의 나약함'이라는 문제는 욕망이 우리의 인식을 가리는 문제입니다. 또는 욕망이 우리로 하여금 사실을 무시하도록 하거나 자기를 합리화하는 문제입니다. 이성적 추론의 영향력이 나의 욕구에 의해 제한됨으로써 나는 나의 실천이성이 명령한 바를 실행하지 못하게 된 것입니다. 이는 나의 행위가 실천적 지혜에 의해 규정되지 못한 것입니다.

자제력과 참을성은 훌륭하고 칭찬받을 만하지만, 자제력 없음과 참을성 없음은 나쁘고 비난받을 만한 것 같다. 그리고 자제력 있는 사람은 자신이 이성적으로 판단한 것을 끝까지 지키는 사람인 것 같고, 자제력 없는 사람은 자신이 이성적으로 판단한 것을 쉽게 포기하는 사람인 것 같다. 그뿐만 아니라 자제력 없는 사람은 자기가 행하는 것이 나쁘다는 것을 알면서도 정념 때문에 그것을 행하는 반면, 자제력 있는 사람은 자신의 욕구들이 나쁘다는 것을 알면 자신의 이성적 원칙 때문에 욕구들을 따르기를 거부한다. (1145b)

'자제력 없음'의 문제에 대한 소크라테스와 아리스토텔레스의 입장 차이는 종교적 깊이를 지닌 소크라테스와 현실 감각에 밝은 아리스토텔레스의 차이로 보이기도 합니다. 소크라테스에게 앎이란 '돈오'와 '점수'를 통해 자기 내면의 신성과 만남으로써 터득한 깨달음 같은 것이라면, 아리스토텔레스에게 앎이란 사회적 관습과 정규 교육과정을 통해 습득한 지식과 흡사한 것으로 보입니다.

관조적 활동으로서의 행복

아리스토텔레스에 의하면 행복은 자족적이고 그 자체로 추구되는 목적으로서 '덕에 따르는 활동'입니다. 그렇다면 그것은 당연히 최고의 덕을 따라야 할 것이고, 최고의 덕은 우리 안에 있는 최선의 부분의 덕일 것입니다. 이 최선의 부분, 즉 우리 안에 있는 것들 가운데 가장 신적인 것 혹은 고유한 덕에 따르는 활동이야말로 완전한 행복이 될 것입니다.

그런 활동이 바로 관조적 활동이다. 이것은 […] 진리와도 일치하는 것 같다. [직관적] 지성은 우리 안에 있는 것들 중 최고의 부분이고, 지성이 상대하는 대상 또한 앎의 대상들 중 최고인 만큼, 관조는 최고의 활동이기 때문이다. 게다가 이 활동은 가장 지속적이다. 우리는 어떤 행위보다도 관조하는 일을 더 지속적으로 할 수 있기 때문이다. 또 우리는 행복에는 즐거움이 섞여 있어야 한다고 생각하는데, '[철학적] 지혜(sophia)'에 따르는 활동이 덕에 따르는 활동 가운데 가장 즐겁다는 것은 누구나 동의한다. 여하튼 '지혜에 대한 사랑', 즉 '철학(philosophia)'은 그 순수성과 견실함에서 놀랄 만한 즐거움을 내포하고 있는 것 같다. (1177a)[016]

아리스토텔레스는 "관조적 활동이야말로 인간에게 완전한 행복일 것"이라 말하면서도 "그런 삶은 인간이 도달하기에는 너무 높은 경지"이며, "그런 삶을 사는 사람이 있다면 그가 인간이기 때문이 아니라 그에게 어떤 신적 요소가 내재하기 때문일 것"이라고 덧붙입니다. 그는 인간이 비록 신은 아니지만 (직관적) 지성과 (철학적) 지혜에 따르는 관조하는 삶을 통해 신의 경지에 가까워질 수 있으며, 또 그런 "불사불멸의 존재가 되도록 최선을 다해야 한다"고 주장합니다 (1177b).

이처럼 관조하는 삶 속에서 인간의 최대 행복을 찾는 아리스

016   인용문 내 강조는 필자 강조.

토텔레스의 입장은 플라톤과 공유하던 주지주의적 관점을 보여 줍니다. 관조적 활동은 인간 이성의 최고 활동을 의미하기 때문입니다. 이러한 관점은 이후 중세의 그리스도교 철학자, 그중에서도 토마스 아퀴나스의 사상에 큰 영향을 미쳤습니다.

1. 인간의 불평등과 노예제를 옹호하는 아리스토텔레스의 입장이 반영된 글 (A)와 이를 비판하는 글 (B)를 읽고, 어떤 사상의 시대적 한계를 우리는 어디까지 인정해야 할지 토론해 봅시다.

(A)

분명 육체는 영혼의 지배를 받는 것이, 감정적 부분은 지성과 이성적 부분의 지배를 받는 것이 자연스럽고 유익하다. 반면에 양자가 대등하거나, 열등한 것이 지배하게 되면 언제나 해롭다. 인간과 동물의 관계도 마찬가지다. 길들인 동물은 야생동물보다 더 좋은 본성을 가지고 있고, 모든 길들인 동물은 인간의 지배를 받을 때 더 잘 산다. 그래야 보호받을 수 있기 때문이다. 마찬가지로 남자가 본성상 더 우월하고, 여자는 열등하다. 그래서 남자가 지배하고 여자는 지배받는다. 이런 원칙은 전 인류에게 적용되어야 한다. […] 자연은 자유민의 몸과 노예의 몸을 구별하고자 노예에게는 천한 일을 감당할 수 있는 강한 몸을 주고, 자유민에게는 그런 일에는 쓸모없지만 시민생활에는 적합한 꼿꼿한 몸을 준다. (『정치학』 1254b)[017]

---

017   아리스토텔레스의 『정치학』 인용은 『정치학』(천병희 역, 숲, 2009)을 참고하였음.

(B)

우리가 아리스토텔레스의 윤리적 취향을 우리 자신의 것과 비교해 볼 때, 무엇보다도 그가 불평등을 인정하고 있는 점이 눈에 띄는데, 이는 현대적 감각으로는 매우 거슬린다. 그는 노예제도나 아내에 대한 남편의 우월성이나 자녀에 대한 부친의 우월성에 대하여 반대하지 않을 뿐만 아니라, 최고선이 기본적으로 오직 소수의 사람들, 예컨대 고결한 사람들이나 철학자들에게만 허용된다고 주장한다. 그리하여 대다수의 사람들은 주로 소수의 지배자들이나 현자들을 배출하기 위한 수단밖에 되지 않는 것 같다.[018]

2. 다음 글을 읽고, 아리스토텔레스가 윤리학에서 '쾌락(즐거움)'의 의의를 어떻게 이해하고 있는지 말해 봅시다.

[관조적 삶에 대한 아리스토텔레스의 주장은] 철인왕들의 삶에 대한 플라톤의 주장과 비슷하며 아마도 그것에 부응하는 방식으로, 관조적 삶이 모든 삶들 중 가장 즐거운 것이라고 주장한다는 것에 주목해야 한다. 아리스토텔레스는 확실히 가치[선]와 즐거움[쾌락] 간에 매우 밀접한 관련이 있다고 생각한다. 즐거움도 그 자체로 가치가 있다. 아무도 우리가 즐거움을 찾는 데 궁극적인 동기를 가져야 한다고 생각하지 않는다 (1172b). 그러나 쾌락주의가 즐거움만이 유일한 선이라는 이론이라면, 아리스토텔레스는 명확히 쾌락주의를 거부한다. 그는 지혜 있는 즐거움

018   B. Russell(1996), *History of Western Philosophy*, London: Routledge, p. 194.

이 지혜 없는 즐거움보다 더 좋기 때문에 즐거움은 유일한 선일 수 없다는 플라톤의 주장(『필레보스』 21~22)을 받아들인다. 아리스토텔레스에 따르면, 활동은 그것이 더 가치가 있다면 더 즐겁지만, 더 즐겁다고 더 가치 있는 것은 아니다.[019]

019   J. O. 엄슨(1996), 『아리스토텔레스의 윤리학』, 장영란 역, 서광사, 205~206쪽.

제4장

에피쿠로스학파와 스토아학파

기원전 323년 알렉산드로스 대왕이 죽은 후 중세 그리스도교 시대가 시작하기까지의 시기를 일컬어 **헬레니즘 시대**라고 합니다. 흔히 '쾌락주의'로 불리는 **에피쿠로스학파**의 사상과 '금욕주의'로 불리는 **스토아학파**의 사상은 이 시대를 대표하는 양대 사상입니다. 모든 사상은 그 시대의 반영이라고 볼 때, 어떻게 해서 같은 시대에 등장한 사상이 정반대의 윤리적 지향을 가지게 되었을까요?

1. 헬레니즘 시대 윤리 사상의 형성 배경

도시국가 차원의 삶에서 세계제국 차원의 삶으로

잘 알다시피 소크라테스, 플라톤, 아리스토텔레스로 대표되는 고대 그리스의 철학자들은 도시국가(폴리스)의 시민으로 살았습니다. 거기서 개인의 삶은 언제나 국가라는 정치적 공동체에 참여함으로써 실현되었습니다. 자연히 그들이 지향하는 도덕적 이상도 자기가 속한 국가의 좋은 시민이 되는 것이며, 이를 위해 시민의 덕을 함양하는 것이 젊은이들의 교육 목표였습니다. 이처럼 고대 그리스의 윤리는 도시국가 차원의 삶에 기초하고 있음을 우리는 알 수 있습니다. 아리스토텔레스는 개인에 대한 국가의 절대적 의미를 다음과 같이 말하고 있습니다.

국가는 본성상 가정과 개인에 우선한다. 전체는 필연적으로 부분에 우선하기 때문이다. [...] 국가는 분명 자연의 산물이고 개인에 우선한다. 왜냐하면 고립되어 자급자족하지 못하면 개인은 전체에 대해 다른 경우[예컨대 신체] 부분이 전체에 대해 갖는 관계를 맺을 것이기 때문이다. 공동체 안에서 살 수 없거나, 자급자족하여 그럴 필요를 느끼지 못하는 자는 국가의 부분이 아니며, 들짐승이거나 신(神)일 것이다.[020]

그러므로 고대 그리스인들에게 폴리스의 차원을 벗어난 독자적인 개인의 삶이나 세계시민적 차원의 삶이란 상상할 수 없었을 것입니다. 그런데 알렉산드로스 대왕의 세계제국과 뒤이은 로마제국의 등장으로 이러한 폴리스 중심의 삶과 윤리는 더 이상 유지할 수 없게 되었습니다. 도시국가가 사실상 해체되어 버렸기 때문입니다. 폴리스의 해체와 더불어 자기정체성의 근원을 잃어버린 그리스인들은 소속감의 상실과 삶의 무의미함을 절감하게 되었습니다. 여기에 더해 알렉산드로스 대왕이 죽은 후 이어진 정치적인 혼란과 거듭된 정복전쟁으로 사람들은 가난과 죽음의 위협에 직면하게 되었습니다. 이런 상황에서 가능한 삶의 방식은 다음의 두 가지였습니다. 하나는 불확실한 미래 앞에서 우선 그때그때 주어진 순간을 마음껏 즐기는 것(에피쿠로스학파)이고, 다른 하나는 어쩔 수 없이 닥치는 운명에 대해 체념하는 것(스토아학파)입니다. 다음 글은 이러한 시대에 등장한 윤리의

---

020   아리스토텔레스(2009), 「정치학」, 천병희 역, 숲, 21~22쪽.

특징과 함께 왜 세계주의와 개인주의가 동시에 추구되었는지 그 이유를 말해 줍니다.

> 헬레니즘의 풍조는 그리스적인 국가주의에 대립하여 전면적인 세계주의(cosmopolitanism) 사조를 일으킨다. 이 사조는 그리스인과 이민족 간의 정치적, 민족적, 문화적 차별을 무시하고 폴리스의 시민 대신 인류(세계시민)라는 새로운 개념을 낳았으며, 폴리스를 중심으로 하는 생활 관념을 버리고 개인적 행복을 추구하는 개인주의 사상을 낳았다. 그리고 철학은 눈앞의 어지러운 현실에서 어떻게 처신할 것인가, 어떻게 하면 안심입명(安心立命)의 경지에 도달할 수 있는가를 해결하는 것을 그 사명으로 한다.[021]

2. 에피쿠로스학파의 윤리 사상

키레네학파

에피쿠로스학파가 등장하기 이전에 그들과 같은 쾌락주의적 사고를 지녔던 사상가들이 있었습니다. 이들을 **키레네학파**(Cyrenaics)라고 부르는데, 그 중심인물은 **아리스티포스**(BC 435~355)입니다. 그에 따르면 모든 인간은 본능적으로 항상 쾌락을 추구하며 이것은 지극

---

021   한전숙(1980), 「헬레니즘 로마 철학」, 『세계철학대사전』, 교육출판공사, 1234쪽.

히 자연스러운 일입니다. 그러므로 현명한 사람이라면 누구나 이러한 사실을 인정하고 더욱 많은 쾌락을 누리기 위해 노력할 것입니다. 그는 다음과 같이 주장합니다. '이 불확실한 세상에서 지금 네게 가능한 최대한의 쾌락을 취하라!' 이러한 주장은 우리의 경험적인 사실들에 부합할 뿐만 아니라, 현실주의자를 자처하는 많은 이들에게 호소력을 지닙니다.

그러나 키레네학파의 쾌락주의는 비판의 여지가 많습니다. 구체적인 예를 들지 않더라도 쾌락에만 탐닉하는 방탕한 삶이 많은 후유증을 낳는다는 것은 거의 상식입니다. 또 쾌락 그 자체만을 목표로 하는 행위는 오히려 원래의 목표였던 쾌락마저 놓치는 결과를 낳는다는 이른바 '쾌락주의의 역설'도 제기됩니다. 쾌락을 목적으로 삼아 의식적으로 그것을 추구하다 보면 쾌락보다 오히려 권태와 고통을 맛보기 쉬운 반면, 쾌락을 의식하지 않은 채 어떤 일을 열심히 할 때 거기서 참다운 쾌락을 얻을 수 있다는 것입니다. 즉 우리가 참으로 쾌락을 얻는 바람직한 방법은 쾌락을 의식하지 않은 중립적인 목표를 추구하는 것이라는 지적입니다.

에피쿠로스의 소극적 쾌락주의

에피쿠로스(BC 341~271)는 키레네학파의 뒤를 이어 쾌락을 인생의 목표로 삼습니다. 그는 다음과 같이 선언합니다.

우리는 쾌락이 행복한 인생의 시작이자 끝이라고 말한다. 왜냐하면 우리는 쾌락을 우리에게 타고난 첫 번째 선이라고 인식하며, 우리가 선택하거나 기피하는 모든 행동을 쾌락에서 시작하기 때문이다. 또한 우리는 쾌락의 느낌을 모든 선의 판단 기준으로 사용하면서 쾌락으로 되돌아간다. (『쾌락』46)[022]

그러나 에피쿠로스의 쾌락주의를, 주색잡기에 빠진 방탕한 삶이나 강렬한 육체적 쾌락만을 추구하는 삶과 동일시하는 것은 오해입니다. 이러한 삶은 키레네학파에는 해당될지 몰라도 에피쿠로스가 지향하는 삶과는 거리가 멉니다. 에피쿠로스가 보기에 방탕한 삶은 인간을 비참하게 만들고 일찍 죽게 하는 지름길에 불과합니다. 그렇다면 에피쿠로스가 추구한 쾌락은 어떤 것일까요? 그것은 바로 '몸에 고통이 없고 마음에 근심이 없는 상태'입니다. 한마디로 '고통의 부재'입니다. 이는 키레네학파가 추구했던 감각적 쾌락의 상태를 피함으로써 오히려 가능해집니다.

모든 고통스러운 것들의 제거가 쾌락 크기의 한계[최대의 쾌락]이다. 쾌락이 있는 곳에서는, 그것이 있는 한, 몸이나 마음의 고통이 없으며 양자 모두의 고통도 없다. (『쾌락』13~14)

결국 에피쿠로스가 다다른 결론은 '우리의 모든 행위의 목적은 고통과 공포로부터의 해방'이라는 것입니다. 이로써 에피쿠로스가 추구한 쾌락은 '순간적인 감각적 쾌락이 아니라 전 일생을 통해서 지

---

022   이하 에피쿠로스의 글의 인용은 『쾌락』(오유석 역, 문학과지성사, 1998)의 쪽수만을 표기함.

속되는 쾌락'이라는 것을 알 수 있습니다. 여기서 우리는 위험한 시대를 살아가는 현명한 처세술로서의 윤리를 확인하게 됩니다. 그것은 과욕을 피하고 적은 것에 만족하는 삶, 즉 검소하고 소박한 삶의 윤리입니다.

욕구의 세 가지 유형

쾌락은 인간의 욕구와 관련되어 있습니다. 욕구가 충족될 때 우리는 쾌락을 느낍니다. 그러므로 쾌락이란 먼저 어떤 욕구를 전제하고 그 욕구가 충족될 때 뒤따르는 심리적 상태라고 할 수 있습니다. 그렇다면 무작정 쾌락을 추구하기에 앞서 먼저 욕구를 분석해 볼 필요가 있습니다. 무엇을 추구해야 참된 쾌락을 얻을 수 있는지 알기 위해서입니다.

에피쿠로스는 우리의 욕구를 세 가지로 나누어 살펴봅니다(『쾌락』 20). 첫째는 "자연적인 동시에 필수적인" 욕구로서, **식욕**이 대표적인 예입니다. 식욕이 충족되지 못하면 우리는 고통을 느낍니다. 둘째는 "자연적이기는 하지만 필수적이지는 않은" 욕구로서, **성욕**을 예로 들 수 있습니다. 성욕은 자연적인 욕구이지만 그것이 충족되지 않는다고 해서 고통을 일으키지는 않습니다. 셋째는 "자연적이지도 않고 필수적이지도 않으며, 다만 헛된 생각에 의해 생겨난" 욕구로서, 화려한 옷에 대한 욕구나 **명성과 명예**에 대한 욕구를 예로 들 수 있습니다. 이런 욕구들은 육체적 필요 때문이 아니라 사회적 관행이나 습관에 의해 생겨난 것으로서, 그것이 충족되지 않는다고 해서 고통을 낳지는 않습니다.

정적인 쾌락과 평정심(아타락시아)

이 같은 에피쿠로스에 관한 설명에서 우리는 두 가지 사실을 확인할 수 있습니다. 하나는 참된 쾌락의 조건으로서 '자연적이고 필수적인 욕구'의 충족을 중시한다는 것이고, 다른 하나는 '고통의 회피'를 중시한다는 것입니다. 필수적인 욕구를 충족할 때, 즉 적극적으로 고통의 원인을 제거할 때 생기는 쾌락이 '동적(動的)인 쾌락'입니다. 이것은 사람들이 말하는 일반적 의미의 쾌락과 같습니다. 이에 반해 '정적(靜的)인 쾌락'은 적극적으로 욕구를 충족시키는 것이 아니라 욕구 자체를 없애거나 줄임으로써, 즉 애초에 고통이 생길 수 있는 여건을 만들지 않음으로써 가능한 쾌락입니다.023 이렇게 '고통이 전혀 없는 상태를 완전하고 안정적으로 유지하는 것'이 진정한 쾌락이며, 이것은 우리가 **평정심**을 지닐 때 가능합니다.

> 내가 말하는 쾌락은 몸의 고통이나 마음의 혼란으로부터의 자유이다. 왜냐하면 삶을 즐겁게 만드는 것은 계속 술을 마시며 흥청거리는 일도 아니고, 성적 욕구를 만족시키는 일도 아니고, 풍성한 식탁에 차려진 생선요리나 맛난 음식을 즐기는 일도 아니고, [오로지] 우리가 선택하거나 기피하는 모든 행위의 동기를 파악해서 마음에 가장 큰 혼란을 불러일으키는 공허한

---

023   쾌락의 정도를 "욕구의 충족 / 욕구"라는 분수로 표현할 때, 쾌락을 극대화하기 위해서는 분자를 늘리기보다 분모를 줄이는 것이 더 현명한 방법임을 에피쿠로스는 깨달았던 것 같습니다. 분모가 무한대(∞)일 경우 —대개의 경우 인간의 욕심은 끝이 없으므로— 분자가 아무리 커도 그 수의 크기가 0에 가까워지는 반면, 분모가 0에 가까워질 경우 —자기 욕심을 줄인다면— 분자가 아무리 작아도 그 수의 크기는 무한대(∞)에 가까워질 것이기 때문입니다.

추측들을 제거하는 명료한 사고이기 때문이다. (『쾌락』 47~48)

이처럼 어떠한 고통도 불안도 없는 절대적으로 평온한 마음 상태를 가리켜 **아타락시아**(ataraxia)[024]라고 합니다.

원자론적 유물론

에피쿠로스에 따르면 존재하는 모든 것은 빈 공간 속에서 운동하는 원자들의 집합입니다. 이러한 **원자론**은 자연철학 시대에 **데모크리토스**(BC 460~370)가 이미 주장한 바 있습니다. 원자로 이루어진 우주는 원자들의 운동을 규정하는 엄격한 법칙의 지배를 받습니다. 인간도 원자로 구성된 물질이며, 개인의 존재도 일정 기간 동일성을 유지하는 원자들의 집합에 지나지 않습니다. 따라서 사고와 감정을 포함한 인간의 모든 측면은 자연법칙에 따르는 원자의 운동으로 설명될 수 있습니다(『쾌락』 54 이하). 여기에 신이 관여할 여지는 없어 보입니다.

> 천체의 운동과 회전, 일식과 월식, 일몰과 월몰, 그리고 이와
> 유사한 현상들이 어떤 신적인 존재 ―천체의 운동을 관장해
> 왔고 지금도 통제하거나 계속 통제하려는 동시에 불멸하고 지
> 복을 무한히 누리는 존재― 때문에 일어난다고 우리가 생각해

---

[024] "우리는 천체 현상에 대한 앎 ―이것이 다른 이론들과의 관련하에서 다루어지건, 그 자체로 독립적으로 다루어지건 간에― 의 목적이 **마음의 평안**(ataraxia)과 확고한 믿음 이외에 다른 어떤 것이라고 생각해서는 안 된다. 이 점은 다른 모든 학문 분야에서도 마찬가지이다"(『쾌락』 90).

서는 안 된다. (『쾌락』83)[025]

이처럼 인간의 삶에 어떤 초자연적 요인이나 신이 개입할 여지를 없애려 하는 이유는 인간을 외적 세력이나 운명적 필연성에 지배되지 않는 자유로운 존재로 만듦으로써 자기 삶의 주인이 되게 하기 위해서입니다. 따져 보면 인간이 불행해지는 일차적 요인은 사회에 의해 형성된 그릇된 신념들입니다. 우주, 신, 인간 본성에 대한 그릇된 신념들 때문에 우리는 두려움이나 분노 같은 정신적 고통을 겪게 됩니다. 만일 우리가 미신적 종교에 휘둘리지 않고 자연법칙을 이해한 이성적 사고로 자기 삶을 이끌어 간다면 우리는 좀 더 고통 없는 행복한 삶을 영위할 수 있을 것입니다.

죽음은 두려운 것이 아니다

에피쿠로스에 따르면 우리는 죽음을 두려워할 필요가 없습니다.

죽음은 우리에게 아무것도 아니다. 왜냐하면 해체된 것[죽은 몸]에는 감각이 없기 때문이다. 감각이 없는 것은 우리에게 아무것도 아니다. (『쾌락』13)

---

025 "만약 우리가 '천체의 운동이 신 때문이다'라고 생각한다면, 우리는 신에 대한 걱정으로부터 해방될 수 없다. 따라서 에피쿠로스는 우선 모든 천체 현상이 신에 의해서가 아니라 자연법칙에 의해 야기됨을 보이고자 한다"(『쾌락』, 90~91 "역자 주").

근심이나 고통이 인간에게 나쁜 영향을 주려면 그 시점에 그 사람이 존재해야 한다. [그런데] 죽음은 그 사람을 제거함으로써 그러한 불행을 겪을 인간을 더 이상 존재하지 못하도록 하기 때문에, 죽을 때 두려워할 것이 전혀 없으며, 더 이상 존재하지 않는 인간은 근심[이나 고통]도 겪을 수 없다고 우리는 확신한다.[026]

우리가 살면서 두려워해야 할 것은 오로지 고통뿐입니다. 만일 어떤 일이 우리에게 고통을 주지 않는다면 우리는 그것을 두려워할 이유가 없습니다. 그런데 죽으면 고통을 느낄 주체 자체가 사라진 상태이므로 고통도 존재하지 않습니다. 따라서 우리는 죽음을 두려워할 이유가 없습니다. 에피쿠로스는 이런 논리로 사람들을 죽음의 공포로부터 구해 내려 하였습니다.

여기서 에피쿠로스가 추구한 것은 한마디로 '육체적 고통, 정신적 불안, 죽음의 공포'에서 벗어나는 것입니다. 여기서 우리는 두 가지 특징을 찾아볼 수 있습니다. 하나는 쾌락주의에 대한 일반적 통념과 달리 에피쿠로스는 소박하고 욕심 없는 삶을 지향했다는 점입니다. 이는 난세의 지혜로운 처세술이 도달하게 된 결론으로 보입니다. 다른 하나는 에피쿠로스의 유물론이 지니는 현실주의적이고 경험주의적인 성격입니다. 이것은 소피스트에서 시작하여 훗날 경험주의와 실증주의로 이어지는 큰 흐름의 한 가닥을 보여 줍니다.

---

026   루크레티우스, iii 861~868; 앤소니 A. 롱(2000), 『헬레니즘 철학』, 이경직 역, 서광사, 111쪽 참조(로마 시인 루크레티우스는 에피쿠로스의 추종자로서 자기 스승 에피쿠로스의 주장을 잘 전해 준다).

3. 스토아학파의 윤리 사상

키니코스학파

스토아학파는 헬레니즘 시대를 대표하는 사조로서 에피쿠로스학파와 같은 시대에 등장했습니다. 이 학파의 명칭은 창시자인 키프로스 출신의 **제논**(BC 490~430)이 아테네의 한 '울긋불긋한 그림이 그려진 강당(stoa poikile)'에서 사람들을 가르친 데서 유래합니다. 제논은 **키니코스학파**(Cynicism, 견유학파)로부터 큰 영향을 받았고 이것이 이후 스토아학파의 전체적인 기조를 형성하게 됩니다. 키니코스학파를 대표하는 인물은 **디오게네스**(BC 404~323)입니다. 그는 사람들에게 어리석은 야망, 그릇된 쾌락, 사악한 삶의 방식을 버리고 자연에 따르는 검소한 생활을 하라고 역설하면서 자신도 이를 철저히 실천했습니다. 한번은 망토 하나만을 걸친 채 통 속에서 살고 있는 그를 알렉산드로스 대왕이 찾아온 적이 있는데, 무슨 소원이든 들어주겠다는 왕 앞에서 '지금 당신이 햇빛을 가리고 있으니 좀 비켜 주시오'라고 말한 일화는 유명합니다. 키니코스학파의 이런 엄격하고 금욕적인 삶의 자세는 그대로 스토아학파로 이어졌습니다.

스토아학파의 주요 인물

스토아학파에는 뛰어난 세 명의 사상가가 있습니다. 세네카와 에픽테토스와 마르쿠스 아우렐리우스가 바로 그들입니다. 한 사람은 귀족, 또 한 사람은 노예, 나머지 한 사람은 황제였습니다. **세네카**(BC 4~AD 65)는 네로 황제의 스승이었는데, 후에 네로의 의심을 사 황제의 명령에 따라 자살했습니다. 그는 비극 작가이기도 했으며, 도덕을 논한 수십 편의 편지를 남기기도 했습니다. 그는 스토아 윤리학의 두 근간이라 할 수 있는 내적 평정심과 사회적 의무 개념을 발전시킨 사람입니다. **에픽테토스**(50~138)는 본래 노예였으나 후에 자유인이 되어 로마에 살면서 사람들을 가르쳤습니다. 그는 유명한 『도덕론』을 통해 우리가 '할 수 있는 일(우리 힘이 미치는 일)'과 '할 수 없는 일(우리 힘이 미치지 않는 일)'을 명확히 구분했으며, 인간의 타고난 도덕적 소질을 확신했기 때문에 교육을 통하여 그것을 계발해야 한다고 했습니다. **마르쿠스 아우렐리우스**(121~180)는 로마의 황제였습니다. 잠언과 일기의 형태로 된 그의 『명상록』은 그의 고귀한 심정을 읊은 것으로서 스토아 사상 전체를 통해서도 모범이 됩니다. 그는 스토아 윤리학의 두 가지 핵심 요소인 내적 자기절제와 세계시민으로서의 시민정신을 동시에 강조했습니다.

이성주의와 부동심(아파테이아)

스토아학파의 사상은 서양철학사에 심대한 영향을 미쳤습니다. 스토아학파는 우선 플라톤과 아리스토텔레스의 전통을 이어받아 충동이나 정념 대신 **이성**이 인간 정신을 지배해야 한다고 생각했습니다. 정념이란 인간이 신체적으로, 즉 감각을 통해서 자극받은 결과로 생긴 것입니다. 그리고 그 정도가 지나치면 격정(pathos)이 됩니다. 이는 이성이 정념을 지배하지 못함으로써 생긴 현상입니다. 이성이 정념을 지배하고, 그리하여 우리 영혼의 운동이 질서를 갖게 되면 우리는 하나의 소우주로서 대우주인 자연과 조화를 이루게 됩니다. 그

때 우리는 자연의 목적에 부합하는 의지를 갖게 됩니다.

스토아사상에 따르면 선한 사람이란 오로지 이성적인 사람입니다. 감정은 옳고 그른 것에 대한 우리의 판단을 흐리게 함으로써 마음의 평정을 빼앗습니다. 그러므로 현명한 사람은 어떠한 사사로운 욕망이나 감정도 가지려 하지 않습니다. 그는 잘못된 선입관이나 공상, 불필요한 두려움이나 걱정, 우리 정신을 흐리게 하여 올바른 가치 판단을 그르치게 하는 온갖 동요와 흥분에서 벗어나고자 합니다. 그리하여 오로지 이성만이 그를 지배하게 될 때 그는 참으로 독립적이고 자유로우며 객관적이고 참된 사람이 될 수 있습니다.

이와 같이 스토아사상은 모든 감정과 정념으로부터 완전히 벗어난 **부동심**(apatheia, 아파테이아)[027]의 상태를 지향했습니다. 그런데 부동심에 이르려면 먼저 우리에게 가능한 것과 그렇지 않은 것을 구별할 줄 알아야 하며, 이를 통해 자신의 역량 밖의 것에 대한 집착을 버리고 자신에게 가능한 것만으로 만족할 줄 알아야 합니다.

이 세상에는 우리가 좌우할 수 있는 것이 있고 우리가 좌우할 수 없는 것이 있다. 우리가 좌우할 수 있는 것은 판단, 동기, 욕망, 혐오 같은 우리의 능력이다. 다시 말해 우리에게서 비롯

027 스토아학파의 아파테이아가 마치 '폭풍이 몰아치는 바다의 배 위에서 태연하게 잠을 청하는 예수의 모습'과 같다면, 에피쿠로스학파의 아타락시아는 마치 '구름 한 점 없는 하늘 밝은 태양 아래 눈부시게 빛나는 잔잔한 바다'와 같다고 양자를 비유한 견해도 있습니다[김상봉(1999), 『호모 에티쿠스』, 한길사, 1999, 152쪽]. 이 양자를 좀 더 명료하게 비교하자면, 후자가 욕구 자체를 줄이거나 아예 없앰으로써 이르게 된 평온한 마음 상태라면, 전자는 명료한 이성적 사고로 세상사의 인과관계를 꿰뚫어 봄으로써 더 이상 정념에 휘둘리지 않게 된 평온한 마음 상태라고 하겠습니다.

한 모든 것은 우리가 좌우할 수 있다. 우리가 좌우할 수 없는 것은 신체, 재산, 평판, 사회적 지위 등이다. 즉 우리에게서 비롯하지 않은 모든 것은 우리가 좌우할 수 없다. 우리가 좌우할 수 있는 것은 본래 자유롭고 방해받지 않으며 강제되지 않지만, 우리가 좌우할 수 없는 것은 무력하고 노예적이며 방해받고 우리의 것이 아니다.[028]

덕

스토아학파에게 덕이란, 이성적 사고를 통해 세상만사의 엄밀한 인과관계를 인식하고 그 필연성을 기꺼이 받아들이는 마음가짐입니다. 따라서 덕 있는 삶은 '이성의 인도에 따르는 삶', '자연에 합치하는 삶'입니다. 그것은 구체적으로 법칙에 대한 충실, 의무 의식, 자기 자신에 대한 극기, 불가능한 것에 대한 단념 등으로 나타납니다. 덕 있는 사람은 어떤 예기치 않은 일이나 가혹한 운명에 부딪히더라도 흔들리지 않습니다. 그는 매사를 초연하게 바라보기 때문입니다.

그 무엇에 대해서건 "잃어버렸다"고 말하지 말고 "돌려주었다"고 말하라. 사랑하는 자식이 죽었는가? "돌려준 것이다." 너의 아내가 죽었는가? "돌려준 것이다." "네 땅을 빼앗겼다고?" 아니, 제자리로 돌아간 것이다. "네 땅을 빼앗은 자는 나쁜 사람이라고?" 너는 제공자[신]가 땅을 제자리로 돌려놓기

028   에픽테토스(2018), A. A. 롱 편, 『어떻게 자유로워질 것인가?』, 안규남 역, 아날로그, 50쪽.

위해 이용했을 뿐인 사람한테 왜 신경을 쓰는가? 너한테 자식, 아내, 땅이 있다면 마치 여행객이 임시 숙소를 대하듯 그들을 네 것이 아닌 것으로 대하라.[029]

덕 있는 삶에 경향성, 기호, 욕정, 이익, 안락 같은 것은 들어설 여지가 없습니다. 유명과 무명, 쾌락과 고통, 부와 빈곤, 건강과 질병, 삶과 죽음에도 집착할 필요가 없습니다. 이런 것들은 오직 상상과 선입견의 산물일 뿐입니다. 그러므로 덕 있는 사람은 이런 모든 것들로부터 자유로울 수 있습니다.

사람들을 힘들게 하는 원인은 어떤 일 자체가 아니라 그것에 대한 생각이다. 죽음은 두려운 것이 아니다(죽음이 두려운 것이라면 마땅히 소크라테스도 그랬어야 하지 않겠는가!). 죽음이 두렵다는 생각이 두려운 것이다. 그러니 좌절하거나 힘들거나 고통스럽더라도 다른 사람을 탓하지 말고 자신의 생각을 탓하도록 하라. 배우지 못한 사람은 일이 잘 되지 않으면 남을 탓한다. 배우는 과정 중인 사람은 자신을 탓한다. 그러나 충분히 배운 사람은 자신이건 남이건 누구도 탓하지 않는다.[030]

행복
스토아학파에게 **행복**이란 덕 있는 삶의 자연스러운 귀결입니

029   같은 책, 64쪽.
030   같은 책, 58쪽.

다. 여기서 우리는 스토아학파의 삶의 목표가 에피쿠로스학파와는 완전히 다르다는 것을 알게 됩니다. 즉 이들에게는 쾌락이 인간의 나아갈 길을 제시해 주는 것이 아니라, 자연 질서의 객관적인 의미가 인간에게 길을 제시해 줍니다. 그러므로 현명하고 덕 있는 사람은 한갓 부수적 현상인 쾌락을 필요로 하지 않습니다. 이런 사람은 쾌락이 없이 행복을 발견하기 때문입니다.

선한 마음과 악한 마음 외에는 어떤 선과 악도 존재하지 않는 다고 생각하고, 고상한 것을 존중하고, 미덕에 만족하고, 우발적인 것에 우쭐대거나 기가 꺾이지 않고, 자기 힘으로 얻을 수 있는 것보다 더 큰 선을 욕심내지 않고, 쾌락을 경멸하는 것을 진정한 쾌락으로 여기는 사람을 우리는 행복한 사람이라고 부릅니다.[031]

자, 미덕이 앞장서게 하시오! 모든 발걸음이 안전할 것이오. 그리고 과도한 쾌락은 해로우나, 미덕은 과도하지 않을까 두려워할 필요가 없어요. 미덕에는 절제가 들어 있기 때문이지요. […] 모든 것 가운데 가장 숭고한 미덕을 쾌락에게 하녀로 넘겨주는 것은 마음속에 위대한 것이라고는 눈곱만큼도 들어 있지 않은 인간이나 할 수 있는 일이지요.[032]

031   세네카(2005), 『행복론: 인생이 왜 짧은가』, 천병희 역, 숲, 173쪽.
032   같은 책, 193~194쪽.

의무 윤리학

한 개인이 사회나 정치와 관련하여 어떤 역할을 해야 하는가라는 문제에 대해 스토아학파와 에피쿠로스학파는 완전히 상반된 관점을 지닙니다. 에피쿠로스학파가 소극적 쾌락을 추구하며 사회로부터 벗어난 은둔자적 삶을 지향했다면, 스토아학파는 인간이 본성상 사회적 존재일 뿐만 아니라 인류의 구성원으로서 공동체의 일에 적극 참여해야 한다는 입장을 취합니다. 그리고 공동체 안에서 자기 책임을 다할 때 행복은 저절로 따라온다고 봅니다.

> 내가 그러한 전체의 부분이라는 점을 명심하게 되면 내게 일어나는 모든 일에 만족하게 될 것이다. 그리고 나는 나의 동종인 부분들과 밀접한 관계를 맺고 있는 한, 공동체의 이익에 반하는 행동을 하지 않고, 오히려 내 모든 노력을 공동체에 유익하도록 조절하고 그와 반대되는 일은 삼가게 될 것이다. 이런 원칙들을 지켜 나가면, 동료 시민들에게 유익한 일을 하나씩 실행해 나가고 공동체가 부과하는 의무를 기꺼이 받아들이는 시민의 삶이 행복하리라고 네가 생각할 수 있듯이, 삶은 행복할 수밖에 없을 것이다.[033]

이렇게 공동체에 대해 자기 의무를 다하는 스토아적 시민은 인간의 고통에 대한 연민이나 불쌍한 사람에 대한 동정심도 떨쳐 버

---

033   마르쿠스 아우렐리우스(2005), 『명상록』, 천병희 역, 숲, 167~168쪽.

리려 할 것입니다. 그는 이웃을 위해서 아낌없이 봉사하고 주저 없이 자신을 희생하려 하겠지만, 이는 개인적인 감정 때문이 아니라 의무에 대한 그의 이성적인 판단 때문입니다. 여기서 우리는 후에 칸트에게도 영향을 끼친 **의무 윤리학**의 원형을 보게 됩니다. 이에 따르면 객관적으로 올바른 행위를 한다고 하더라도, 우연이나 경향성 때문에 올바른 행위를 한 사람은 아직 완전한 윤리를 지닌 사람이 아닙니다. 완전한 윤리를 지닌 사람은 마땅히 그래야 한다는 당위(Sollen) 의식에서, 즉 의무 자체를 위해서 선을 행하는 사람입니다.

자연법사상

스토아사상의 가장 의미 있는 성과 중 하나는 **자연법사상**과 이와 관련한 **만민평등사상**입니다. 각 국가와 정부에 의해 제정된 실정법(實定法)은 유일한 법도 아니고 전능한 법도 아닙니다. 실정법의 타당성은 언제나 모든 실정법의 기준이 되는, 일종의 불문법(不文法)인 자연법에 근거하고 있습니다. 자연법은 원래 보편적 이성(logos)이라는 개념에 뿌리박고 있습니다. 인간이 보편적 이성을 지니고 있는 한, 모든 사람은 평등하고 또 평등한 권리를 지닙니다. 이리하여 스토아학파에게 조국은 온 세계이며 그 나라의 구성원인 모든 사람은 세계시민(cosmopolitan)이 됩니다. 인간에게는 보편적인 권리가 그 본성 자체와 더불어 주어져 있다는 사상은 자연히 인간의 생명 또한 고귀한 것이라는 생각으로 연결됩니다. 이러한 스토아학파의 자연법사상에서 우리는 오늘날의 **인간 존엄** 사상의 원천을 발견하게 되는데, 이것은 서양 문화의 가장 소중한 정치적 이상 중 하나라 하지 않을 수 없습니다.

　스토아학파는 에피쿠로스학파와 더불어 알렉산드로스 대왕의 정복 전쟁 이후 전개된 험난한 헬레니즘 시대의 생존 철학이기도 합니다. 당시 그리스와 로마의 지식인들은 '소극적인 쾌락을 추구하라'는 에피쿠로스학파의 처방보다는 '이성적 통찰로 정념을 극복하고 평온한 삶을 추구하라'는 스토아학파의 처방을 더 고상하고 수준 높은 것으로 생각했습니다. 스토아학파의 영향력은 중세에도 지속되었으며, 근대의 스피노자와 칸트에게도 큰 영향을 미쳤습니다.

	에피쿠로스	스토아
뿌리 학파	키레네학파	키니코스학파
선	쾌락	이성
덕	죽음의 공포로부터 벗어나 소박하고 욕심 없는 삶을 사는 것	이성적 사고를 통해 만물의 이치를 깨닫고 자연의 필연성을 받아들이는 것
추구하는 목표	고통과 공포로부터의 해방 일생 동안 지속되는 쾌락 아타락시아(평정심)	이성이 정념을 지배 질서를 되찾아 자연과 조화를 이룸 아파테이아(부동심)
영향	경험주의, 실증주의	중세철학, 스피노자, 칸트

1. 다음 글을 읽고 에피쿠로스학파가 지향하는 쾌락주의의 특징을 지적해 봅시다.

> 우리는 자기만족(autarkeia)을 큰 선으로 생각한다. 이것은 우리가 항상 적은 것을 향유하기 위해서가 아니라, 우리가 비록 많은 것을 갖지 못한다 하더라도 진심으로 다음과 같이 생각하면서 적은 것으로도 만족하기 위해서이다: "사치물을 가장 덜 필요로 하는 사람이 그것에서 가장 큰 즐거움을 얻는다." "모든 자연적인 것은 얻기 쉽다. 반면 공허한 것은 얻기 어렵다."
>
> 결핍으로 인한 고통이 제거된다면, 단순한 음식도 우리에게 사치스러운 음식과 같은 쾌락을 준다. 또한 빵과 물은 그것을 필요로 하는 사람(배고픈 사람)에게 가장 큰 쾌락을 제공한다. 그러므로 사치스럽지 않고 단순한 음식에 길들여지는 것은 우리에게 완전한 건강을 주며, 필수적인 생활방식에 대한 우리의 접근 태도에 확신을 갖게 해 준다. 그리고 나중에 우리가 사치스러운 것들과 마주쳤을 때 우리를 강하게 만들며, 우리로 하여금 행운을 두려워하지 않게 해 준다. (『쾌락』 47)

2. 다음 글은 사후(死後)의 명성에 연연하는 어리석음에 대해 비판하고 있습니다. 이 글의 저자는 왜 그것이 어리석다고 볼까요?

사람의 칭찬받기를 원하거든, 깊이 그들의 마음에 들어가, 그들이 어떠한 판관(判官)인가, 또 그들이 그들 자신에 관한 일에 대하여 어떠한 판단을 내리는가를 보라. 사후(死後)의 칭찬받기를 바라거든, 후세(後世)에 나서, 너의 위대한 명성을 전할 사람들도, 오늘같이 살기에 곤란을 느끼는 너와 다름없다는 것을 생각하라. 진실로 사후의 명성에 연연하는 자는, 그를 기억해 주기를 바라는 사람의 하나하나가, 얼마 아니하여 이 세상에서 사라지고, 기억 자체도 한동안 사람의 마음의 날개에 오르내리나, 결국은 사라져 버린다는 것을 알지 못하는 사람이다. 네가 장차 볼 길 없는 사람들의 칭찬에 그렇게도 마음을 두는 것은 무슨 이유인고? 그것은 마치 너보다 앞서 이 세상에 났던 사람들의 칭찬을 구하는 것이나 다름이 없는 어리석은 일이 아니냐? […]

세상은 한 큰 도시. 너는 이 도시의 한 시민으로 이때까지 살아왔다. 아, 온 날을 세지 말며, 그 날의 짧음을 한탄하지 말라. 너를 여기서 내보내는 것은, 부정(不正)한 판관이나 폭군이 아니요, 너를 여기 데려온 자연이다. 그러니 가라. 배우가, 그를 고용한 감독이 명령하는 대로 무대에서 나가듯이. 아직 5막을 다 끝내지 못하였다고 하려느냐? 그러나, 인생에 있어서는 3막으로 극 전체가 끝나는 수가 있다. 그것은 작자의 상관할 일이요, 네가 간섭할 일이 아니다. 기쁨을 가지고 물러가라. 너를 물러가게 하는 것도 혹은 선의(善意)에서 나오는 일인지도 모를 일이니까.[034]

---

034   이양하 편역, 「페이터의 산문」 중 일부. 이 글은 영국의 작가 페이터(W. H. Pater)가 마르쿠스 아우렐리우스의 『명상록』 중에서 발췌하여 다듬은 것으로 『고등학교 국어 2』(문교부, 1975), 114~123쪽에 실려 있음.

제5장

아우구스티누스와 아퀴나스

서양 중세의 윤리 사상은 전반기의 **교부철학**과 후반기의 스콜라철학에서 찾아볼 수 있습니다. 이 두 가지를 대표하는 사상가는 **아우구스티누스**(354~430)와 **아퀴나스**(1225~1274)입니다. 이 두 사상가는 모두 고대 그리스의 철학을 통해 그리스도교 신앙을 체계화하려 했는데, 아우구스티누스는 **플라톤 철학**을 통해, 아퀴나스는 **아리스토텔레스 철학**을 통해 이를 수행했습니다.

1. 중세 윤리 사상의 형성 배경

고대 그리스 철학과 그리스도교의 만남

313년 로마제국에서 그리스도교가 공인된 후 중세 유럽은 그리스도교 문명이 지배하게 됩니다. 그리고 476년 서로마제국이 멸망한 후 고대 로마제국은 세 문화권으로 나누어지는데, 서유럽에는 로마를 수도로 **라틴어**를 쓰는 '그리스도교 문화권'이, 동유럽에는 콘스탄티노플을 수도로 **그리스어**를 쓰는 '그리스정교 문화권'이, 북아프리카와 중동 지역에는 **아랍어**를 쓰는 '이슬람 문화권'이 자리 잡게 됩니다. 이리하여 그리스·로마 문화가 서유럽에서는 '로마가톨릭 문화'를 통해, 동유럽에서는 '동로마 문화'를 통해, 북아프리카와 중동에서는 '아랍 문화'를 통해 전승됩니다.

중세 전반기 교부철학의 배경인 '플라톤 철학'은 유럽 지역에서, 후반기 스콜라철학의 배경인 '아리스토텔레스 철학'은 아랍 문화를 통해 전승된 것입니다. 교부철학 시대에 플라톤 철학의 그늘에 가려 거의 잊혔던 아리스토텔레스 철학이 스콜라철학에서 부활하게 된 것은, 1200년경 아랍의 학자들이 북이탈리아 영주들의 초청으로 그곳에 오게 되면서 그들을 통해 아리스토텔레스의 많은 책들이 그리스어와 아랍어에서 라틴어로 번역됐기 때문입니다. 이로써 교부철학 시대에 플라톤 철학과 더불어 제기된 '신학과 철학의 관계'가 아리스토텔레스 철학과 더불어 다시 주목받게 됩니다.

중세 철학자들은 그리스도교가 진리라는 사실을 전적으로 받아들입니다. 문제는 그리스도교의 계시를 무조건 믿을 것인지, 아니면 이성적 사유 역시 그리스도교적 진리에 접근하는 데 도움이 되는지 하는 것입니다. 또 그리스 철학과 성서의 관계는 어떤지? 신앙과 이성 사이에 모순은 없는지? 믿음과 인식은 서로 일치하는지? 중세 철학은 주로 이런 문제를 두고 씨름합니다.

2. 아우구스티누스의 윤리 사상

플라톤 철학과 그리스도교

아우구스티누스는 북아프리카에 있는 작은 도시 타가스테에서 태어나 열여섯 살 때 카르타고로 가서 공부했습니다. 그 뒤 로마와 밀라노를 방문하고, 카르타고의 서쪽에 있는 히포라는 곳에서 주교로 재직하며 말년을 보냈습니다. 아우구스티누스가 처음부터 그리스도교를 믿은 것은 아닙니다. 처음에는 마니교를 믿다가, 한동안 스토아철학의 영향을 받기도 했으며, 특히 **신(新)플라톤학파**의 영향을 가장 크게 받았습니다. 그는 그리스도교와 플라톤 철학 사이에는 아무런 모순도 없다고 생각할 정도로 양자 사이의 일치를 확신했고 또 그것을 추구했습니다.

그러나 일련의 종교적 체험을 통해 아우구스티누스는 철학이 우리 삶의 모든 문제에 완벽한 대답을 줄 수 없다는 것, 그리고 성경에는 플라톤의 가르침을 넘어서는 진리가 있음을 깨닫게 되었습니다. 그것은 바로 인간을 향한 하느님의 끝없는 사랑과 은총이었습니다.

> 나는 플라톤 파의 책에서 읽었던 진리가 빠짐없이 모두 여기[성서]에 나와 있는 것을 알게 되었습니다. 성서의 말씀은 플라톤의 철학과는 달리 하느님의 은총을 찬양하고 있었습니다. 성서는 철학의 한계를 넘어서 있었고 거기에서 당신의 진리는 한층 더 승화되어 있었습니다. […] 이런 것[하느님의 은총]은 내가 읽은 플라톤 파의 책에서는 찾아볼 수 없었습니다. 거기에는 당신께 자비를 구하는 모습도, 고백의 눈물이나 당신이 원하시는 산 제물인 "찢어지고 터진 마음"(시편 51:17)도, 우리에게 베푸시는 구원의 손길도, "신부처럼 단장한 거룩한 도성"(요한묵시록 21:2)도, "성령의 역사"(Ⅱ고린토 1:22)도, "구원의 잔"(시편 116:13)도 없었습니다. (『고백록』7.21; 219~220)035

"우리의 마음은 주님 안에서 안식을 얻지 않고는 평안할 수 없습니다"(『고백록』1.1; 13)라는 아우구스티누스의 고백은 철학이 종교의 문제를 다루는 데 한계가 있다는 그의 입장을 확인해 줍니다.

아우구스티누스

철학에 대한 신학의 우위

아우구스티누스는 가톨릭교회의 정통적 견해라 할 수 있는 **이성(철학)에 대한 신앙(신학)의 우위**를 인정합니다. 그렇다고 해서 이치에 닿지 않는 맹목적 신앙에 찬동한 것은 아닙니다. 그의 취지는,

035   이하 아우구스티누스의 『고백록』 인용은 『고백록』(김평옥 역, 범우, 2008)의 (권.절; 쪽수)로 표기함.

제대로 알고자 한다면 우선 믿음이 필요하다는 것입니다. 믿음을 통해 신과 만나고 신의 계시를 받게 되면 이것이 결국 우리의 정신적 지식이 된다는 것입니다. 하지만 동시에 참된 확신을 갖고 믿기 위해서는 이해를 하는 것도 필요합니다. 온전한 이해가 없이는 완전한 그리스도교 신앙에 이를 수 없기 때문입니다.

> 존재하거나 존재하지 않는 모든 것은 당신의 영원한 이성 ─ 거기엔 아무것도 존재하거나 존재하지 않는 일이 없지만─ 에 의하여 인정될 때 비로소 그 존재가 인식되는 것입니다. 이 영원한 이성은 "주님이 처음부터 우리에게 말하여 온"(요한 8:25) 당신의 말씀입니다. 이와 같이 복음서에서 하신 말씀은 몸을 통하여 전달되고 밖으로부터 사람의 귀로 울려 온 것인데, 그것은 사람으로 하여금 믿음이 되고 마음속에서 찾게 되며 영원한 진리 가운데서 발견됩니다. 그 영원한 진리에서 모든 제자들에게 유일한 스승이신 그리스도가 가르쳐 주십니다. (『고백록』 11.8; 377~378)

사람들은 자기 자신의 노력으로 과학적 지식을 얻을 수 있습니다. 아우구스티누스는 과학을 인정하고 시간적·현상적 사물들에 관한 과학적 탐구를 무시하지는 않지만, 흔히 '지혜'라고 부르는 높은 종류의 지식을 얻으려면 신의 계시가 있어야 한다고 주장합니다. 이러한 지식은 신앙의 결과인 동시에 성취로서, 우리로 하여금 신을 이해할 수 있게 해 줍니다.[036]

행복과 평화

이처럼 신앙과 계시와 은총이 우선하는 삶에서 최고선은 곧 신입니다. 그리고 최고의 덕은 신에 대한 사랑입니다. 우리는 신을 사랑함으로써 신과 만나고 결국 행복에 이르게 됩니다. 이러한 행복 (또는 지복)은 아리스토텔레스의 지적 관조나, 에피쿠로스의 쾌락, 스토아적 현자의 덕과도 차별화됩니다. 이는 인간의 이성적 능력만으로 가능한 것이 아니라 오로지 신의 은총과 사랑을 통해 가능한 것이라는 점에서 그렇습니다.

아우구스티누스가 인간의 행복을 표현하는 데 중시하는 개념은 평화입니다. 그에 따르면 평화는 모든 사람이 바라는 것으로서, 행복을 바라는 보편적인 욕구는 결국 평화를 바라는 보편적인 욕구로 드러납니다. 평화에 이르는 관건은 '안정된 질서'에 있습니다. 그리고 질서란 각 존재에게 그의 위치에 합당한 것을 나누어 주는 것입니다.

> 신체의 평화는 각 부분들의 균형 잡힌 배치에 있고, 비이성적인 영혼의 평화는 욕구들의 조화로운 충족에 있으며, 이성적인 영혼의 평화는 지식과 행위의 조화에 있다. 신체와 영혼의 평화는 생물체로서의 질서 있고 조화로운 삶과 건강에 있다. 신과 인간 사이의 평화는 잘 질서 잡힌 신앙으로 영원한 법에 순종하는 데 있다. 인간과 인간 사이의 평화는 잘 질서 잡힌 조화에 있다. [...] 천국의 평화는 완전한 질서와 조화로 신을

---

036   S. P. 램프레히트(1973), 『서양철학사』, 김태길 외 역, 을유문화사, 202쪽 참조.

향유하며 신 안에서 기뻐하는 데 있다. 만유의 평화는 안정된 질서에 있다. 질서는 동등한 것들과 동등하지 않은 것들을 각각 그 위치에 맞게 배치하는 것이다. (『신국론』 19.13; 939)[037]

악의 문제와 자유의지

아우구스티누스는 신(新)플라톤주의를 따라 **악**을 신의 부재(不在)에 기인하는 것으로 생각합니다. 왜냐하면 신의 창조물은 모두 선하기 때문입니다. 악은 결코 신에게서 비롯한 것이 아닙니다.

하느님, 당신에게는 악이란 전혀 없습니다. 당신에게만 없는 것이 아니라 당신이 창조하신 모든 피조물에도 악은 없습니다. 당신이 정하신 모든 피조물 사이의 질서를 파괴하는 것은 아무것도 없습니다. 그러나 어떤 것은 다른 부분과 조화되지 못하기 때문에 악이라고 생각되는 것이 있습니다. 그렇지만 이런 것도 다른 부분과 조화되면 선이며 또 그 자체로서도 선인 것입니다. (『고백록』 7.13; 210)

악은 인간의 **자유의지**에서 비롯한 것입니다. 신은 인간에게 자유의지를 부여했으나, 인간이 이 자유의지를 남용하여 신의 뜻을 거스름으로써 악이 생겨난 것입니다. 이로써 인간의 '구원'은 이제 인간 자신의 의지가 아니라 오직 신의 **은총**으로만 가능하게 되었습니다.

---

037 이하 아우구스티누스의 『신국론』 인용은 『신국론』(조호연·김종흡 역, 현대지성사, 2002)의 (권.장; 쪽수)로 표기함.

내가 어떤 일을 하려고 할 때나 하지 않으려고 할 때 나는 분명 타인의 의지가 아닌 나 자신의 의지에 의해 행한다는 사실을 깨달았습니다. 그리하여 내 죄의 원인은 자유의지에 있다는 것을 차츰 알게 되었습니다. (『고백록』 7.3; 193)

오, 주님이시여! 우리들은 당신의 진리에 거역하여 죄를 범하여 부정을 저지르고 악한 행동을 일삼았습니다. 당신의 손이 우리를 무겁게 내리눌렀습니다. 우리는 죽음의 제왕의 유혹에 빠져 당신의 진리 안에 서지 못하고 우리의 의지를 바꾸어 죄의 길로 들어섰던 것입니다. "우리 주 예수 그리스도로 말미암은 당신의 은총이 아니라면 누가 이 사망의 몸에서 나를 구해내겠습니까?"(로마서 7:24~25) (『고백록』 7.21; 219~220)

그런데 이렇게 결점을 지닌 존재인 인간이 이 세상 악의 원천이라면 신은 도대체 왜 이런 인간을 창조한 것일까요? 이에 대한 아우구스티누스의 대답은 '신은 인간에게 완전한 선인 신을 사랑할 기회를 주려 했기 때문'입니다. 만일 인간이 자신의 자유의지를 제대로 사용하지 못하고 잘못된 선택을 한다면, 인간은 자신의 본성을 극복하지 못한 것이며 그 결과로 죄와 악이 생겨나게 될 것입니다.[038]

---

038   로버트 L. 애링턴(2003), 『서양윤리학사』, 김성호 역, 서광사, 218쪽 참조. 물론 이러한 결과는 신도 어찌할 수 없는 일일 것입니다. 왜냐하면 인간의 자유의지는 바로 신의 형상, 즉 신 자신의 속성이기 때문입니다.

'신의 나라'와 '인간의 나라'

아우구스티누스는 지상의 국가와 천상의 국가, 인간의 나라와 신의 나라를 구별합니다. **신의 나라**는 태초부터 영원히 현존하는 것이지만, **인간의 나라**는 아담의 원죄를 통해 인간이 타락함으로써 생겨난 것입니다.

> 두 가지의 사랑이 두 가지의 국가를 만든다. 하느님조차 경멸하면서 자기를 사랑하는 사랑이 지상의 국가를 만들고, 자신조차 경멸하면서 하느님을 사랑하는 사랑이 천상의 국가를 만든다. 따라서 전자는 자신을 경배하며 후자는 하느님을 경배한다. 또한 전자는 인간에게서 영광을 찾고 후자는 하느님에게서 영광을 찾는데, 우리의 양심이 증언하듯이 이 후자가 훨씬 더 위대한 영광이다. (『신국론』 14.28: 698)

아우구스티누스에 따르면 인간의 역사는 이 두 나라가 싸우는 과정입니다. 원죄를 지닌 존재로서 현세를 살아가고 있는 우리들은 이 두 나라에 모두 속해 있으며, 어느 누구도 오로지 신국의 구성원일 수만은 없습니다. 각 사람이 최종적으로 어느 나라에 속하게 될지는 최후 심판의 날에 신이 판정하게 될 것입니다.

인간의 나라는 현세의 국가에서 정치적 형태로 존재하며, **신의 나라**는 교회 안에 잘 나타나 있습니다. 아우구스티누스가 **국가**를 인간의 나라와 동일시하거나 **교회**를 신의 나라와 동일시하려던 것은 아니었으나, 중세 전체에 걸쳐 교회와 국가가 권력을 놓고 싸우게 되면서 급기야 아우구스티누스의 신의 나라는 조직으로서의 교회와 동일시되기에 이릅니다. '교회 밖에는 어떤 구원도 없다'라는 주장은 이러한 입장을 강화하는 명분이 되기도 했습니다. 중세를 특징짓는 이러한 입장은 16세기 종교개혁에 이르러 '신의 은총을 받기 위해서는 반드시 교회에 나가야 한다'라는 주장에 사람들이 저항하기 시작하면서 무너지게 됩니다.

중세 전반기를 대표하는 아우구스티누스의 윤리 사상은 '우리는 어떻게 살아야 하는가?'라는 물음에 '지(知)와 덕(德)과 복(福)이 일치하는 삶'이라는 대답을 내놓은 그리스 현자들의 처방에 대한 그리스도교적 수정안(보완책)이라 볼 수 있습니다. 다시 말해서, 이미 절대적인 진리로 받아들인 그리스도교 신앙을 이성적으로도 이해될 수 있도록 체계화한 노력의 산물이라 할 수 있습니다. 우리는 물론 아우구스티누스의 종교적 형이상학이나 플라톤주의적인 철학적 배경을 거부할 수 있지만, 유한한 인간이 자기 자신의 힘만으로는 참된 행복에 이를 수 없다는 그의 통찰, 그리고 인간의 이성적 차원을 넘어 신적 사랑의 세계로 비약할 것을 강조한 그의 메시지(종교적 열정)에는 주목할 필요가 있어 보입니다.

3. 아퀴나스의 윤리 사상

신학과 철학의 종합
아퀴나스는 아리스토텔레스의 철학을 그리스도교와 결합하

려고 했습니다. 그는 아리스토텔레스의 철학과 그 개념들을 받아들임으로써 믿음(신앙)과 인식(이성) 사이의 훌륭한 종합을 이루어 냈습니다. 그는 철학이나 이성이 우리에게 말하는 것과 그리스도교의 계시나 믿음이 이야기해 주는 것 사이에는 어떤 모순도 없다고 확신했습니다. 아퀴나스에 따르면 오직 믿음과 계시를 통해 다가갈 수 있는 순수한 '신앙적 진리'도 있지만, '자연신학적 진리'도 있습니다. 그것은 우리의 타고난 '자연적' 이성을 통해 얻을 수 있는 진리입니다. '신이 존재한다'와 같은 진리가 그 예입니다. 그러므로 신에게 이르는 길은 두 가지입니다. 하나는 믿음과 계시를 통한 길, 즉 **계시신학**이며, 다른 하나는 이성과 감각을 통한 길, 즉 **자연신학**입니다. 이 둘 사이에는 모순이 없습니다.

　　도덕의 경우도 마찬가지입니다. 우리는 신의 뜻에 따라 살아야 한다는 것을 **성서**를 통해 알 수 있습니다. 그러나 신은 자연적 판단 기준에 따라 옳고 그름을 분별할 수 있는 **양심**의 능력도 우리에게 심어 주었습니다. 그래서 우리는 성서를 읽지 않더라도 남에게 고통을 주는 것은 나쁘며, 남에게 대접받고 싶은 대로 남을 대접해야 한다는 것을 알 수 있습니다.[039]

　　신학과 철학의 관계도 마찬가지입니다. 신학은 계시를 통해 주어진 교리들을 가지고 출발하고, 철학은 관찰과 경험을 통해 주어진 주제들을 가지고 출발합니다. 신학은 계시된 전제들로부터 연역을 통해 나아가고, 철학은 관찰된 사실들로부터 귀납을 통해 나아갑니

039　　요슈타인 가아더(1996), 『소피의 세계 2』, 장영은 역, 현암사, 32~34쪽 참조.

다. 이 둘은 다 같이 이성을 사용하며, 각기 그 지식을 합리적이고 논리적으로 발전시키는 점에서도 일치합니다.

참된 행복

아퀴나스에 의하면 "신은 인간 정신의 궁극적 목적입니다"(『신학대전』 I, q.12, a.2).[040] 인간과 같은 모든 지적인 존재의 목적은 궁극적으로 신을 아는 데 있습니다. 따라서 진정한 행복은 감각적 선, 예술, 도덕적 덕에 의해 달성되는 것이 아니라, 신에 대한 관상을 통해 성취됩니다. 인간은 궁극적인 선, 즉 신의 본질에 도달할 때 비로소 만족을 얻을 수 있습니다.

하지만 대개의 인간은 신과의 직접적인 만남을 통해 신을 아는 것이 아니라, 신을 이성적으로 추론하여 인식하는 데 그치기 때문에 신의 본질에는 이를 수가 없습니다. 신의 은총을 통해 신과 일체가 됨으로써 누릴 수 있는 진정한 행복은 내세에서나 가능한 것입니다.

> 아리스토텔레스는 인간의 최고의 행복이, 인간이 이 세상의 삶에서 관조할 수 있는 지성적 인식의 가장 고상한 대상, 곧 신에 대한 고도의 관상에 있다고 말한다. 그러나 이러한 행복을 넘어 또 하나의 행복이 있는데, 그것은 "하느님을 있는 그대로 보게 될"[요한1서 3:2] 내세에서 만나게 될 행복이다. 위에서 밝힌 것처럼, 이러한 인식은 모든 피조된 지성의 자연적 역

---

040   토마스 아퀴나스(2020), 『신학대전 8』, 강윤희 역, 바오로딸, 231쪽.

량을 넘어선다. (『신학대전』 I, q.62, a.1)[041]

토마스 아퀴나스

덕론

아퀴나스에 따르면 "덕은 정신의 좋은 성질이며, 우리가 그것에 의해 바르게 행동하며, 아무도 그것을 악용할 수 없는 것"(『신학대전』 I-II, q.55, a.4, ob.1)입니다. 말하자면 덕은 좋은 일을 할 수 있게 하는 활동적 습성으로서, 우리를 바르게 살도록 이끌며 궁극 목표인 행복에 이를 수 있도록 지도합니다.

041   같은 책, 142~143쪽.

덕은 크게 자연적 덕과 종교적 덕으로 나눌 수 있는데, **자연적 덕**은 다시 지적인 덕과 도덕적인 덕으로 나눌 수 있습니다. **지적인 덕**은 지성(intellect), 과학적 사고(science), 지혜(sapience) 등으로 구성되며, 선과 진리를 추구할 수 있도록 이성을 완성하는 능력입니다. '지성'은 원리를 분별하는 습관이고, '과학적 사고'는 지성으로 하여금 결론을 연역할 수 있도록 숙달시키며, '지혜'는 가장 순수한 지식인 궁극 원인을 생각하며 모든 진리를 판단하고 정리합니다. 지적인 덕이 이성을 지도한다면, **도덕적인 덕**은 욕망을 통제하고 지도함으로써 올바른 생활을 하고 선에 이를 수 있도록 합니다. 도덕적인 덕으로는 플라톤의 4주덕(主德)을 들 수 있습니다. '용기(fortitude)'와 '절제(temperance)'는 이성이 감성을 통제함으로써 이루어지는 덕이고, '정의(justice)'는 감정을 뛰어넘는 의지의 차원에서 작동하는 덕이며, '지혜(prudence)'는 이 세 가지 덕의 기준이 되는 실천적 지혜를 가리킵니다.[042]

　　종교적 덕은 신의 도움을 받아 우리를 초자연적인 행복으로 인도하는 덕으로서, 신앙, 소망, 사랑이 여기에 해당합니다. '신앙'은 인간을 원죄에서 구원하는 삼위일체의 하느님이 있음을 믿는 것입니다. 이는 전지전능한 신이 있고, 그 외아들 예수 그리스도가 우리를 위해 대신 희생을 당했으며, 우리는 믿음으로써 영생할 수 있다는 사실을 믿는 것입니다. 이러한 믿음을 통해 우리는 영생의 '소망'을 가질 수 있습니다. 이는 하느님의 나라에서 영원한 지복을 누릴 수 있으리라는 소망입니다. 이런 소망을 지닌 사람은 이 같은 은혜를 베푸

042　　W. S. 사하키언(1986), 『윤리학의 이론과 역사』, 송휘칠 · 황경식 역, 박영사, 104~106쪽 참조.

신 신을 '사랑'합니다. 아니 영원한 지복의 원천인 신과 하나가 되고자 합니다. 이러한 사랑(즉, 카리타스)은 신을 사랑하는 데 그치지 않고 신의 뜻을 따르는 것으로 확장됩니다. 그것은 곧 이웃 사랑을 의미합니다. 따라서 이웃을 사랑하는 것이 신을 사랑하는 것입니다. 신을 사랑하면서 이웃을 사랑하지 않는 것은 올바른 신앙이 아닙니다. [043]

영원법, 자연법, 인간법, 신법

아퀴나스는 여러 가지 형태의 법을 영원법, 자연법, 인간법, 신법의 네 가지로 구분합니다. [044]

영원법(eternal law)이란 시간을 초월한 항구적인 법이라는 의미로서, 신의 본성의 한 부분이자 신적인 지혜의 전형이며, 자연법을 비롯한 모든 법의 근원이 되는 법입니다. 인간은 영원법을 '그 자체로' 알지는 못합니다. 영원법을 '그 자체로' 안다는 것은 신의 본질을 아는 것인데, 이는 유한한 인간에게 가능한 일이 아닙니다. 인간은 단지 영원법을 반영하는 '자연법을 통해서', 즉 '영원법에 참여하는 것을 통해서' 자기가 아는 수준만큼 알 수 있을 뿐입니다. 다시 말해서 '자연법에 대한 반성을 통해서' 영원법을 간접적으로 규정할 수 있을 뿐입니다.

자연법(natural law)은 신적 이성(logos)이 인간 이성에 내려 준 빛입니다. 자연법은 인간 이성이 영원법에 참여하는 것으로서, 한마디로 '인간 이성 안에 있는 영원법'입니다. 자연법은 인간의 본성에 내

043   서병창(2016), 『토마스 아퀴나스의 윤리학』, 누멘, 424쪽.
044   같은 책, 293쪽 이하 참조.

재한 신적 이성을 통해서 선·악을 구별할 수 있는 능력을 포함합니다. 자연법의 근거는 성서에서도 찾아볼 수 있습니다.

> 이방인들에게는 율법이 없습니다. 그러나 그들이 본성에 따라서 율법이 명하는 것을 실행한다면 비록 율법이 없을지라도 그들 자신이 율법의 구실을 합니다. 그들의 마음속에는 율법이 새겨져 있고 그것이 작용하고 있다는 것을 알 수 있습니다.
>
> (로마서 2:14~15)

자연법의 명령은 인간의 자연적 성향에 따른 규정으로 되어 있습니다. 첫째는 인간이 다른 모든 존재와 공유하고 있는 자기보존 성향이고, 둘째는 다른 동물들과 공유하고 있는 종족보존 성향이며, 셋째는 인간의 이성적 본성과 관련된 것으로서 신적 진리를 인식하려 하고 다른 인간과 더불어 사회적 삶을 영위하려는 성향입니다.

> 첫째, 인간에게는 모든 존재와 공유하는 본성에 따라 선을 향한 첫 번째 성향이 있다. 모든 존재가 자신의 본성에 따라 자기 자신을 보존하기를 욕구한다는 점에서 그러하다. 그리고 이 성향에 따라 인간의 생명을 보존하고 거기에 반대되는 것을 막는 것은 자연법에 속하는 것이다. 둘째, 인간에게는 다른 동물과 공유하는 본성에 따라 더 특별한 어떤 것으로의 성향이 내재되어 있다. 그리고 이에 따라 암수의 [성적인] 결합, 자손의 교육 등과 같이 자연이 모든 동물에게 가르친 바들이 자

연법에 관한 것이라고 말해진다. 셋째, 인간에게는 자신에게 고유한 이성의 본성에 따라 선으로 향하는 성향이 내재되어 있다. 즉 인간은 하느님에 대한 진리를 인식하려는 성향과 사회 안에서 살아가려는 자연적 성향을 지닌다. 그리고 이에 따라 이러한 성향에 관한 것들은 자연법에 속하게 된다. (『신학대전』 I-II, q.94, a.2, c)[045]

이 세 번째 성향, 즉 인간의 사회성과 관련해서는 일찍이 아우구스티누스도 '황금률'을 통해 강조한 바 있습니다. 황금률은 교부철학과 스콜라철학에서 윤리의 근본 규범이자 자연법의 내용으로 간주되었으며, 그 원천은 다음과 같은 예수의 말씀입니다.

남이 너희에게 해 주기를 바라는 그대로 너희도 남에게 해 주어라. 이것이 율법과 예언서의 정신이다. (마태오 7:12)

인간의 본성이 변하지 않기 때문에 자연법의 기본(제1원리)도 변하지 않으며 동시에 도덕법(moral law)도 변하지 않습니다. 예컨대 "선은 행해야 하고 추구해야 하는 것이며, 악은 피해야 하는 것이다"(『신학대전』 I-II, q.94, a.2)라는 자연법의 제1원리는 변할 수 없습니다. 하지만 때로는 이기적 욕망에 끌려 올바른 자연법을 잊을 수도 있습니다. 이런 경우 망각되는 자연법은 제1원리가 아니라 제1원리의 특정한 실

045   토마스 아퀴나스(2020), 『신학대전 28』, 이진남 역, 바오로딸, 183쪽.

천적 적용상 파생되는 제2원리입니다. 이런 자연법은 변할 수 있고 사람들에게 망각될 수 있습니다(『신학대전』 I-II, q.94, a.6).[046]

인간법(human law)은 시민법(civil law)과 같이 인간에 의해 만들어진 법으로서 자연법에서 파생한 법입니다. 그런데 인간법, 즉 실정법이 자연법에 반할 경우에는 어떻게 해야 할까요?

> 아우구스티누스의 말처럼 "정의롭지 않은 법은 법이 아니다." 따라서 법의 효력은 정의로운 만큼 있는 것이다. 인간사에서 어떤 일은 이성의 규칙에 따라 올바르다는 사실로부터 정의롭다고 말해진다. 그런데 위에서 분명히 말한 바와 같이 이성의 제1규칙은 자연법이다. 따라서 인간이 만든 모든 법은 자연법에서 나온 한에서 법의 본성을 지닌다. 만약 인간법이 어떤 점에서 자연법과 부합하지 않는다면, 그것은 더 이상 법이 아니라 법의 타락이다. (『신학대전』 I-II, q.95, a.2)[047]

아퀴나스에 따르면, 신적 선에 반하는 정의롭지 못한 법은 전혀 법이 아니기 때문에 이런 법은 준수되어서는 안 됩니다. 따라서 이런 법은 거부하는 것이 오히려 양심을 따르는 것입니다.

신법(divine law)은 신의 계시를 통하여 부여받은 법을 말합니다. 신법은 인간의 판단 능력을 넘어서는 법칙을 제공함으로써 자연법을 보완합니다. 인간은 자연적 본성을 넘어서는 영원한 행복이라는 초

---

046   같은 책, 167쪽.
047   같은 책, 141쪽.

자연적 목적을 추구합니다. 이를 달성하기 위해서는 자연법과 인간법의 차원을 넘어서는 도움이 필요한데, 그것이 바로 신법입니다. 신법은 초자연적 은총으로서 신이 직접 주시는 법입니다.

아퀴나스는 『신학대전』이라는 방대한 저술을 통해 아리스토텔레스의 사상을 토대로 신학과 철학의 조화 및 신앙과 이성의 조화를 꾀한 스콜라철학의 대가입니다. 아퀴나스에 따르면 이성은 우리로 하여금 자신의 본성을 파악하고 이에 따른 삶을 살아갈 수 있도록 해 줍니다. 또한 이성은 신이 부여한 능력으로서 현세에서의 행복에 도달할 수 있도록 우리를 지도하고 인도해 줍니다. 이는 그의 자연법 이론을 통해서도 드러납니다. 자연법은 신적 이성이 인간 이성에 내려 준 빛이기 때문입니다. 아퀴나스의 윤리 사상은 오늘날까지도 로마 가톨릭교회 윤리의 근간을 이루고 있으며, 특히 그의 자연법이론은 그 이후의 서양 문화에 매우 큰 영향을 미쳤습니다.

1. '악의 근원이 무엇인지'에 대한 다음과 같은 물음에 대해 아우구스티누스는 어떻게 대답할 것인지 추론해 봅시다.

지극히 선하신 하느님이 만물을 선으로 창조하셨다면 악은 어디에서 싹트는 것입니까? 지극히 선하신 하느님께서 저급한 선을 만드셨다는 말입니까? 하느님이 만물을 창조하여 배열하셨다가 선으로 재생시킬 수 없는 나쁜 형질을 남기신 것일까요? 어째서 이런 결과가 되고 말았을까요? 하느님은 전능하시지만 악이 조금도 남아 있지 않도록 전체를 남김없이 선으로 돌리는 권능이 없었던 것일까요? 어째서 전능하신 하느님은 처음부터 모든 악의 기원을 없애고 선한 것만을 창조하시지 않았을까요? 악의 기원은 하느님의 의지를 거역하고 존재할 수 있었던 것일까요? 악의 기원이 옛날부터 존재하고 있었다면, 어째서 하느님은 그때까지 오랫동안 악을 존재하게 했으며, 그때에 비로소 선한 것을 창조하려고 했던 것일까요? 만약 하느님이 전지전능한 분이라면 왜 모든 악을 없애고 선한 원형을 만들어 내어 그것으로부터 만물을 창조하시지 않았던 것일까요? (『고백록』 7.5; 196~197)

2. 다음 글을 읽고, 아퀴나스가 생각하는 인간의 행복이란 어떤 것인지 추론해 봅시다.

인간의 행복은 육체적 쾌락, 명예, 부귀영화, 세상의 권세나 육신의 안락함에 있지 않다. 또한 감각적인 데 놓여 있지 않다. 인간의 궁극적인 행복은 도덕적 덕을 행하는 데 있지도 않다. 그런 행위들은 수단에 불과하기 때문이다. 궁극적 행복은 신을 관조하는 데 있다. 대다수가 지니고 있는 신에 대한 지식이나, 증명을 통해 얻은 신에 대한 지식, 심지어 신앙을 통해 얻은 지식으로도 충분하지 않다. 우리는 신을 이 생에서는 본질 그대로 볼 수가 없다. 궁극적인 행복에도 이를 수 없다. 우리는 단지 나중에야 신을 대면하게 될 것이다. 이 일은 우리의 자연적인 능력으로 일어나는 것이 아니라 신의 빛[계시]에 의해 일어날 것이다. 그때에도 우리는 신의 전체는 보지 못할 것이다. 우리는 이러한 비전을 통해 영생, 즉 시간을 초월한 삶에 참여하는 자가 될 것이다.[048]

제5장 아우구스티누스와 아퀴나스

048   B. Russell(1996), *History of Western Philosophy*, London: Routledge, p. 450.

제6장

홉스

17, 18세기 유럽의 계몽주의는 이성의 이름으로 기존의 사회 제도와 전통에 의문을 제기하고 모든 외적 권위로부터 인간을 해방시키려 했던 지적 운동으로 특징지어집니다. 그러한 분위기는 도덕의 영역에서도 마찬가지였습니다. 이제 사람들은 도덕 판단의 기준을 전통적 신학과 교회법에서가 아니라 모든 인간이 지니고 있는 이성의 통찰력에서 찾고자 하였습니다. 이처럼 윤리학을 전통이나 신의 의지나 계시와 같은 어떤 외적 권위가 아니라, 인간에 내재한 본성을 통해 정초하려는 시도는 **홉스**(1588~1679)에 의하여 이루어졌습니다.

1. 홉스 윤리 사상의 등장 배경

시대적 배경

홉스의 사상은 그가 살았던 당대 영국 사회의 분위기를 잘 반영하고 있습니다. 당시 영국은 그리스도교가 몹시 침체되어 있었고 정치적 혼란은 극에 달해 있었습니다. 이런 상황에서 사람들은 인간의 본성에 대해서도 냉소적인 태도를 보이는 경우가 많았습니다. 그들은 인간이 본성적으로 이기적인 존재라고 생각했으며, 따라서 사리사욕이 없는 행위란 사실상 있을 수 없다고 보았습니다. 이런 견해는 뜻밖에도 많은 호응을 받았습니다. 그 이유는 자기 자신의 이기적 속성에 대해 어떤 철학적 변명을 바라는 속된 사람들이나 자신의 덕성에 부끄러움을 느껴 차라리 속된 사람으로 취급받기를 바라는 선량한 사람들 모두에게 상당히 편리한 논거가 될 수 있기 때문이었습니다.

또한 종교전쟁과 잦은 내란으로 사회 질서의 파괴적인 혼란을 경험한 사람들은 이러한 무정부적 혼란 상태야말로 어떠한 전제적인 국가권력보다도 훨씬 더 큰 재난이라고 생각했습니다. 물론 국민들에게 지나친 통제를 가하는 정치권력에 복종하는 것 역시 못마땅한 일이긴 하지만, 무정부 상태나 전쟁 상태보다는 낫다는 것입니다. 홉스는 이와 같은 견해를 대변하여, 인간은 자신의 생존과 이익을 위해 사회의 평화와 질서를 필요로 하며, 이는 강한 힘을 가진 정부와 그 정부에 대한 국민의 복종을 통해서만 가능하다고 보았습니다.

홉스의 인간관

홉스 이론의 초점은 물론 윤리학적인 것이 아니라 정치학적인 것에 놓여 있었지만, 그 함축은 윤리학의 역사에서 대단히 중요한 의미를 지닙니다. 영국 경험주의의 시조 베이컨(F. Bacon)의 뒤를 잇는 홉스는 자연과학 혹은 물리학에서 기원한 분석적 방법을 정치나 윤리의 영역에도 적용하고자 했습니다. 이에 따르면 국가와 사회는 물론이고 그 구성 요소인 인간의 본성도 마치 물리학의 대상들처럼 기본 요소들로 분해하여 분석할 수 있습니다. 나아가 인간 본성의 법칙도 운동의 법칙을 통해, 다시 말해서 경험적으로 입증할 수 있는 자연법칙을 통해 설명할 수 있습니다. 이처럼 그의 이론의 배경이 되는 인간관은 대단히 기계론적이고 유물론적인 모습을 띱니다.

유물론에 의하면 세상 만물은 모두 물질(혹은 물질의 기본 입자인 원

토머스 홉스

자)로 구성되어 있습니다. 따라서 인간의 본성에 대한 홉스의 해석 역시 유물론에 근거하고 있습니다. 그의 인간관을 요약하면 다음과 같습니다. '인간은 생물이다. 생물은 하나의 물체이다. 그러므로 인간도 하나의 물체이다. 물체인 이상 그는 자연법칙이 지배하는 자연 세계의 일부이다. 이제 인간의 욕구, 감정이나 의지의 움직임도 물리적으로, 즉 역학 법칙에 따라 설명될 수 있다. 그런데 인간의 모든 욕구와 행동은 하나의 목적을 갖는다. 그것은 바로 **자기보존**(self-preservation)이다.'

인간의 자기보존 본능을 착안한 것과 더불어 홉스는 인간을 사회적 존재로서가 아니라 모든 것을 전적으로 자기 이익의 관점에서 바라보는 원자화된 개인으로 파악합니다. 이런 관점에서 볼 때 인간은 타인을 도외시한 채 오로지 자기 이익만을 추구하는 자기중심적이고 믿을 수 없는 존재입니다.

> 인간의 본성이 바로 이러하기 때문에, 우리는 인간들 사이에 분쟁이 발생하는 원인을 세 가지로 정리할 수 있다. 첫째는 경쟁이고, 둘째는 불신이며, 셋째는 공명심이다. (XIII 6)[049]

> 인간은 경쟁 때문에 이익을 위해 다투고, 불신 때문에 안전을 위해 다투며, 공명심 때문에 명예를 위해 다툰다. (XIII 7)

2. 홉스 윤리 사상의 주요 개념

자연 상태

홉스가 생각하기에 이기적인 인간들이 모여 사는 자연의 상태(state of nature)란 각 사람이 오로지 자신의 생존과 이익만을 추구하는 상태입니다. 그리고 그 불가피한 결과는 '만인에 대한 만인의 투쟁(a war of all against all)'입니다. 즉 홉스에게 국가 성립 이전, 혹은 국가권력이 존재하지 않는 **자연 상태**란 곧 **전쟁 상태**와 다르지 않습니다. 그는 이것을 다음과 같이 극적으로 묘사하고 있습니다.

049　　홉스의 『리바이어던(Leviathan)』 인용은 원서의 (장 절)만 표기하며, 번역은 『리바이어던 1』(진석용 역, 나남, 2008)을 참고하였음.

이러한 상태에서는 일할 필요가 없다. 자신의 근로에 대한 성과가 불확실하기 때문이다. 따라서 토지를 경작하는 일도, 항해를 하고 물자를 운반하여 사용하는 일도 없을 것이다. 넓고 편한 집도 거대한 운송 기구도 없을 것이다. 지리상의 지식도 시간관념도 없을 것이다. 예술도 학문도 사회도 없을 것이다. 그리고 무엇보다도 나쁜 일은, 언제 당할지 모르는 죽음에 대한 끊임없는 두려움과 공포이다. 이러한 상황에서 인간의 삶은 외롭고, 가난하고, 험악하고, 야만적이고, 그리고 짧다. (XIII 9)

이러한 자연 상태의 결과는 다음과 같은 무규범적이고 무법적인 상태일 뿐입니다.

만인이 만인에 대하여 전쟁을 하는 상황에서는 어떠한 것도 부당한 것이 될 수 없다. 거기에는 옳고 그름의 관념도, 정의와 불의의 구별도 존재하지 않기 때문이다. 공통의 권력이 없는 곳에는 법도 존재하지 않는다. 법이 없는 곳에는 불의도 존재하지 않는다. 전쟁에서 요구되는 것은 오로지 폭력과 기만뿐이다. [...] 또한 그러한 전쟁 상태에서는 예의범절도, 소유권도, '내 것'과 '네 것'의 구별도 없다. 획득 가능한 모든 것이 자기 것이되, 자기 것으로 유지할 수 있는 기간 동안만 자기 것이다. (XIII 13)

자연법

이러한 자연 상태를 좋아할 사람은 물론 아무도 없을 것입니다. 거기에서는 행복한 삶은커녕 최소한의 생존조차 보장받을 수 없기 때문입니다. 이런 결과는 그들의 자기보존 본능과도 모순됩니다. 그래서 사람들은 거기로부터 빠져나올 길을 찾게 됩니다. 그렇게 할 가능성은 이미 인간의 본성 자체 속에 주어져 있다고 할 수 있습니다. 사람은 본래부터 본능적 욕구뿐만 아니라 이성도 지니고 있기 때문입니다. 이성은 아마도 자기보존이라는 지상목표를 어떻게 하면 가장 효과적으로 달성할 수 있을지 판단할 수 있을 것입니다.

여기서 우리 자신의 생존과 복지를 위해 이성이 내리는 명령이 바로 **자연법**(lex naturalis, laws of nature)입니다. 그것은 '생명과 종족을 우리에게 주어진 그대로 굳건히 지키기 위하여 우리가 해야 할 일과 해서는 안 될 일에 관해 올바른 이성이 내리는 명령'입니다. 다시 말해서 '어떤 분별 있는 사람이 본능적 충동과 욕구만이 지배하는 상황에서의 인간의 곤경을 의식했을 때, 그가 자신의 진정한 이익을 위해 따라야 할 원칙 또는 규칙'을 가리킵니다. 자연법의 내용을 좀 더 구체적으로 살펴보면 다음과 같습니다.

'모든 사람은 평화를 달성할 가망이 있는 한 평화를 추구해야 한다. 그러나 평화를 달성할 수 없는 경우에는 전쟁에서 승리하기 위해 어떤 수단이든 사용해도 좋다.' 이 원칙의 앞부분은 자연법의 기본[제1의 자연법]을 나타낸 것으로서 '평화를 추구하라'는 것이고, 뒷부분은 자연권의 요지를 나타낸 것으로서 '모

든 수단을 동원하여 자신을 방어하라'는 것이다. (XIV 4)

여기서 **자연권**(jus naturale, right of nature)이란 "모든 사람이 자기 생명을 보존하기 위해 자기가 지닌 힘을 마음대로 사용할 수 있는 자유, 즉 자신의 판단과 이성에 따라 가장 적합한 조치라고 생각되는 일을 할 수 있는 자유"(XIV 1)를 말합니다. 이로부터 **제2의 자연법**이 도출되는데, 그 요지는 우리 자신을 방어하기 위해 우리의 '자연권을 포기하라'는 것입니다. 우리의 자연권 포기는 당연히 다른 사람들도 동시에 그렇게 해야 한다는 조건하에서만 가능합니다. 이러한 조건 없이 나만 무장해제 하는 것은 자살 행위나 다름없기 때문입니다.

> 모든 사람은 평화와 자기방어를 위해 필요하다면, 다른 사람들도 다 같이 그렇게 한다는 조건하에서 모든 것에 대한 자기의 권리[자연권]를 기꺼이 포기하고, 우리 자신이 다른 사람들에게 허용하는 것과 같은 정도의 자유를 다른 사람들에 대해 갖는 것으로 만족해야 한다. (XIV 5)

이로써 우리는 자발적으로 우리의 자연권을 포기하겠다는 약속을 하게 되는 셈인데, 약속에는 으레 그 약속을 지켜야 한다는 의무가 뒤따르게 됩니다. 여기서 **도덕성**의 개념이 출현합니다. 자연 상태에서는 모두가 자연권을 지니고 있어서 어떠한 제한도, 의무도 존재하지 않지만, 이제 우리는 우리의 권리를 행사하지 않겠다는 약속을 통해 스스로의 자유를 제한하는 **의무**를 지게 되는 것입니다. 이렇게 사회구성원들이 자기가 가진 권리를 상호 포기하거나 상호 양도하는 행위를 홉스는 **계약**(covenant)이라고 부릅니다.

> 이로부터 제3의 자연법이 생겨난다. 그것은 '모든 사람은 스스로 맺은 계약을 지켜야 한다'는 것이다. 만약 이러한 자연법이 없다면 계약이란 한갓 헛된 것이며 공허한 낱말에 불과하다. 그리고 모든 것에 대한 모든 사람의 권리가 남아 있는 한, 우리는 여전히 전쟁 상태에 있게 된다. (XV 1)

이로부터 정의와 불의의 구분도 생겨납니다. **정의**가 '자신이 포기한 자연권을 다시 행사하지 않는 것'이라면, **불의**는 '자신이 이미 포기한 자연권을 행사하겠다고 주장하는 것'이 됩니다.

[제1자연법] 평화를 추구하라!
[제2자연법] 자연권을 포기하라!
[제3자연법] 계약을 지켜라!

사회계약과 국가의 탄생

사람들이 '스스로 맺은 계약을 지켜야 한다'는 자연법은 얼마나 잘 지켜질까요? 우리가 이성적 사고를 통해 '자연법의 명령을 따르는 것이 모두에게 이롭다'는 사실을 잘 알고 있다고 하더라도, 이성 자체의 힘만으로는 사람들로 하여금 자연법을 준수하도록 하는 데 충분하지 않습니다. 이 법은 이성의 명령이긴 하지만 때로는 이성이 정념에 굴복하는 경우가 많기 때문입니다. 아마도 사람들은 기회만 있으면 부정을 저지르거나 속이려 들 것입니다. 따라서 자연법은 그것을 지키도록 강제할 힘이 뒷받침되지 않는 한, 본래의 목적을 달성할 수 없습니다.

> 말로 이루어진 약속의 구속력은 너무나 약해서, 어떤 강제력에 대한 공포가 없는 한, 인간들의 야심, 탐욕, 분노, 그리고 다른 정념들을 제어하지 못할 것이다. (XIV 18)

> 자연법 그 자체는 어떤 힘에 대한 공포 없이는 지켜지지 않는다. [...] 칼이 없다면 계약은 단지 말에 불과하며, 인간을 안전하게 지켜 줄 힘을 전혀 갖지 못한다. (XVII 2)

그러므로 자연법의 위반자를 처벌할 힘을 지닌 공통의 권력(common power) 또는 시민 사회의 존재가 요청됩니다. 이는 각 사람이 그들의 모든 권력과 힘을 그들의 의사를 대변해 줄 '한 사람(one Man)' 또는 '한 합의체(one Assembly)'에 위임해야 한다는 것을 의미합니다. 이러한 권리의 양도는 어떻게 일어날까요? 그것은 **사회계약**(social contract)을 통해 가능합니다. 이제 사람들은 그들 자신의 평화와 안전을 위해 한 대표자에게 그들의 자연권을 양도하고 그에게 스스로 복종하겠다는 상호 계약을 맺게 되는 것입니다. 이것이 바로 **국가**(Commonwealth)와 **주권자**(sovereign)의 탄생 과정입니다.

이러한 상호 계약은 마치 만인이 만인을 향하여 다음과 같이 선언하는 것과 같다. '당신이 당신의 권리를 이 사람 또는 이 합의체에 양도하고 그의 모든 행동을 승인한다면, 나도 나 자신을 지배할 권리를 그에게 또는 그 합의체에 완전히 양도할 것을 승인한다.' 이것이 달성되어 다수의 사람이 하나의 인격으로 통합된 것을 국가(라틴어로는 Civitas)라고 부른다. 이리하여 바로 저 위대한 리바이어던(Leviathan)이 탄생한다. 아니 (좀 더 경건하게 표현하자면) '천상의 신(immortal God)'의 가호 아래, 우리에게 평화와 안전을 보장해 줄 '지상의 신(mortal God)'이 탄생하는 것이다. (XVII 13)

일단 이러한 계약이 성립하면 하나의 규범 체계가 생겨납니다. 이제 옳고 그름의 판정, 즉 도덕의 최고 규범은 주권자의 권위적 결정에 맡겨지게 되는 것입니다. 거기에는 주권자에 의해 세워진 규범 이외에는 어떠한 법적·도덕적 규범도 있을 수 없습니다. 이 주권자의 권위의 정당성은 바로 우리가 스스로 그에게 양도한 우리 자신의 권위에 근거합니다. 이제 그의 행위는 우리 자신의 행위가 되며, 그는 우리 자신을 대표하는 대리인이 됩니다. 그리고 그에게 복종하는 것은 단지 우리 자신이 선택한 의지에 스스로 따르는 것일 뿐입니다.

주권자의 권력과 관련하여, 홉스는 일단 국가가 설립되고 주권자가 정해지면 주권자는 결코 자리에서 물러나면 안 된다고 주장합니다. "만인이 자신의 인격을 떠맡고 있는 자에게 주권을 부여하였으므로, 그를 물러나게 하는 것은 자신의 인격을 스스로 박탈하는 것이 되고, 따라서 이는 정의롭지 못한 일"(XVIII 3)이기 때문입니다.

리바이어던

3. 홉스 윤리 사상의 쟁점들

홉스의 견해는 당시나 후세에서나 그 영향력이 대단히 컸습니다. 우리 또한 그가 인간 본성의 한 단면을 잘 드러냈고, 거기에 근거하여 구체적인 사회·정치 이론을 전개한 점을 높이 평가하지 않을 수 없습니다. 그러나 윤리학적 관점에서 볼 때 홉스의 이론은 많은 논쟁거리를 제공합니다. 아래에서 그 쟁점들에 관해 좀 더 자세히 살펴봅니다.

이기주의

하나의 윤리 이론으로서 홉스의 이론에 대해 제기되는 비판들 중 첫째는 이기주의와 관련된 것입니다. 우리가 이미 검토한 바와 같이 그의 이론은 인간의 자기 보존 욕구에 근거하여 전개된 '윤리적 이기주의'를 표방하고 있습니다. 윤리적 이기주의가 논란이 되는 이유는 우리의 상식적인 도덕(윤리) 개념에 비추어 볼 때 그것은 도덕(윤리)의 범주에 속하지 않는 것으로 여겨지기 때문입니다.

이러한 문제점은 **자기 이익과 도덕의 관계**에 대한 다음과 같은 의문의 형태로 제기됩니다. 과연 홉스처럼 도덕의 근거를 자기 이익에서 찾는 것이 도덕을 이해하는 올바른 방향일까? 도대체 자기중심적 이해타산에 근거한 원리를 도덕이라 말할 수 있을까? 아니, 도덕이란 단순히 자기 이익을 얻기 위한 효과적인 전략의 차원에 머무는 것이 아니라 오히려 '이기적이거나 자기중심적 이해타산을 넘어선 어떤 것(disinterestedness)'에 붙여지는 이름이 아닐까? 참으로 도덕이란, 흄이 지적하듯이, 우리 자신을 위한 유용성만을 추구하는 것이 아니라 (설사 자기희생이 따르더라도) 모두의 행복에 기여하는 어떤 것이 되어야 하지 않을까? 혹은 칸트가 지적하듯이, 주어진 어떤 목적을 달성하기 위한 수단(가언명법)이 아니라 무조건 지켜야 하는 목적 그 자체(정언명법)가 아닐까?

다음으로는 **인간 본성에 대한 이해와 관련한** 의문입니다. 과연 인간은 이기적 본성만을 지닌 존재일까? 인간의 본성 속에는 이기심 뿐만 아니라 이타심(利他心)도 있다고 보아야 하지 않을까? 만일 인간의 본성 속에 이기적 측면과 이타적 측면이 모두 깃들어 있다면 이 두 가지 측면을 다 감안한 이론이라야 더 설득력을 지니지 않을까? 또는 아리스토텔레스의 지적처럼, 인간은 이기적 존재라기보다 근본적으로 사회적 존재라고 보아야 하지 않을까?

인간의 이기적인, 또는 자기중심적인 경향으로부터 도덕규범을 도출한 홉스에 대해서는 이와 약간 다른 각도에서 제기한 제3의 비판도 있습니다. 인간의 이기적인 속성은 그 자체로 '비도덕적인' 것이라기보다 하나의 '자연적인' 것이고, 그런 의미에서 '도덕 이전의' 속성으로 보아야 한다는 것입니다. 반면에 도덕적인 속성은 그 중립성, 즉 '자기 이익과 관련 없음'을 통해서 규정된다는 것입니다.[050] 위의 두 가지 비판은 모두 도덕 개념에 대한 홉스의 이해가 너무 편협하다는 점을 지적하고 있습니다.

상대주의

홉스의 이론은 '윤리적 상대주의'를 함축하고 있다는 비판이 있습니다. 홉스에 따르면 도덕적 선과 악의 기준은 근본적으로 판단

050   프랑케나는 이 점에 대해 버틀러의 말을 인용함으로써 우리의 주의를 환기시키고 있습니다. "타산주의(prudentialism) 혹은 분별 있는 자기애(self-love)의 원리에 따라 사는 삶을 도덕적이라 말할 수는 없다. […] 타산주의는 '정욕보다는 훨씬 나은 지침'일지 모르지만 결코 '삶의 도덕적 원리'가 될 수는 없다. 이는 그것이 비도덕적(immoral)이라는 뜻이 아니라, […] 도덕과 무관하다는(nonmoral) 뜻이다. […] '도덕적 고려'란 단순히 자기애의 고려는 아니다. 신중한 타산적 관점은 도덕적 관점이 아니다. 도덕적 관점은 이해타산적(interested)인 것이 아니라, **이해타산을 떠난**(disinterested) 것이다"(윌리엄 K. 프랑케나, 『윤리학』, 황경식 역, 종로서적, 1984, 36쪽).

의 각 대상이 자기보존을 돕느냐 저해하느냐 하는 개인적 욕구와 혐오에 달려 있게 됩니다. 다시 말해서 도덕적 판단의 기준이 어떤 보편타당한 원리가 아니라 개인적 선호, 또는 주권자의 권위적 결정(국가의 실정법)에서 나오게 됩니다.

> 어떤 인간이 욕구나 의욕을 갖는 대상은 그것이 무엇이든 그에게는 '선(good)'이며, 증오나 혐오의 대상이 되는 것은 '악(evil)'이다. 그리고 경시의 대상은 '미천한 것'이거나 '하찮은 것'이다. 즉 선한 것, 악한 것, 경시할 만한 것, 이런 말들은 항상 그 말을 사용하는 인간과의 관계에서 사용되는 것이기 때문에 단정적으로 그리고 절대적으로 선하거나 악한 것 또는 경시할 만한 것은 아무것도 없으며, 대상 자체의 본성으로부터 선과 악의 일반적 규칙을 도출할 수도 없다. 선악의 규칙은 (국가가 없는 곳에서는) 오직 한 개인의 인격에서 나오거나, (국가가 있는 곳에서는) 대표자의 인격에서 나온다. 또는 의견을 달리하는 사람들이 합의하여 중재자 또는 재판관을 두기로 한 경우에는 선악의 규칙이 이들 중재자 또는 재판관으로부터 나온다. (VI 7)

잘 알다시피 실정법이란 자연법과 달리 특정 시대와 장소(국가), 또는 특정 주권자에 따라 변하기 때문에 상대적일 수밖에 없습니다. 이는 결국 선악에 대한 도덕 판단의 기준이 상대적이라는 뜻이 됩니다.

이와 관련하여 제기되는 또 다른 문제점은 **법과 도덕의 관계**입니다. 도덕이란 그것을 무조건 선한(옳은) 것으로 생각해서이건 단지 필요악으로 생각해서이건 어쨌든 인간의 내적 자유 또는 자율과 관련한 개념입니다. 그런데 홉스에게서는 우리가 상식적으로 이해하는 도덕 개념은 거의 사라지고 오직 타율로서의 법, 그것도 통치자가 부과하는 실정법의 개념만 찾아볼 수 있다는 것입니다.

자연주의

홉스의 이론은 유물론적 인간관에 기초하여 전개됩니다. 유물론은 근대 자연과학의 성공과 더불어 더욱 위세를 떨치게 되는데, 이에 따라 도덕에 대한 자연주의적 해석이 암암리에 자리 잡게 됩니다. 자연주의에는 '자연과학에 의해 기술(記述)되는 세계만이 유일한 실제 세계이고, 인간도 이러한 세계의 한 부분에 불과하다'는 생각이 깔려 있습니다. 이러한 세계는 인과론적 결정론이 지배하는 세계입니다. 거기에서는 모든 자연적 사건이 자연법칙과 선행조건들에 의해 완전히 결정되듯이 인간의 행위 역시 미리 결정됩니다. 그러니까 그것은 언제나 앞선 어떤 원인의 결과로서 설명될 수 있습니다. 일단 결정론적 세계관을 받아들이게 되면, 인간의 자유의지를 전제한 바탕에서 자신의 행위에 대한 책임을 강조하는 전통적 도덕관념을 거부하게 됩니다. 홉스의 도덕 개념에 이의를 제기하는 입장에는 이러한 문제의식이 놓여 있습니다.

홉스의 이론은 과학주의가 득세하고 있는 시대에서 윤리가 자칫 어떤 식으로 다루어지기 쉬운지 그 전형적 사례를 보여 줍니다.

거기서는 윤리 문제를 인간 육신의 물리적·심리적 상태로 환원함으로써 윤리학의 과제도 '도덕적 가치 자체를 다루는 것이 아니라 도덕이라 불리는 하나의 자연적 현상을 기술하는 것'으로 봅니다. 이는 홉스 이래 도덕의식의 본질을 밝히려는 시도에서 여러 가지 모습으로 반복하여 등장한 관점이기도 합니다.

도덕에 대한 자연주의적 접근을 불식하기 위해서는 다음과 같이 가정해 볼 수 있습니다. 한편으로 사실적·경험적 세계가 있고, 다른 한편으로는 그러한 세계로 환원될 수 없는 선험적 가치의 세계가 존재한다는 것입니다. 그리하여 후자를 위해서는 어떤 내적이고 실천적인 관점을 가질 수 있고, 전자를 위해서는 어떤 외적이고 심리학적인 관점에서 접근할 수 있다는 것입니다. 이러한 생각은 계몽주의 시대 윤리학의 한 주요 테마가 되었는데, 특히 흄과 칸트에 의해 실천적 영역에서 이성의 역할이라는 문제와 함께 하나의 근본적 문제로 다루어진 바 있습니다.

1. 다음 글 (A)는 '연민'에 대한 홉스의 설명이고, 글 (B)는 이에 대한 조
지프 버틀러의 비판입니다. 버틀러는 홉스의 해석에서 '어떤 부분'이
'왜' 잘못되었다고 보는 걸까요?

(A)

타인의 재난에 대한 '슬픔'은 **연민**(pity)이다. 이것은 그런 재난이 자신에
게도 일어날 수 있다는 생각에서 생긴다. 그러므로 **동정**(compassion)이라
고 부르기도 한다. 시쳇말로는 **공감**(fellow-feeling)이다. 그러므로 사악한
일로 인해 발생한 재난에 대해서는 선량한 사람들은 거의 연민을 느끼
지 않는다. 또한 자신에게는 그와 같은 재난이 일어날 가능성이 거의 없
다고 생각하는 사람들 역시 거의 연민을 느끼지 않는다(VI 46).

타인의 재난에 대한 '경시'나 무감각을 **잔혹**(cruelty)'이라고 한다. 이것은
자신의 운명은 안전하다는 생각에서 온다. 타인의 재난을 보고 즐거워
하는 것은 자신은 그 사람과는 다른 운명을 지니고 있다고 생각해서 그
러는 것이 틀림없다(VI 47).

(B)

홉스에 따르면, **연민**이란 "타인의 불행을 보고 자기 자신이 느끼는 공
포"이다. 이에 대한 버틀러의 지적은 다음과 같다. (a) 홉스의 정의에 따
르면, 동정심이 많은 사람은 틀림없이 자기 자신의 안전에 민감한 사람

으로서, 동정심이 많으면 많을수록 그는 점점 더 겁쟁이가 될 것이다. 이는 분명히 사실과 반대된다. (b) 우리는 남의 곤궁을 보고 동정심을 품는 사람을 존경하는 반면, 자기 자신의 안전만을 지나치게 걱정하는 사람을 존경하지 않는다. 만약 홉스가 옳다면 동정심에 대한 존경은 비겁함에 대한 존경도 내포하고 있는 셈이 된다. [⋯] 동정이란 홉스가 말하는 그런 것일 수 없다.

버틀러의 주장에 따르면, 우리가 곤경에 처한 사람을 볼 때 우리 마음의 상태는 다음 세 가지 상태의 혼합이다. 첫째는 순수한 동정, 즉 그의 고통을 덜어 주려는 직접적인 충동이다. 둘째는 그의 불행과 우리의 행운을 비교하는 데서 오는 감사함이다. 셋째는 홉스의 지적대로 우리 자신의 장래에 대한 걱정이다. 이 세 가지는 각기 다양한 비율로 섞여 있을 수 있다. 그러나 일반적으로 사람이 "연민"이나 "동정"이라는 말로 의미하는 것은 첫 번째 것이다. 홉스와 같은 해석은 철학자들이나 저지르는 오류이다. 홉스는 '모든 행위는 필연적으로 이기적'이라는 철학적 이론을 가지고 있었기 때문에 분명히 예외인 동정심조차 이러한 이론에 억지로 끼워 맞추지 않을 수 없었고, 이로써 명백히 상식과 충돌하게 되었다.[051]

---

051   C. D. 브로드(2000), 『윤리학의 다섯 가지 유형』, 박찬구 역, 철학과현실사, 85~86쪽.

2. 다음 글을 읽고 홉스는 주권자의 권력과 백성의 자유(권리)의 관계를
어떻게 설정하고 있는지 논해 봅시다.

주권을 지닌 대표자가 백성들에게 행하는 것은 어떤 경우에도 불의나
권리침해가 되지 않는다. 백성 각자가 주권자의 모든 행위의 당사자이
기 때문이다. 주권자의 권리에 제약이 걸린다면 오직 주권자 자신도 하
느님의 백성으로서 자연법을 준수해야 한다는 것뿐이다. 따라서 국가
에서는 백성이 주권자의 명령에 의해 사형에 처해질 수도 있고, 가끔 그
런 일이 일어나기도 하지만, 그 어느 쪽도 상대에 대하여 불의를 저지르
는 것은 아니다(XXI 7).

[…]

주권자의 명령이라 하더라도 백성이 정당하게 거부할 수 있는 것은 무
엇인가?(XXI 10)

[…]

만약 주권자가 어떤 사람에게 (설령 정당하게 유죄판결을 받은 자라 할
지라도) 자살하라고, 혹은 자해하라고, 혹은 불구가 되라고 명하거나,
공격을 가하는 자에게 저항하지 말라고 명하거나, 혹은 음식물이나 공
기, 약품 등 생존에 필수적인 것들을 금지하는 경우에는 그에 복종하지
않을 자유가 있다(XXI 12).

제7장

스피노자

서양 근대 사상의 두 줄기는 이성을 중시하는 **이성주의**와 경험을 중시하는 **경험주의**입니다. **스피노자**(1632~1677)는 이성주의를 대표하는 사상가 중 하나로서 근대 과학적 세계관의 영향을 받아 윤리학도 수학적 언어와 인과 필연의 자연법칙을 통해 전개하였습니다. 스피노자의 윤리 사상을 통해 우리는 스토아학파에서 칸트로 이어지는 이성주의 윤리 사상의 계보를 확인할 수 있습니다.

1. 스피노자 윤리 사상의 등장 배경

자연과학의 발달

서양 근대 사상을 특징짓는 중요한 요소 중 첫째는 **자연과학의 발달**입니다. 서양의 16~17세기를 흔히 과학혁명의 시대라고 부릅니다. 갈릴레이(1564~1642)와 뉴턴(1642~1727)으로 대표되는 새로운 자연과학을 통해 중세적 자연관이 무너지고 과학적 세계관이 그 자리를 대신하게 되었기 때문입니다. 이제 근대인은 자연을 이해하기 위하여 신의 존재를 상정하는 대신에 있는 그대로의 자연을 **과학적 방법**으로 탐구하기 시작했습니다.

근대 자연과학에서 사용된 방법은 크게 두 가지로 구분됩니다. 하나는 이미 확인된 자명한 원리로부터 수학적·논리적 추론을 통해 개개 사물의 이치를 알아내는 **연역적 방법**입니다. 다른 하나는 객관적 관찰과 실험을 통해 여러 가지 사례의 공통점을 추출함으로써 일반적 원리를 찾아내는 **귀납적 방법**입니다. 이 두 가지 방법으로 대표되는 근대 철학의 두 줄기가 바로 이성주의와 경험주의입니다.

스피노자는 전자를 대표하는 사상가로서 모든 논증을 철저히 연역적으로, 다시 말해서 논리적·수학적·기하학적으로 전개합니다. 따라서 윤리학에서도 자신이 자명하다고 생각하는 공리들로부터 출발하여 다양한 정리와 명제들을 이끌어 냅니다. 이러한 서술방식은 우리가 일반적으로 이해하는 윤리학과 달라서 다소 생소하게 느껴집니다. 이는 그의 윤리학이 근대 과학의 세계관을 반영한 형이상학에 근거하고 있기 때문입니다. 아래에서 그의 형이상학에 관해 간단히 살펴보기로 합니다.

스피노자의 형이상학

스피노자는 플라톤 등의 고대 철학자들처럼 철학이란 무엇보다도 '인간이 누릴 수 있는 최선의 인생에 대한 진지한 탐구'라고 생각했습니다. 그는 명예, 재물, 관능적 쾌락같이 언젠가 사라져 버릴 것 대신에 영원하고 무한한 것을 추구해야 한다고 강조했습니다. 그의 주저 『윤리학』은 이러한 인간학을 하나의 거대한 형이상학을 통해 전개합니다. 그의 형이상학은 가장 근원적인 **실체**(substance)의 개념에서 시작합니다. 실체란 스스로 존재하며, 그 자신에 의해서 이해되는 것, 즉 "그것의 개념을 형성하기 위하여 다른 존재의 개념을 필요로 하지 않는 것"(『에티카』 14)[052]입니다. 이러한 조건을 만족시킬 수 있는 것은 신밖에 없습니다. 신은 무한하고 필연적이며, 스스로는 아무런 제약도 받지 않으면서 다른 모든 것을 제약하는 존재입니다.

그런데 존재하는 모든 것은 스스로 존재하거나 다른 어떤 것에 의해 존재합니다. 스스로 존재하는 실체를 제외한다면 세상의 다른 모든 것은 후자에 속합니다. 그것을 **양태**(modes)라고 합니다. 양태란 "실체의 변용(變容)으로서, 타자에 의해 존재하며 이 타자를 통해 이해되는 것"(『에티카』 14)을 말합니다. 양태는 타자에 의해 제약을 받으므로 유한한 존재입니다. 우리 인간은 무한한 실체인 신의 유한한 양태들 중 하나입니다.

실체와 양태 사이에 **속성**(attribute)이 있습니다. 속성이란 "실체의 본질을 구성하는 것으로서, 우리의 지성에 의해 인식되는 것"(『에티카』 22)입니다. 실체인 신은 절대적으로 무한한 존재이며, 무한한 속성들을 지니고 있습니다. 신의 무한한 속성들 중 인간이 파악할 수 있는 두 가지 속성이 바로 '사유'와 '연장성'입니다. 이것은 우리가 알고 있는 두 가지 유형의 존재인 '정신'과 '물체'라는 양태의 성질에 해당합니다. 우리 인간은 사유하는 정신과 연장성을 지닌 육체로 이루어져 있습니다(『에티카』 67~70). 사유와 연장성이 모든 것을 파악하는 두 가지 방식이라고 한다면, 이로부터 인간을 일련의 정신적 관념과 일련의 물리적 성질로 파악할 수 있다는 사실이 도출됩니다.

이하 스피노자의 『에티카』 인용은 『에티카』(강영계 역, 서광사, 1990)의 쪽수만을 표기함.

바뤼흐 스피노자

　　물체의 세계에서는 일어나는 모든 사건이 물체 세계에 원인을 가지고 있고, 그 원인의 원인을 계속 거슬러 올라가면 모든 사건의 배후에는 끝없는 인과의 계열이 있습니다. 이렇게 무수한 (물체적) 양태를 지닌 이 세계는 연장성이라는 무한한 속성을 통해 신이라는 하나의 절대적인 실체에 근거하고 있습니다. 이와 마찬가지로, 정신의 모든 유한한 작용 또한 사유라는 무한한 속성을 통해서 모든 것을 다 포괄하고 있는 신의 실체 안에 그 바탕을 두고 있습니다. 그러나 사유와 연장성은 신의 두 가지 속성이므로 이 두 가지 계열의 인과성은 사실상 유일한 인과성의 두 가지 측면일 뿐입니다. 이로써 스피노자는 데카르트(1596~1650)의 이원론 대신 **일원론**을 주장한 셈이 됩니다. 데

카르트는 물체와 정신을 각각 독립된 실체로 보았으나, 스피노자는 물질계와 정신계가 동일한 실체의 두 가지 양태에 불과하다고 보기 때문입니다. 스피노자에게 사유하는 실체와 연장성을 지닌 실체는 서로 다른 두 가지 속성을 통해 이해된 동일한 실체(신)일 뿐입니다.

르네 데카르트

이는 '모든 것은 신 안에 있고, 신은 모든 것 안에 있다'라는 **범신론**053과 다르지 않습니다. 스피노자에 따르면 특정한 개개의 사물은 신의 속성이 변화한 모습이거나 그러한 방식을 통해 신의 속성이 표

---

053   범신론(汎神論, pantheism)이란 세계의 밖에 초월적으로 존재하는 인격신을 인정하지 않고, 신을 세계와 동일시하여 '세계(혹은 자연 전체)가 곧 신'이라는 신의 비인격화를 표방하는 주장.

현되는 하나의 양태에 지나지 않습니다. 따라서 이 양태들이 신에 의해 산출된 사물로 여겨지는 한, 이 양태들의 총체는 소산적 자연(所産的自然)이고 모든 것의 제1원인인 신은 능산적 자연(能産的自然)054입니다. 다시 말해서, 전자가 피동적이며 일정한 순간에 존재하는 자연(혹은 우주)의 그때그때의 모습들이라고 한다면, 후자는 능동적이고 창조적인 자연으로서 인과 연쇄의 최초의 유일한 원인인 신 그 자신입니다.

> 능산적 자연은 그 자체 안에 존재하며 그 자신에 의해 파악되는 것, 아니면 영원하고 무한한 본질을 표현하는 실체의 속성, 곧 자유로운 원인으로 고찰되는 신으로 이해된다. 반면 소산적 자연은 신의 본성이나 신의 각 속성의 필연성에서 생기는 모든 것, 즉 신 안에 존재하며 신 없이는 존재할 수도, 파악될 수도 없는 그러한 것으로 고찰되는 신의 속성의 모든 양태로 이해된다. (『에티카』 48)

이와 같이 신이 능산적 자연이자 자연의 이법(理法, 원리와 법칙) 그 자체라면, 신은 인격이나 의지를 지닌 존재일 수 없으며, 따라서 어떤 목적을 가지고 행위하는 존재일 수도 없습니다. 여기서 우리는 스피노자가 중세 그리스도교의 인격신 관념을 전혀 인정하지 않는다는 것을 알 수 있습니다.

---

054   능산적 자연이란 아리스토텔레스의 '부동(不動)의 원동자(原動者)'와 비슷한 개념임.

2. 스피노자 윤리 사상의 주요 개념

결정론과 자유의지

스피노자에 의하면 세계에서 일어나는 모든 사건은 우연의 산물이 아니라 주어진 원인에 따라 필연적으로 일어나는 결과입니다. 만일 우리가 어떤 일을 우연적이라고 이해한다면, 이는 우리 인식의 결함을 드러내는 것일 뿐입니다. 다시 말해 우리가 그 원인의 (신적) 질서를 모르기 때문입니다. 이러한 관점은 스피노자의 **결정론적 세계관** 또는 기계론적 자연관을 보여 줍니다.

> 주어진 일정한 원인에서 필연적으로 결과가 생긴다. 이와 반대로 일정한 원인이 전혀 주어지지 않을 경우에는 어떤 결과도 생길 수 없다. (『에티카』 15)

> 사물의 본성에는 어떤 것도 우연적으로 주어진 것이 없으며, 모든 것은 일정한 방식으로 존재하고 작용하도록 신적 본성의 필연성에 의해 결정되어 있다. (『에티카』 46~47)

> 모든 일은 신에 의해 예정되어 있다. (『에티카』 55)

이처럼 만사를 결정론적으로 이해할 경우, 자연히 인간의 **자유의지**는 부정될 수밖에 없습니다. 그럼에도 많은 사람들이 '자신은 자유롭다'고 생각하는 이유는 그들이 자신의 의욕과 충동에 따라 행동하면서도 그들로 하여금 충동이나 의욕에 사로잡히도록 하는 원인을 그들이 모르기 때문입니다. 그러나 자연법칙은 인간을 포함한 자연의 모든 부분에 똑같이 적용되며, 인간의 정신 역시 여기서 예외가 될 수 없습니다.

> 정신 안에는 절대적이거나 자유로운 의지가 존재하지 않는다. 오히려 정신은 이것 또는 저것을 의지하도록 어떤 원인에 의하여 결정되며, 이 원인 역시 다른 원인으로 인하여 결정되고, 이것은 다시금 다른 원인에 의하여 결정되며, 이렇게 무한히 진행된다. (『에티카』 116)

이러한 결정론적 세계관을 받아들이게 되면, 인간의 자유의지를 전제로 선·악에 대한 도덕적 결단을 논하는 전통적 윤리학은 설 자리가 없습니다. 인간의 모든 행위가 다른 자연적 사건들과 마찬가지로 자연법칙과 선행조건에 의해 완전히 결정된다면, 우리는 인간의 어떤 행위에 대해서도 도덕적 책임을 물을 수 없을 것입니다. 그렇다면 스피노자에게 자유란 순전히 환상에 불과할까요? 자유에 대한 전통적 통념, 즉 자유의지를 발휘하는 것으로서의 자유는 분명히 환상에 불과합니다. 그러나 이보다 더욱 심오한 의미의 자유가 존재하며, 우리는 그러한 자유에 도달할 수 있습니다. 『에티카』를 통해 스피노자는 우리가 정념의 노예 상태에서 벗어나 진정으로 자유로운 인간이 되는 길을 제시하고자 합니다.

자기보존의 원리

스피노자의 윤리 사상의 근본 원리는 **자기보존의 원리**입니다. 스피노자가 보기에 모든 존재는 자기 자신을 보존하려고 합니다. 인간 역시 마찬가지입니다. 따라서 인간의 자기보존 의지는 인간 존재의 근본이며 윤리적 덕의 기초가 됩니다.

> 이성은 자연에 반대되는 것을 아무것도 요구하지 않으므로 이성은 모든 사람이 자기 자신을 사랑하고, 자신의 이익을 추구하고, 자신에게 진정으로 유용한 것들을 추구하고, 자신을 더 큰 완전성으로 이끌어 주는 것을 원할 것을, 일반적으로 말해서 각자가 가능한 한 자기의 존재를 유지하도록 노력할 것을 요구한다. 이는 전체가 부분보다 더 크다는 사실만큼이나 필연적으로 참이다. (『에티카』 225)

이처럼 스피노자는 도덕의 원리를 존재의 원리와 동일시합니다. 윤리적 덕이라는 것도 존재 그 자체의 본성을 충실히 따르는 것일 뿐입니다. 그러므로 자기보존의 원리는 존재의 원리인 동시에 도덕의 원리가 되며, 자기보존을 위해 노력하는 사람이야말로 덕 있는 사람이라 할 수 있습니다.[055]

다음으로 덕은 고유한 본성의 법칙에 따른 작용에 불과하며,

---

055   김상봉(1999), 『호모 에티쿠스』, 한길사, 206쪽 참조.

누구든지 고유한 본성의 법칙에 따라서 자신의 존재를 유지하려고 하므로 이로부터 다음과 같은 결론이 나온다. 첫째로 덕의 기초는 고유한 존재를 유지하려는 노력 자체이며, 행복은 인간이 자신의 존재를 유지할 수 있는 것 안에서 성립한다.

(『에티카』 225)

그런데 위의 인용문처럼 덕과 행복이란 인간이 자신의 존재를 유지하는 데 있으며, "자기 자신을 사랑하고, 자신의 이익을 추구하고, 자신에게 진정으로 유용한 것들을 추구"하는 데 있다면, 이는 곧 **이기주의 윤리** 아닐까요? 그러나 스피노자의 윤리를 완전히 이기주의로만 해석할 수는 없습니다. 스피노자는 이성이 우리로 하여금 자신의 이익을 추구할 것을 명령한다고 주장하지만, 이는 우리가 배타적으로 '자신만의' 이익을 추구해야 한다는 주장과는 다른 것입니다. 왜냐하면 그는 이성이 또한 사람들 간의 협력과 상호 보완을 명령한다고 주장하기 때문입니다. 이러한 입장을 이기주의라고 한다면, 아마도 '보편적 이기주의' 정도로 표현할 수 있을 것입니다.[056]

이성의 지배를 받는 사람들, 즉 이성의 인도에 따라 자신의 이익을 추구하는 사람들은 자신이 다른 사람을 위하여 바라지 않는 어떤 것도 자신을 위하여 욕구하지 않는다. 따라서 그들은 공정하고 성실하며 또한 정직하다. (『에티카』 226)

056　로버트 L. 애링턴(2003), 『서양윤리학사』, 김성호 역, 서광사, 316쪽 참조.

정념과 선·악의 관념

스피노자에 따르면 모든 존재는 인과적 연쇄 속에서 다른 존재와 연결되어 있으므로 우리도 타자의 영향을 받을 수밖에 없습니다. 이렇게 타자의 영향으로 우리 마음속에 수동적으로 생겨나는 모든 종류의 감정을 **정념**이라 부릅니다. 정념을 '수동적' 감정이라 표현하는 이유는 인간이 자족적인 존재가 아니라 불완전하고 유한한 존재이기 때문입니다. 인간은 자연의 일부분에 지나지 않고, 우리 또한 늘 타인과의 관계 속에서 살 수밖에 없으므로 이러한 외적 조건에 의해 수동적으로 영향을 받는 것은 어쩔 수 없는 일입니다.

> 인간은 항상 정념에 필연적으로 예속되며, 또한 자연의 공통된 질서를 따르고 그것에 복종하며, 사물의 본성이 요구하는 대로 그것에 적응한다. (『에티카』 216)

그런데 정념에는 두 가지가 있습니다. 하나는 다른 존재와의 관계에서 내 존재의 힘이 억압당한다고 느낄 때 생기는 **슬픔의 정념**이고, 다른 하나는 내 존재의 힘이 증대된다고 느낄 때 생기는 **기쁨의 정념**입니다. 선과 악의 관념은 이러한 두 가지 정념에 근거합니다. 즉 우리에게 기쁨을 주기 때문에 우리가 얻으려 하는 것이 **선**이라면, 우리에게 슬픔을 주기 때문에 우리가 피하려 하는 것이 **악**입니다.

> 우리는 우리 존재의 보존에 도움이 되거나 해가 되는 것을, 즉 우리의 활동 능력을 증대하거나 감소하고 혹은 촉진하거나 억

제하는 것을 선 또는 악이라 부른다. 그러므로 어떤 것이 우리를 기쁨이나 슬픔으로 자극하는 것을 우리가 지각하는 한, 그것을 선 또는 악이라고 한다. 따라서 선과 악의 인식은 기쁨이나 슬픔의 정념 자체에서 필연적으로 생기는 기쁨이나 슬픔의 관념일 뿐이다. (『에티카』 218)

이로써 우리는 스피노자에게 선과 악이란 객관적인 관념이 아니라 우리의 정념에 의해 좌우되는 주관적인 관념임을 알 수 있습니다.

각자는 자신의 정념에 따라서 무엇이 선하고 무엇이 악한지를, 무엇이 더 선하고 무엇이 더 악한지를 판단하기 때문에 인간은 정념에서와 마찬가지로 판단에서도 서로 다를 수 있다는 결론이 나온다. (『에티카』 177)

위와 같은 언급을 통해서 볼 때, 우리는 스피노자의 윤리학이 또한 **가치 상대주의**의 입장에 서 있음을 알 수 있습니다.

참된 인식과 참된 자유

우리가 정념의 지배에서 벗어나 참으로 자유롭고 자족적인 존재가 될 수 있는 길은 무엇일까요? 스피노자에 따르면 그것은 우리가 **이성적 사고**를 통해 정념에 대한 객관적인 인식을 가질 때, 즉 정념의 참된 원인을 파악함으로써 타당한 관념을 갖게 될 때 가능합니다. 반면에 정념의 원인을 제대로 파악하지 못하여 타당하지 않은 관념을 갖게 될 때 우리는 정념의 희생양이 됩니다.

> 정신은 타당하지 않은 관념을 많이 지니면 지닐수록 더욱더
> 정념에 얽매이게 되고, 반대로 타당한 관념을 많이 지니면 지
> 닐수록 더욱더 능동적으로 활동하게 된다. (『에티카』133)

예컨대 우리가 어떤 불행이나 고통에 직면할 때 그것이 일어
나게 된 정확한 인과관계를 파악할 수 있다면, 비록 주어진 사실이
나 환경 자체를 바꿀 수는 없다고 하더라도 근거 없는 불안이나 원망
에서 벗어나 마음을 가라앉힐 수 있을 것입니다. 우리에게 닥친 불행
을 직시하며 그것이 왜 그럴 수밖에 없었는지, 왜 그것이 일어나게 되
었는지를 냉철하게 인식할 수 있다면, 우리는 맹목적인 울분이나 비
탄에서 벗어나 마음의 평정을 찾을 수 있을 것입니다. 이처럼 자신의
역량을 넘어서는 것에 대한 집착을 버리고 자신에게 가능한 것만으
로 만족할 줄 아는 삶의 자세에서 우리는 스피노자의 사상이 '스토아
사상'과 통하는 데가 있음을 알 수 있습니다.

스피노자가 보기에 **참된 인식**이란 대자연의 필연적인 인과관
계를 꿰뚫어 보는 것입니다. 물론 우리는 유한한 존재로서 모든 사물
의 인과관계를 다 알 수는 없으며 늘 부분적이고 불충분한 지식밖에
가지고 있지 못합니다. 그래서 정념의 지배를 받으면서 자기 삶의 완
전한 주인공이 될 수 없습니다. 이를 극복하는 길은 하나밖에 없습니
다. 그것은 우리가 좀 더 이성적이 되어 사태의 인과관계를 명확히
파악함으로써 스스로 자기 행위의 원인이 되는 것입니다. 그러면 우

리는 정신을 흐트러뜨리는 외부의 영향에서 벗어나 좀 더 의연하게 자신의 삶을 살아갈 수 있습니다.

> 참다운 덕은 오직 이성의 지도에 따라 생활하는 것일 뿐이다. 그러므로 무능력이란 인간이 자기의 외부에 있는 것들에 수동적으로 이끌리며, 자신의 본성 자체가 요구하는 것이 아니라 외부의 사물이 일반적으로 요구하는 것에 따라서 행하도록 결정하는 것을 의미한다. (『에티카』 241)

이성적 사고를 통해 참된 덕을 지니게 된 사람에게는 자연이 주는 모든 영향은 수동이 아니라 능동이 됩니다. 이제 그것은 불안의 원인이 아니라 우리로 하여금 마음을 열고 세계와 조화를 이룰 수 있게 해 줍니다. 이리하여 참된 인식은 우리에게 **참된 자유**를 가져다줍니다.

자유인의 길

스피노자는 두 가지 인간 유형을 구분하는데 그것은 곧 노예와 자유인입니다.

> [우리는] 오직 정념이나 속견에 따라 사는 사람과 이성에 따라 사는 사람 사이에 어떤 차이가 있는지 쉽게 알 수 있다. 전자는 자신이 원하든 원하지 않든 간에 자신이 전혀 모르는 것을 행하지만, 후자는 자신 이외의 어떤 사람도 따르지 않고 그가

자신의 삶에서 가장 중요하다고 인식한 것만을, 즉 자신이 가장 강하게 욕구하는 것만을 행한다. 나는 전자를 노예라고 부르고 후자를 자유인이라고 부른다. (『에티카』 266)

자유인은 참된 인식과 이성에 따라 행동할 뿐, 일반적 상식이나 감각적 경험에서 생겨난 속견에 따라 행동하지 않습니다. 자유인은 자신의 본성, 즉 이성에 기초하여 자신의 삶을 이끌어 갑니다. 그는 외부의 원인에 좌우되지 않으며 자신의 맹목적이고 상충하는 정념들에 흔들리지도 않습니다. 그래서 늘 평정심을 유지합니다. 반대로 노예는 남의 말이나 정념에 쉽게 휩쓸리고, 매사에 남 탓을 하면서 충동적으로 행동합니다.

그는 누구도 증오하지 않고, 누구에게도 화내지 않고, 누구도 질투하지 않고, 누구에게도 격분하지 않고, 누구도 경멸하지 않고, 결코 교만하지 않다. [···] 그는 무엇보다도 사물을 있는 그대로 파악하려고 노력하며, 참된 인식에 장애가 되는 것들, 즉 미움, 분노, 질투, 조롱, 오만 등을 제거하려고 노력한다. (『에티카』 271~272)

위 구절은 "배우지 못한 사람은 남을 탓하고, 배우는 과정 중인 사람은 자신을 탓하되, 충분히 배운 사람은 자신이건 남이건 누구도 탓하지 않는다"[057]라는 에픽테토스의 말을 연상시킵니다. 여기서도 우리는 스피노자에 미친 스토아사상의 영향을 느낄 수 있습니다.

신에 대한 지적인 사랑: 참된 행복과 최고선

스피노자에 따르면 우리가 가진 지성의 힘은 우리가 **신에 대한 지적인 사랑**을 품을 때 절정에 달합니다. 신에 대한 지적인 사랑이란 신 안에서 실체, 즉 자연이 스스로를 사랑하고 긍정하는 그런 사랑입니다.

> 우리가 사물을 현실적인 것으로 파악하는 데는 두 가지 방식이 있다. 하나는 사물을 특정한 시간과 장소와 관련하여 존재하는 것으로 파악하는 방식이고, 다른 하나는 사물이 신 안에 포함되어 있으며 신적 본성의 필연성에 따라 생기는 것으로 파악하는 방식이다. 여기서 우리가 어떤 사물을 두 번째 방식에 따라서 참되거나 현실적인 것으로 파악할 때, 우리는 그것을 영원한 상 아래에서 파악하는 것이며, 그것의 관념에는 신의 영원하고도 무한한 본질이 포함되어 있다. (『에티카』 310)
>
> […]
>
> [이러한 종류의 인식에서] 신에 대한 지적인 사랑이 필연적으로 생긴다. 이러한 종류의 인식에서 원인으로서의 신의 관념을 동반하는 기쁨, 즉 현존하는 것으로 표상되는 한에서의 신에 대한 사랑이 아니라, 신을 영원하다고 인식하는 한에서의 신에 대한 사랑이 생긴다. 나는 이것을 신에 대한 지적인 사랑이라고 부른다. (『에티카』 312)

057   에픽테토스(2018), A. A. 롱 편, 『어떻게 자유로워질 것인가?』, 안규남 역, 아날로그, 58쪽.

신에 대한 지적인 사랑 안에서 우리는 인색함과 비열함, 마음의 동요와 질투, 육체적 욕망 같은 정념에서 해방될 수 있으며, 마음의 안정과 평화, 이웃에 대한 사랑, 우주와의 참된 조화를 달성할 수 있습니다. 신에 대한 사랑을 통해 우리는 참으로 가치 있는 삶의 네 가지 요건인 '능동, 힘, 덕, 자유'를 얻게 됩니다.

이로써 스피노자는 그의 철학이 목적으로 삼았던 것, 즉 무엇이 인간을 **행복**하게 하며 무엇이 **최고선**인지를 분명히 보여 줍니다. 그것은 한마디로 우리의 정신이 전체 자연과 하나가 되는 것입니다. 그리고 이렇게 모든 것을 이성적으로 관조하는 데에서 오는 평온한 행복이야말로 유한한 존재인 인간이 누릴 수 있는 최선의 것입니다.

스피노자를 필두로 한 이성주의에서 우리는 윤리적 사고에서도 수학적·논리적 추리를 강조하는 근대 자연과학의 영향을 확인할 수 있습니다. 또한 도덕과 행복의 근거를 인간의 이성적 능력에서 찾고자 한 점에서 고대 그리스의 플라톤과 아리스토텔레스, 그리고 스토아학파의 영향도 엿볼 수 있습니다. 이성을 통해서 인간과 우주에 대한 확고한 지식과 도덕의 최종적 근거를 마련하고자 했던 이성주의적 사고는 후에 칸트의 윤리 사상으로 이어집니다.[058]

058   확실히 우리는 스피노자에게서 칸트 윤리로 나아가는 단초를 찾아볼 수 있습니다. 스피노자가 이성적 통찰을 통해 정념의 노예 상태에서 벗어날 것을 강조한 부분은, 칸트가 실천이성의 힘으로 경향성을 극복할 것을 강조한 부분과 통합니다. 또한 "모든 고귀한 것은 힘들 뿐만 아니라 드물다"(『에티카』, 321)라는 말처럼 평범한 사람으로서는 도달하기 힘든 스피노자의 '자유인'은, 항상 가능성으로서 우리 내면에 깃들어 있는 칸트의 '예지적 자아'에 비견할 수 있습니다.

1. 다음 글을 읽고, 스피노자가 말하는 '자유인'의 특성에 관해 의견을
나누어 봅시다.

스피노자는, 흄이 "수도자의 덕(the monkish virtues)"이라 부른 것, 즉 의도적
금욕주의, 연민, 겸손, 참회, 수치심 등을 별로 좋지 않게 평가한다. 그
것들은 엄밀한 의미에서 덕이 아니며, 분명한 이성적 통찰에서가 아니
라 단지 우리의 나약함에서 오는 수동적 감정일 뿐이다. 그것들은 두 가
지 측면에서 나쁘다. 첫째, 그것들은 모두 고통스러운 감정으로서, 그것
을 느끼는 사람에게 생명력이 감소되는 징표이다. 둘째, 그것들이 인도
하는 행동은 부적절한 지식에 근거한 것으로서, 우리 자신과 타인들에
게 유익하기보다 오히려 해를 주기 쉽다.

'자유인'은 직접적으로 선을 목표로 하고, 또 그렇게 하는 가운데 자연히
악도 피하게 될 것이다. 그는 항상 악을 생각하고 있지는 않을 것이며,
그것을 피하려고 애쓰지도 않을 것이다. 그리고 그는 자신의 지적인 발
전에 해롭지 않은 모든 육체적·정신적 즐거움들을 어느 정도 즐길 것이
다. 스피노자는 자유인을 '자신이 좋아하는 것을 먹으면서 자연스레 병
도 피하는' 건강한 사람에 비유한다. 악을 피하려고 애쓰는 사람은 마치
'언제나 자신의 질병을 걱정하면서 계속 살고 싶어 스스로 절식을 해야
하는' 건강염려증 환자와 같다. 스피노자는 말한다. "자유인은 죽음에
대해 생각하지 않는다. 그의 지혜는 죽음에 대한 성찰이 아니라 삶에 대
한 성찰이다."059

2. 다음 글은 스피노자의 생애를 돌아보며 그의 사람됨을 평가하고 있습니다. 스피노자의 이론과 그의 인품의 관계에 대해 이야기해 봅시다.

스피노자는 뱀의 지혜를 비둘기의 순진무구함과 뒤섞는 이 어려운 작업을 시험해 보는 충분한 기회를 가졌다. 그리고 그의 생애에 대해 우리가 알고 있는 한, 그는 거기에 아주 능숙했다. 그는 항상 남을 도발하거나 고난을 자초하는 일을 피했다. 그래도 기회가 왔을 때에는 살인적으로 애국적인 군중의 면전에서 냉철하고 영웅적인 용기를 보여 주었다. 또한 그는 "가늘고 길게 사는 삶"에도 역시 성공적이었다. 그는 소박한 사람들의 기쁨과 슬픔을 함께 나누었고, 그들 가운데에서 완전히 자연스럽고 자기를 의식하지 않는 방식으로 살았다. 그는 자신에게는 불가능했을 그들의 신념과 행동들을 용인하고 존중했다. 그러면서도 안경 제조공으로서의 기술로 생계를 유지했으며 아무에게도 짐이 되지 않았다. 그리하여 그는 모든 일 중 가장 어려운 일, 즉 잘난 체하지 않고 예언자가 되는 일, 식객이 아니면서 성자가 되는 일을 이루어 냈다.[060]

059   C. D. 브로드(2000), 『윤리학의 다섯 가지 유형』, 박찬구 역, 철학과현실사, 67~68쪽
060   같은 책, 70~71쪽.

제8장

흄

흄(1711-1776)의 사상은 경험주의를 대표하는 것으로 알려져 있으며, 그의 윤리 이론은 흔히 **자연주의**로 분류됩니다. 윤리학에서의 자연주의란 인간의 도덕성을 세계의 자연적 사실들을 통해 설명할 수 있다는 주장으로서, 이는 17세기의 '신과학(new science)'과 홉스의 영향을 보여 줍니다. 그리고 그 특징은 실험과 관찰에 의한 방법을 강조하는 것입니다. 흄의 주저 『인간 본성론(*A Treatise of Human Nature*)』의 부제인 "실험적 추론 방법을 도덕적 주제들에 도입하기 위한 시도(Being An Attempt to introduce the experimental Method of Reasoning into Moral Subjects)"는 이러한 특징을 잘 말해 줍니다. 따라서 그의 윤리학에는 신의 존재나 어떤 특정한 형이상학이 전제될 필요가 없습니다. 철저하게 경험적 사실에만 근거하여 전개한 윤리학, 그것이 흄의 윤리학입니다.

1. 흄 윤리 사상의 등장 배경

자아의 발견

자연과학의 발달과 더불어 서양 근대 사상을 특징짓는 중요한 요소로는 **자아(ego)의 발견**을 들 수 있습니다. "나는 생각한다. 그러므로 나는 존재한다"라는 데카르트의 유명한 명제는 근대적 자아의 탄생을 알리는 상징적 선언이기도 합니다. 생각하는 '나'의 존재의 확실성을 철학적 사유의 출발점으로 삼은 데카르트와 더불어 근대의 주체 철학이 시작되었다고 할 수 있습니다.

이러한 근대적 자아의 대두에는 자연과학의 발달과 산업혁명을 통한 생산력의 비약적 발전도 한몫했습니다. 식량 증산과 의술의 발달로 사망률이 급격히 감소하면서 보통 사람들도 각자 자신의 삶에 대한 전망을 지니게 된 것입니다. 과거 의식주에 얽매이지 않던 특권층 개인들의 자율성을 이제 모든 계층의 사람들이 누릴 수 있게 되었습니다. 이에 따라 과거의 철학자들이 우리 눈앞에 보이는 존재들(세계와 우주)과 이를 창조한 신에 관해 물었다면, 근대인들은 세계를 바라보는(혹은 신을 생각하는) '나'에 관해 묻게 되었습니다. 또 내가 바라보는 세계도 그 자체로 존재하는 것으로 여기기보다 '나에 의해서' 감각되고 의식되는 것으로 여기게 되었습니다. 세상만사를 '나'의 눈으로 바라보기 시작한 시대, 그것이 바로 근대입니다.

이러한 변화는 윤리적 사고에도 영향을 미쳤습니다. 고대나 중세에는 '선'을 어떤 존재의 객관적 성질로 이해했으며, 그 존재가 자신의 가능성을 온전히 실현하는 것으로 이해했습니다. 따라서 인간의 선도 그의 고유한 본성인 이성을 최고도로 실현하는 것이었습니다. 그러나 근대 영국의 경험주의자들은 도덕의 문제를 객관적 성질이나 이성 능력을 통해 이해하려 하기보다 나 자신의 주관적 경험과 직접적 느낌에서 찾고자 했습니다. 그 대표적인 사상가가 바로 흄입니다.

인간과학으로서의 윤리학

흄에게 철학적 탐구의 초점은 인간 본성 자체입니다. 그래서 인간에 관한 학문이 모든 학문의 기초가 됩니다. 윤리학 역시 이 새로운(실험과 관찰을 통한) 방법에 입각한 하나의 **체계적인 인간과학**으로서, 그 과제는 '인간 본성에 대한 경험적 탐구'입니다. 그것은 일차적으로 도덕적 '사실들을 기술'하는 것입니다. 다시 말해서, 선이나 악,

또는 덕이나 악덕으로 여겨지는 행위의 '판단 근거를 정당화'하는 것이 아니라 단지 그 규칙들을 기술하는 것입니다. 이러한 **자연주의적 인간 이해**는 흄의 철학 전반을 지배하게 되며, 거기서는 자연히 이성주의에 입각한 윤리학이 거부될 수밖에 없습니다.

2. 흄 윤리 사상의 주요 개념

이성이냐, 정념이냐

윤리학의 역사에서 흄의 윤리 사상이 가지는 의의는 무엇보다 도덕의 문제에서 이성의 비중을 격하시켰다는 데 있습니다. 흄 이전의 사상가들은 대체로 도덕의 문제를 정념(passion)과 이성(reason) 간의 싸움으로 설정하였고, 이 싸움에서 이성이 승리하는 것이 곧 선이요 덕이라는 입장을 취했습니다(『인간 본성론』 413).[061] '이성에 의한 정념의 지배'는 오랫동안 서양 윤리학의 변치 않는 과제였습니다. 그러나 근대 경험주의가 여기에 반기를 들었습니다. 특히 흄이 인간을 경험적으로 탐구한 결과로 얻은 결론은, 도덕적 판단과 행위에서 중요한 요인은 **이성이 아니라 정념**이라는 것입니다. "이성은 정념의 노예일 수밖에 없으며, 그것을 따르고 뒷받침하는 이외에 다른 어떤 역할도 할 수 없다"(『인간 본성론』 415)라는 흄의 말은 이성주의 윤리학에 대한 하나

---

061   이하 흄의 『인간 본성론』 인용은 *A Treatise of Human Nature*(L. A. Selby-Bigge(ed.), Oxford: Oxford University Press, 1978)의 쪽수만을 표기하며, 번역은 『인간 본성에 관한 논고 2: 정념에 관하여』(이준호 역, 서광사, 1996); 『인간 본성에 관한 논고 3: 도덕에 관하여』(수정판)(이준호 역, 서광사, 1998)를 참고하였음.

의 선전포고처럼 들립니다.

데이비드 흄

흄이 보기에 이성은 관념이나 사실을 다루고 의지는 실천에 관여하기 때문에, 이성과 의지 작용은 별개의 것이며, 따라서 "이성만으로는 어떤 의지 활동의 동기도 될 수 없습니다." 또한 이성은 '참과 거짓을 분별'하거나 '인과관계를 추론'하는 능력으로서 '의욕'과는 본질적으로 다르기 때문에 "의지의 방향을 결정할 때 결코 정념을 거스를 수 없습니다"(『인간 본성론』 413).

흄이 윤리학에서 이성의 능력을 불신하는 이유는 두 가지로 요약할 수 있습니다. 첫째는 '도덕적 인식의 특성'과 관련된 것으로서, 도덕적 선·악은 인지적으로 파악되는 것이 아니라 단지 '느껴진다'는 것입니다. 둘째는 '도덕의 실천적 성격'과 관련된 것으로서, 정념은 행위의 동기가 될 수 있는 반면에 이성은 그렇지 못하다는 것입니다.

도덕적 판단의 문제

우선 '도덕적 판단은 이성이 아니라 주관적 감정에 의해 이루어진다'는 주장부터 살펴보겠습니다. 흄에 의하면 "도덕적 선과 악은 분명히 이성이 아니라 **감정**(sentiments)에 의해 구분됩니다"(『인간 본성론』 589). 흄은 근본적으로 도덕적 참(true)과 거짓(false)이라는 개념 자체를 인정하지 않습니다. 예컨대 어떤 사람이 '고의적 살인은 악'이라 말할 때, 그는 행위 그 자체의 성질, 즉 '악'이라 불리는 어떤 실재에 대해 말하고 있는 것이 아니라 이러한 행위를 바라볼 때 생기는 우리의 부정적 감정에 대해 말하고 있다는 것입니다(『인간 본성론』 468~469). 그러므로 선과 악이란 도덕적 판단의 대상이 되는 행위나 인격 자체 안에 있는 요소라기보다는 그것을 바라보고 있는 관찰자 자신의 '시인 (approbation) 혹은 부인(disapprobation)의 감정'에 있다는 것입니다.

> 그러므로 도덕성은 '판단된다'고 하기보다는 '느껴진다'고 말하는 편이 적절할 것이다. 비록 이런 느낌이나 감정(feeling or sentiment)이 대체로 부드럽고 온화한 것이어서 우리가 그것을 흔히 개념적 표상과 혼동하는 경우가 있긴 하지만 말이다. (『인간 본성론』 470)[062]

또한 흄에 따르면 우리의 시인이나 부인의 감정(2차적 감정)은 대상이 우리에게 촉발하는 직접적인 쾌·고의 감정(1차적 감정)과 결부되어 있습니다.

> 덕을 알아본다는 것은 다름 아니라 우리가 어떤 성격을 관찰함으로써 특정한 종류의 만족을 **느낀다**는 것이다. 바로 그 **느낌**이 우리의 칭찬이나 감탄을 불러일으킨다. 우리는 그 만족의 원인에 대해 더 이상 따지거나 더 이상 그 원인을 탐구하거나 하지 않는다. 우리는 어떤 성격이 쾌감을 주기 때문에 그것이 유덕하다고 추론하지 않는다. 우리는 단지 그것이 특정한 방식으로 쾌감을 준다고 느끼기 때문에 사실상 그것이 유덕하다고 느끼는 것뿐이다. 모든 종류의 미(beauty), 취향(tastes), 감각(sensations)에 관한 우리의 판단에서도 사정은 동일하다. 우리의 시인은 이런 것들이 우리에게 가져다주는 직접적인 쾌감에 수반되는 것이다. (『인간 본성론』471)

이러한 흄의 입장은 도덕적 시인이나 부인을 '단순관념(simple idea)'으로 본 당대의 도덕감(moral sense) 윤리학자 허치슨(1694~1746)과는 구분되는 대목입니다.[063] 허치슨이 그것을 도덕적 대상의 인지적(cognitive) 표상으로, 즉 '객관적 실재'의 파악으로 간주한 반면, 흄은 그

062   인용문 내의 강조는 필자 강조. 이하 동일.

063   F. Hutcheson(1897), "An Inquiry into the Original of our Ideas of Beauty and Virtue," in: D. D. Raphael(ed.), *British Moralists*, Oxford: Oxford University Press, §303 참조.

것을 하나의 '주관적 감정'으로 보기 때문입니다. 흄의 이런 입장은 또한 그의 윤리설이 왜 일종의 이모티비즘(emotivism)으로 여겨지는지 이해할 수 있게 해 줍니다.[064]

프랜시스 허치슨

도덕적 동기의 문제

다음으로 '도덕적 행위의 동기는 이성이 아니라 정념'이라는 주장을 살펴보겠습니다. '우리의 의지가 무엇에 의해 결정되는가?'라는 물음은 윤리학의 핵심적인 물음입니다. 이에 대해 이성주의자들

---

064   A. J. 에이어(1987), 『흄의 철학』, 서정선 역, 서광사, 131쪽 참조.

은 의지가 이성에 의해 결정될 수 있다고 보는 반면, 경험주의자들은 시인이나 부인의 감정이 수반되지 않는 한, 이성 자체만으로는 의지를 움직일 수 없다고 봅니다. 우리의 경험에 비추어 볼 때 '이성적 인식이 행위의 동기가 될 수 있다'는 이성주의자의 주장을 납득할 수 없다는 것입니다.

흄에 따르면 윤리학의 의의는 도덕적 사실을 단지 **인식**하는 데 있는 것이 아니라 무엇보다도 도덕적으로 **행위**하는 데 있습니다. 도덕 판단의 최종 목적은 우리로 하여금 그렇게 행위하도록 만드는 것입니다. 우리가 어떤 것을 '도덕적'이라거나 혹은 '비도덕적'이라고 표현할 때, 우리는 단지 이론적 판단만을 하고 있는 것이 아니라, 우리 자신과 타인으로 하여금 도덕적으로 행위하도록 촉구하고 있다는 것입니다. 그러므로 윤리학은 도덕적 판단과 도덕적 동기의 원천이 일치하는 데에 근거를 두어야 합니다. 하지만 이성은 이러한 이중적 과제를 감당할 수 없습니다.

반면에 정념은 행위에 직접적인 영향을 미칩니다. 우리는 우리가 욕구하거나 좋아하는 것을 추구하고, 혐오하거나 싫어하는 것을 기피합니다. 따라서 도덕을 정념의 표현으로 여길 경우에만 우리는 왜 도덕성이 우리를 행위로 인도하는지 이해할 수 있습니다.

> 도덕이 행동과 감정에 영향을 미치기 때문에, 결과적으로 도덕은 이성에서 도출될 수 없다. 우리가 이미 입증했듯이, 이성 혼자서는 결코 그러한 영향력을 가질 수 없기 때문이다. 도덕은 정념을 촉발하고, 행위를 산출하거나 억제한다. 특히 이 점

에서 이성은 완전히 무력하다. 따라서 도덕성의 규칙은 이성
의 산물이 아니다. (『인간 본성론』 457)

  흄이 보기에 이성은 개념이나 명제들 사이의 논리적 관계 혹
은 명제와 그 실제 대상과의 일치 여부를 주로 다룹니다. 따라서 그
판단은 언제나 참 또는 거짓의 형태로 표현됩니다. 이처럼 어떤 사실
을 확인만 할 뿐 칭찬이나 비난을 통해서 어떤 것을 지시하지는 못하
기 때문에 이성은 행위를 이끄는 동기가 될 수 없습니다. 이와 같이
행동력이 결여되어 있기 때문에 이성은 결코 양심(conscience)이나 도덕
감(sense of morals)과 같은 행동의 원리는 될 수 없습니다(『인간 본성론』 458).
  흄에 의하면 행위는 단연코 **정념**의 산물입니다. 왜냐하면 정
념은 이성과 달리 만족스럽거나 고통스러운 사태에 대한 예견을 통
해 우리를 행위로 이끌 수 있기 때문입니다(『인간 본성론』 414). 이성이 행
위에 영향을 미치는 경우가 있다면, 그건 단지 정념의 추구 대상을 알
려 주거나 정념에 의해 이미 설정된 목적을 달성하기 위한 수단을 알
려 주는, 즉 정보를 제공해 주는 경우뿐입니다.

  이성은 우리의 행위에 오직 두 가지 방식으로 영향을 줄 수 있
  다. 하나는 적절한 대상의 존재를 우리에게 알려 줌으로써 정
  념을 일어나게 해 주는 경우이고, 다른 하나는 인과관계를 밝
  혀 줌으로써 우리에게 정념의 실행 수단을 제공해 주는 경우
  이다. (『인간 본성론』 459)

그러므로 이성은 '목적 그 자체'와 관련되지 않고 오직 그 목적 실현을 위한 '수단'과 관련될 뿐입니다. 흄의 주장처럼 이성이 도덕의 문제에서 어디까지나 수동적이고 도구적인 역할에 머물 수밖에 없는 것이라면, 이성에 의해 정념을 통제할 수 있다는 과거의 통념 역시 오류인 셈입니다. 이로써 흄의 윤리학은 그의 일관된 자연주의적 입장에 따라 도덕적 판단과 도덕적 행위의 근거를 이성이 아니라 정념이나 감정의 사실에서 찾고 있음을 우리는 확인하게 됩니다.

선·악의 근거는 사회적 유용성

흄에 따르면 도덕적 판단은 시인(쾌) 혹은 부인(불쾌)의 감정에 따라 내려집니다. 다시 말해서 우리의 도덕 감정이 시인하는 것이 선이고 부인하는 것이 악입니다. 이로써 흄은 도덕 판단의 기준을 밝혀준 셈입니다. 그렇다면 우리에게 시인의 감정을 불러일으키는 행동, 즉 선한 행동은 과연 어떤 행동일까요? 그것은 바로 '유용한(useful)' 행동입니다.

> 유용성(usefulness)은 우리의 동의, 시인을 불러일으킨다. 이는 일상의 관찰에서 확인되는 하나의 사실이다. 그러나 무엇을 위한 유용일까? 물론 누군가의 이익을 위함일 것이다. 도대체 누구의 이익일까? 우리 자신의 것만은 아닐 것이다. 우리의 시인은 종종 넓은 범위까지 미치기 때문이다. [...] 만약 유용성이 도덕 감정(moral sentiment)의 근원이라면, 그리고 이 유용성이 항상 자기 자신만을 위하는 어떤 것이 아니라면, 우리는

결론적으로 사회의 행복에 기여하는 모든 것은 곧바로 우리의 시인과 호감(good-will)을 불러일으킨다고 말할 수 있지 않을까. 여기에 도덕성의 기원을 상당 부분 설명해 주는 원리가 놓여 있다. (『연구』218~219)[065]

이로써 흄은 사회적으로 유용한 행동, 즉 사회의 행복을 증진하는 행동이 사람들에게 시인의 감정을 불러일으키고, 이것이 바로 선한 행동으로 인정받는 조건임을 분명히 하고 있습니다.

자연적 덕과 인위적 덕

여기서 한 가지 주목할 점은, 경험주의자들은 대체로 **자연적 덕**(natural virtues)과 같은 규범의 '정당화'에 대해서는 별다른 주의를 기울이지 않는다는 사실입니다. 그들은 '자연이 원래 그렇게 생겼다'라는 점을 내세웁니다. 그리고 우리에게 이미 갖추어져 있는 이러한 자연적 장치(도덕성)는 그 유용성을 통해, 즉 개인의 행복 및 사회 전체의 공존과 번영을 위한 유용성을 통해 정당화될 수 있다는 것입니다.

이제 이러한 유용성의 원리에 따라, '도덕적'이라고 말해지는 덕목들이 도출될 수 있습니다. 흄은 이들을 크게 자연적(개인적 차원의) 덕과 인위적(사회적 차원의) 덕으로 나누어 고찰합니다. 분별력과 근면 등의 '자연적 덕'은 인간의 자연적 본성의 직접적 표출이라 할 수 있

---

065   D. Hume(1975), *Enquiries concerning Human Understanding and concerning the Principles of Morals*, L. A. Selby-Bigge(ed.), P. H. Nidditch(rev.), Oxford: Oxford University Press. (데이비드 흄, 「인간 지성과 도덕의 원리에 관한 연구」. 이하 『연구』로 약칭.)

는 쾌감을 불러일으킴으로써 '도덕적'이라 일컬어질 수 있습니다. 반면, **정의**(justice) 등의 **인위적 덕**(artificial virtues)은 문화적 기원을 갖는다고 볼 수 있는데, 인간의 공존, 즉 사회제도의 유지라는 과제를 충족시킴으로써 또한 쾌감을 불러일으킵니다. 인위적 덕의 경우 그 시인의 감정은 자연적 덕과 달리 유용성에 대한 고려를 거친 간접적인 것입니다. 그래서 흄은 정의 및 그와 관련한 덕들이 "쾌감과 시인을 불러일으키되, 그것은 오직 사회적 여건과 필요로부터 생겨난 어떤 인위적 고려에 의한 것"이라고 말합니다(『인간 본성론』 477).

그러나 이에 대해서는 추가적인 설명이 필요합니다. 왜냐하면 흄은 도덕 판단의 기준을 애초부터 주관적 감정에 두었기 때문에, 이러한 인위적 덕이 '어떻게 해서 각 사람에게 쾌감을 가져다줄 수 있는지'에 대해 **심리적으로** 납득할 수 있는 설명을 해야 하기 때문입니다. 이 문제에 대한 해답을 흄은 인간의 '공감(sympathy)' 능력에서 찾습니다.

도덕 감정의 원천: 공감

우리가 우리 자신에게 좋고 유익한 것에 대해 시인의 감정을 갖는 것은 자연스러운 일입니다. 그러나 오로지 남에게만 유익한 것에 대해서도 시인의 감정이 일어난다면 이것은 어떻게 설명될 수 있을까요? 흄은 이것이 **공감**을 통해서 가능하다고 대답합니다.

> 우리 자신의 이익과 아무 상관없는 사회의 선이나 우리 친구
> 들의 선이 우리를 즐겁게 하는 것은 오직 공감 때문이다. 이로

써 공감이야말로 우리가 모든 인위적 덕들에 부여하는 존경의 원천임을 알게 된다.

그러므로 공감이 인간 본성 안에 있는 매우 강력한 원리라는 사실, 공감이 우리의 미적 취향(taste of beauty)에 큰 영향을 미친다는 사실, 그리고 공감이 모든 인위적 덕 속에 있는 우리의 도덕 감정(sentiment of morals)을 낳는다는 사실이 분명해진다. (『인간 본성론』 577)[066]

홉은 공감이라는 말을 넓은 의미로 사용하고 있습니다. 그것은 타인의 행복이나 불행을 우리가 마음속으로 '함께 느끼는' 능력입니다. 따라서 그것은 하나의 덕목, 즉 도덕적 시인의 '대상'이 아니라 도덕적 시인의 '근거'라고 말할 수 있습니다. 그것은 인간들 사이에 존재하는 어떤 원초적 연대의식 비슷한 것으로서, **인류애**(humanity) 또는 동료의식(fellow-feeling)이라 표현되기도 합니다.

이러한 인류애가 허영심이나 야망처럼 그렇게 강한 것으로 평가되지는 않을지 모르나, 그것은 모든 인간이 공유한 것으로서, 유일하게 도덕의 기초가 될 수 있는 것이다. (『연구』 273)

그러나 이제까지 살펴본 공감의 윤리학이 진정한 도덕 판단을

---

066 『인간 본성론』에서 흄은 주로 'sympathy'라는 표현을 사용하는 반면, 『도덕의 원리에 관한 연구(An Enquiry concerning the Principles of Morals)』에서는 이를 'humanity'라는 말로 대체하고 있습니다. 그러나 용어상의 변화에도 불구하고 그 의미상으로는 양자 사이에 근본적 차이가 없다고 여겨집니다.

제공해 주려면 또 하나의 조건을 충족시켜야 합니다. 즉, 여기서 내려지는 판단이 단지 주관적이거나 상대적이어서는 안 되고 **보편타당**해야 한다는 것입니다. 흄 자신도 이 문제를 잘 인식하고 있었습니다.

> 그[도덕 판단을 내리는 자]는 자신의 개인적이고 특수한 상황을 떠나 타인과 공유할 수 있는 관점을 취해야 한다. 그는 인간 본성 안의 일반적 원리를 움직여, 모든 인간이 거기에 화답할 수 있는 소리를 내야 한다. (『연구』272)

문제는 '도덕 판단은 보편적이고도 불변하는 척도에 따라 내려져야 한다'는 요구를 공감이 과연 만족시킬 수 있느냐 하는 데 있습니다. 애석하게도 공감의 힘은 그 미치는 정도가 경우에 따라 차이가 날 뿐만 아니라 우리가 마땅히 기대하는 정도보다 훨씬 약해 보입니다. 이러한 지적에 대해 흄은, 우리의 판단이 경험이 누적됨에 따라 점차 교정될 수 있다고 주장합니다. 즉, 우리가 "성찰을 통해 편견을 바로잡음으로써, 좀 더 일관되고 확정적인 판단에 이를 수 있다"는 것입니다. 여기에는 사회적 삶 속에서의 상호 대화 및 감정의 교류도 보탬이 됩니다(『인간 본성론』 603). 흄은 우리가 공감 능력에 힘입어 시행착오 비슷한 어떤 과정을 거쳐 좀 더 일반적이고 객관적인 입장을 취할 수 있고, 이로부터 도덕 판단을 위한 "일반적 규칙"(general rules)을 얻을 수 있다고(『인간 본성론』 583/585) 봅니다. 이러한 입장은 나중에 '규칙 공리주의'의 발상으로도 이어집니다.

이어서 흄은, 각 개인의 특수한 관점이나 친소관계에 따른 편파적 관점을 떠나 "사안들에 대한 좀 더 **안정적인** 판단에 도달하기 위해 우리는 **지속적이고 일반적인** 관점을 취하며, 우리의 현재 상황이 어떻든 간에 우리가 사고할 때 우리 자신을 언제나 그 관점에 놓는다"라는 설명을 통해 이른바 "현명한 관망자(judicious spectator)" 개념을 제시합니다(『인간 본성론』 581~582). 이는 우리가 공정하고 사심 없는 관망자의 입장에서 보편적인 도덕 판단에 이를 수 있음을 암시합니다. 이 개념은 후에 쾌락의 질적인 차이를 판별하는 밀의 "유능한 판단자(competent judges)" 개념으로 이어지고(『공리주의』, 2.8), 더 나아가 20세기 '이상적 관찰자 이론(ideal observer theory)'의 원조가 됩니다.

그러나 이와 같이 우리로 하여금 상대적·주관적 입장을 넘어 보편적 관점을 취할 수 있게 하는 능력이 있다면, 그것이야말로 다름 아닌 '이성'이 아닐까요? 흄은 이를 단연코 부정합니다. 그가 보기에 도덕적 판단과 행위의 주도권은 언제나 이성이 아닌 정념에 있기 때문입니다. 그러므로 만약 정념에 영향을 미쳐 그 편파적 입장을 수정하도록 작용하는 (이성 비슷해 보이는) 어떤 것이 있다면, 그것은 "어떤 객관적 관점이나 성찰에 입각한 정념의 일반적이고 차분한 결정"(『인간 본성론』 583), 곧 '공감' 이외의 다른 것일 수 없습니다. 여기서도 우리는 경험주의가 중시하는 귀납적 추리의 전형을 볼 수 있습니다.

존재/당위 또는 사실/가치 논쟁

흄은 이른바 '존재-당위(is-ought) 문제' 또는 '사실-가치(fact-value) 문제'를 처음으로 제기한 것으로 유명합니다. 이것은 가치가 사실과 본질적으로 다른지, 도덕적 판단이 사실로부터 도출될 수 있는지, 도

덕적 명제도 사실적 명제와 마찬가지로 참과 거짓을 가릴 수 있는지를 따지는 문제입니다.[067]

홈은 당시의 대표적인 윤리 이론들을 살펴보던 가운데 그것들이 모두 근본적인 오류를 범하고 있음을 깨달았습니다. 그 이론들은 세계에 관한 특정 사실들을 관찰하는 것에서 시작하여 이 사실들로부터 우리의 도덕적 의무에 관한 진술들을 결론으로 이끌어 냈던 것입니다. 홈에 따르면 이는 존재(사실)에 관한 진술에서 당위(가치)에 관한 진술로 건너뛰는 것으로서, 흔히 '존재에서 당위를 도출하는 오류', 일명 **자연주의적 오류**(naturalistic fallacy)라고 불립니다.

> 내가 보기에, 지금까지 접한 모든 도덕 체계에서 저자들은 한동안 일상적 추론을 진행하고, 신의 존재를 입증하거나 또는 인간사에 관해 관찰하다가, 놀랍게도 갑자기 명제들을 일반적 계사[서술격조사]인 이다(is) 또는 아니다(is not) 대신에 해야 한다(ought) 또는 해서는 안 된다(ought not)로 연결한다. 나는 그렇지 않은 명제를 보지 못했다. (『인간 본성론』 469)

홈이 보기에 이러한 오류가 생기는 이유는 도덕 판단을 수학(또는 논리학)이나 과학에서 사용하는 것과 같은 이성적 연역으로 간주하기 때문입니다. 따라서 이 문제에 대한 해결책은 도덕 판단을 이성적 추론으로 보는 대신에 우리의 감정적 반응(즉 쾌락과 고통의 감정)으로

---

067   이하 내용은 박찬구(2014), 『개념과 주제로 본 우리들의 윤리학』(개정판), 서광사, 158~159
쪽 참조.

보는 것입니다. 이러한 흄의 지적은 두 가지 측면에서 현대 윤리학에 큰 영향을 미쳤습니다. 첫째, 이성적 관찰이나 추론을 통해서 알게 된 **사실**과 이와는 다른 방식으로 파악되는 **가치** 사이에 중요한 차이가 있음을 일깨워 주었다는 것입니다. 둘째, 도덕 판단의 본질이 이성적 추론이 아니라 **감정**이라는 것입니다. 특히 이성주의를 거부한 이 후자의 입장은 20세기 이모티비즘(emotivism)의 등장에 직접적인 계기가 되었습니다.

3. 흄 윤리 사상의 쟁점들

흄의 윤리학에 대한 비판 중 하나는 **도덕의 문제에서 이성은 완전히 무력하다**는 그의 주장과 관련됩니다. 흄에 따르면 이성의 역할은 명제의 진위를 판단하는 데 그치기 때문에, 쾌감이나 불쾌감의 예견을 통해 행위를 이끌어 낼 수 있는 정념과 달리, 도덕의 동기가 될 수 없습니다. 그것은 오직 정념이 지향하는 목적 실현을 위한 수단적 기능을 할 수 있을 뿐입니다. 이에 대한 한 가지 반론은, 우리는 수단의 합리성에 대한 인식뿐 아니라 목적의 합리성에 대한 (이성적) 인식도 가능하다는 것입니다.[068] 달리 말하면, 이성이 단지 정념의 종속변수가 아니라 오히려 독립변수도 될 수 있다는 주장, 예컨대 이성이 '정념의 요구를 최대로 충족시키라'고 명령하는 일도 가능하다는

068   A. J. 에이어(1987), 『흄의 철학』, 서정선 역, 서광사, 89쪽.

주장입니다.[069]

또 다른 비판은 **도덕 판단의 보편성**에 관한 문제입니다. 흄도 도덕 판단은 자신의 이해관계를 떠난 어떤 공정하고도 보편적인 관점에서 내려져야 한다는 데 동의합니다. 그러나 기본적으로 (사람에 따라) 주관적이거나 (친소관계에 따라) 편차가 있는 정념에 근거한 윤리설이 그러한 보편성을 보장할 수 있을까요? 흄이 제시한 공감의 원리도, 그것 역시 인간의 한 자연적 성향인 이상, 이 문제 해결의 충분한 논거가 될 수 없어 보입니다.

끝으로 **도덕적 의무 의식의 정당화**에 관한 문제입니다. 일반적으로 경험주의적 윤리학은 의무의 개념을 제대로 다룰 수 없다고 비판됩니다.[070] 흄의 윤리학 역시 도덕적 판단이 어떻게 일어나는지를 심리적으로 설명해 주긴 하지만, 우리가 **왜** 도덕적으로 판단하고 행위해야 하는지, 왜 다른 원리(예컨대 자기애의 원리 등)에 따르면 안 되는지를 분명하게 밝히지 못합니다. 흄은 단지 우리가 우리 자신이나 이웃 및 사회에 유익한 것을 자연적으로 선호하게 되어 있다고 전제하는 것 같습니다. 흄의 윤리학은 '도덕적 행위는 우리에게 시인의 감정을 불러일으킨다는 것, 동시에 우리에게 시인의 감정을 불러일으키는 행위가 도덕적 행위라는 것'으로 요약될 수 있습니다. 하지만 거기에는 이른바 '도덕'이라 일컬어지는 하나의 현상 혹은 사실의 기술 외에 도덕적 가치를 정당화하는 어떠한 논거도 찾아볼 수 없습니다.

---

069   B. Gert(1988), *Morality: A New Justification of the Moral Rules*, Oxford: Oxford University Press, p. 25.

070   김태길(1973), 『윤리학』(수정5판), 박영사, 87쪽 이하 참조.

우리의 가정은 단순한 것이니, 즉 도덕성은 감정(sentiment)에 의해 결정된다는 것이다. 따라서 어떤 행위나 성질이든 그것이 관찰자에게 시인의 즐거운 감정을 가져다준다면 덕이요, 그 반대라면 악덕으로 규정된다. 그러므로 우리는 하나의 단순한 사실, 즉 어떤 행위가 이러한 영향을 미치는지를 검사해 보기만 하면 된다. (『연구』 289)

그러므로 '어떻게 도덕적 의무의 정당화가 그 자체로 가능한지'를 보여 주는 과제는 여전히 남아 있는 셈입니다. 우리는 칸트에게서 이 문제가 (흄과는 가장 대조적인 입장에서) 정면으로 다루어지고 있음을 보게 됩니다. 또한 이를 통해 도덕에서 감정의 역할도 새로이 규정됨을 보게 됩니다.

흄으로 대표되는 경험주의는 모든 지식이 경험에서 나온다는 입장을 취했으며, 윤리의 문제에서는 이성보다 정념이나 도덕 감정에 주목했습니다. 그리고 인간의 생존과 이익에 도움이 되는 행위를 선한 것으로 간주했습니다. 경험주의의 의의는 객관적 지식을 얻기 위해 모든 것을 끊임없이 의심하고 실험하는 탐구 정신에서 찾을 수 있습니다. 이러한 정신은 이성주의의 독단에 빠지지 않도록 우리를 일깨우는 역할을 하였으며, 정치적으로는 절대권력의 전횡을 견제하고 비판하는 역할을 수행했습니다. 관찰과 경험을 중시하는 경험주의의 흐름은 결과를 강조하는 공리주의 윤리와 실용주의 윤리로 이어졌습니다.

1. 다음은 어느 철학사가(哲學史家)가 흄을 평가한 글입니다. 이를 통해 한 명의 철학자로서 흄의 인물됨에 대해 말해 봅시다.

혹자는 흄을 '관념적 이론'의 옹호자 혹은 (철저한) 회의주의자, 현상론자, 실증주의자, 관념연합론자, 실재론자, 그리고 자연주의자라고 부른다. 이러한 표현들 가운데 가장 적합한 것은 아마도 자연주의자라는 말일 것이다. 흄은 방법과 용어와 기질 면에서 아리스토텔레스와는 전혀 다르지만, 고대에서 아리스토텔레스가 대표한 자연주의적 전통을 근대에서 대표한다고 말할 수 있을 것이다. 그러나 한 마디 덧붙여 말해야 할 것이 있다. 아리스토텔레스의 경우에 우리가 그를 자연주의자라고 부르는 것은 그의 여러 가지 결론들 때문인데, 흄의 경우에는 그의 '방법'이 우리가 그를 자연주의자라고 부르는 이유이다. 그는 세계를 기계로 보는 뉴턴의 학설 같은 우주론적 이론들이나, 세계의 기원을 설명하려는 신학적 노력들을 다 같이 의심스럽게 여겼다. 그는 무엇보다도 자기 주위에서 발견되는 세계에 대한 편견 없는 탐구자였고, 심지어 자기 자신의 가설적 결론들을 최종적인 것이라고 무턱대고 주장하지 않았으며, 이 결론들을 재검토하고 수정할 용의를 가지고 있었다. 또 우주의 근본적 원리들에 관한 광범위한 이론을 꾸며 내느니보다는 인간의 지식을 조금씩 늘려 가는 데에 마음을 썼다.[071]

071   S. P. 램프레히트(1973), 『서양철학사』, 김태길 외 역, 을유문화사, 497쪽.

2. 다음 글은 도덕의 영역에서 이성과 감정의 역할에 관한 흄과 칸트의 서로 다른 관점을 비교하고 있습니다. 이를 통해 두 사람의 윤리학의 차이를 말해 봅시다.

흄과 칸트의 윤리학에서 이성과 감정의 위상, 즉 그 역할은 사뭇 다르다. 실상 양자는 그 개념의 사용에서도 큰 차이를 나타낸다. 흄은 이성의 능력을 매우 제한적으로 보는바, 그것에 마음의 눈(心眼)으로서의 통찰력을 전혀 인정하지 않고 오직 명제의 진·위만을 확인할 수 있는 도구적 이성으로 파악한다. 어떤 면에서 이는 경험주의적 인간관의 필연적 귀결이라 할 수 있다. 따라서 도덕적 판단과 도덕적 동기를 결정짓는 것은 언제나 감정이고, 그 주관성과 우연성을 보완하기 위해 인간의 타고난 사회성을 가정할 수밖에 없다. 특히 여기서 절대적인 도덕적 의무라는 개념은 설 자리가 없다.

칸트의 윤리학에서 이성과 감정은 그 위상이 완전히 뒤바뀐다. 이제 이성은 실천이성으로서 흄과는 달리 보편적 도덕법칙을 스스로 세울 뿐만 아니라 또한 스스로 그것에 따르도록 의지를 규정할 수 있다. 그러나 유한한 인간은 객관적 도덕법칙을 온전하게 의욕할 수 없는 까닭에 그것을 의무로 느낄 수밖에 없다. 이때 감정이 작용하는데, 그것은 도덕법칙에 대한 존경의 감정으로서 감성적 존재인 인간으로 하여금 도덕법칙을 따르도록 한다. 그러나 이렇게 이해되는 감정은 사실상 (흄이 설명하는 바와 같은) 일반적 의미의 감정과는 동떨어진, 어떤 종교적 경외심에 가까운 매우 특별한 감정으로 보인다.[072]

제9장

칸트

'고대로부터 근대에 이르기까지 서양 철학의 모든 것은 **칸트**(1724~1804)로 흘러 들어 갔다가 다시 칸트로부터 흘러나왔다'라는 말이 있을 정도로 서양 철학 전반에서 칸트의 사상이 차지하는 비중은 매우 크다고 할 수 있습니다. 이는 윤리학에서도 마찬가지입니다. 오늘날 어떤 윤리적 담론에서든 윤리 이론의 한 대표적 유형으로서 칸트 윤리가 거론되지 않는 곳은 없습니다. 롤스의 정의론도 그 기본 아이디어는 칸트 윤리학에서 온 것입니다. 하버마스의 담론 윤리학이나 콜버그의 도덕성발달 이론도 이 점에서는 마찬가지입니다. 그뿐만 아니라 밀의 공리주의 또한 칸트 윤리학과의 대립 구도로 파악할 때에 그 윤곽이 제대로 그려질 수 있습니다.

칸트의 윤리학은 플라톤 등의 고대 그리스 사상에서 비롯한 이성중심주의의 흐름을 잇고 있다고 평가되지만, 근대 경험주의와 이성주의를 두루 종합한 면모를 지니고 있기도 합니다. 지금부터 그의 윤리학의 핵심적 내용을 살펴보기로 합니다.

1. 칸트 윤리 사상의 등장 배경

의무론과 목적론

칸트 윤리는 흔히 의무론을 대표하는 것으로 알려져 있으며, 이런 이유로 '칸트 의무론'으로 불리기도 합니다.

'의무론'이라는 용어는 영국의 철학자 브로드(1887~1971)가 윤리 이론들을 크게 두 가지로 구분하여 의무론적(deontological) 이론과 목적론적(teleological) 이론으로 부른 데에서 비롯하였습니다. 그에 따르면 **의무론**은 어떤 유형의 행동이 그 행동의 실제 결과와 상관없이 언제나 옳거나 혹은 그르다고 주장하는 이론입니다. **목적론**은 행위의 옳고 그름이 언제나 본래적으로 좋거나 나쁜 어떤 결과들을 낳게 될 가능성에 의해 결정된다고 주장하는 이론입니다. 쾌락주의(혹은 공리주의)

는 목적론의 한 형태입니다.[073]

　목적론적 윤리란 말 그대로 우리가 추구하고 또 추구해야 할 어떤 궁극 목적이 있음을 전제하는 윤리인데, 그 궁극 목적의 자리를 차지하는 것은 대체로 행복(쾌락)입니다. 그래서 이에 따르면 결과적으로 행복을 가져오는 행위가 선하고 옳은 행위가 됩니다.[074] 반면 의무론적 윤리란 우리가 추구해야 할 어떤 궁극 목적보다는 언제 어디서나 지켜야 할 행위의 근본 원칙에 주목하는 윤리입니다. 예를 들어 행복과 의무가 충돌할 경우, 목적론자는 행복 쪽을 선택한다면 의무론자는 의무 쪽을 선택한다고 볼 수 있습니다. 여기서 우리는 목적론과 의무론이 각기 서로 다른 세계관에 입각한 윤리임을 짐작할 수 있습니다. 전자가 행복한 삶, 경험에 대한 신뢰, 목적의 성취 등에 관심을 가진다면, 후자는 의로운 삶, 이성에 대한 신뢰, 도덕 법칙 등을 중시한다고 할 수 있습니다.

현상계의 경계 너머에서 시작되는 윤리학

　칸트 윤리학은 자연과학에 대한 깊은 이해, 다시 말해서 그 특성과 한계에 대한 명확한 인식에 근거하여 전개되고 있습니다. 그래서 자연과학의 시대라고 할 수 있는 오늘날에도 여전히 무시할 수 없

073　C. D. 브로드(2000), 『윤리학의 다섯 가지 유형』, 박찬구 역, 철학과현실사, 252쪽.
074　목적론도 결과론처럼 행복을 추구한다고 설명할 경우, 그럼 이 양자의 차이점은 무엇이냐는 물음이 제기될 수 있습니다. 목적론과 결과론의 차이는, 목적론이 행위의 궁극 목적에 관심을 가진다면, 결과론은 행위의 실제 결과에 더 관심을 가진다는 것입니다. 다시 말해서, 목적론이 행복을 추구하는 삶의 자세에 주목한다면, 결과론은 실제로 행복을 가져오는 행위 유형에 관심을 가집니다. 전자는 일종의 형이상학으로서 아리스토텔레스까지 거슬러 올라간다면, 후자는 경험과 실증을 중시하는 근대적 사고방식의 산물이라고 말할 수 있습니다.

는 측면을 가지고 있습니다. 뉴턴으로 대표되는 근대 자연과학이 놀라운 성공을 거듭하던 17세기에 이미 칸트는 경험적·과학적 방법이 적용될 수 있는 범위를 분명하게 설정하였고, 이에 근거하여 윤리학을 전개합니다. 따라서 그의 윤리학은 과학 세계의 경계선, 즉 현상계의 한계와 더불어 시작됩니다. 만일 칸트가 과학적 지식의 성격을 그토록 철저하게 연구하지 않았다면 그의 윤리학이 가지는 영향력도 조금은 줄었을지도 모릅니다. 칸트 자신이 도덕을 다룬 '제2비판서'의 작업을 더 중요한 것으로 생각했음에도 불구하고 과학적 인식을 다룬 '제1비판서'가[075] 그의 저술들 가운데 아직도 가장 중요한 업적으로 인정되고 있다는 사실은, 현대가 아직도 자연과학의 시대라는 것, 그리고 그의 이론이 왜 아직도 영향력이 있는지에 대한 한 이유를 말해 주고 있습니다.

2. 칸트 윤리 사상의 주요 개념

선의지

칸트는 도덕적 선이란 '좋은 결과'에서가 아니라 오직 '선한 의지'에서만 찾아볼 수 있다고 주장합니다. 선의지를 강조하는 『도덕형이상학 정초』(이하 『정초』) 제1장의 첫 구절은 다음과 같습니다.

---

075   칸트의 3대 비판서: 제1비판서 → 『순수이성비판』(인식론), 제2비판서 → 『실천이성비판』(윤리학), 제3비판서 → 『판단력비판』(미학)

이 세상 안에서뿐만 아니라 이 세상 밖에서도 무제한적으로 선하다고 할 수 있는 것은 오직 선의지뿐이다. 지성, 재치, 판단력, 그밖에 정신의 재능이라 불릴 수 있는 것들, 또 용기, 결단력, 끈기 같은 기질상의 속성들도 틀림없이 여러 가지 점에서 선하고 바람직하다고 할 수 있다. 그러나 이러한 천부적 재능이나 기질도 그것을 사용하는 의지가 선하지 못하다면 지극히 악하고 또 해로운 것이 될 수도 있다. (『정초』1)[076]

선의지는 그것이 실현하거나 성취한 것 때문에, 또는 이미 주어진 어떤 목적을 달성하는 데 쓸모가 있기 때문에 선한 것이 아니라, 오로지 그렇게 하기로 마음먹는 일 자체로 선한 것이다. (『정초』3)

칸트의 이러한 설명은 상식적으로 쉽게 이해할 수 있습니다. 재능이 많은 사람이 그 재능을 나쁜 방향으로 사용한다면 재능이 적은 사람이 그렇게 하는 경우보다 더 큰 피해를 끼치게 될 것이 분명합니다. 그러한 사람은 자신의 재능을 이용해 나쁜 짓을 더 효과적으로 할 수 있을 것이며, 나쁜 짓을 저지르고도 들키지 않고 교묘하게 빠져나갈 수 있을 것입니다. 돈이나 권력도 마찬가지입니다. 그것을 자신의 사리사욕을 위해서만 쓴다면 나쁜 일이겠지만, 타인을 돕는 데 쓴다면 좋은 일일 것입니다. 돈이나 권력 그 자체에는 절대적인 가치가

076   이하 칸트 책의 인용은 W. Weischedel이 편집한 칸트 전집 초판본의 쪽수로 표기함. *Werke in zehn Bänden*(W. Weischedel hrsg., Darmstadt: Wissenschaftliche Buchgesellschaft, 1983) 참조.

있는 것이 아닙니다. 그래서 칸트는 다음과 같이 부연합니다.

비록 운이 따라 주지 않거나 어쩔 수 없는 자연적 조건 때문에
선의지가 자기의 의도를 성취할 수 없다 하더라도, 그래서 최
대한 노력했음에도 결국 아무것도 성취하지 못한 채 오직 선
의지만 남게 된다 하더라도, 선의지는 그 자체만으로 자신 안
에 온전한 가치를 지닌 것으로서 보석과 같이 빛날 것이다. 무
엇에 유익하다거나 무익하다는 평가는 선의지가 지닌 가치에
아무런 영향도 미칠 수 없다. (『정초』 4)

이마누엘 칸트

그런데 칸트는 이러한 선의지가 인간의 내면에 이미 깃들어 있다고 주장합니다.

> 그 자체로 높이 평가되어야 하고 더 이상 [다른 무언가를] 의도하지 않는 선한 의지라는 이 개념은 건전한 지성 안에 이미 깃들어 있다. 따라서 새삼스럽게 가르칠 필요는 없으며 단지 일깨우기만 하면 된다. (『정초』8)

이러한 칸트의 언급은 인간의 본성에 대한 신뢰를 보여 줍니다. 무제한적인 가치를 지녀서 이 세상 그 어떤 것보다도 소중한 선의지를 인간은 자기 내면에 이미 지니고 있다고 말하기 때문입니다. 이는 또한 인간이 적어도 선의지를 실현할 수 있는 가능성을 타고났음을 함축한다는 점에서 인간이 무한한 가치를 지닌다는 뜻으로 해석될 수도 있습니다. 한편 칸트의 이러한 사고방식은 모든 사람에게는 이미 불성(佛性)이 내재되어 있으므로 우리는 단지 이를 깨닫기만 하면 된다는 불교의 사고방식과도 일맥상통한다고 할 수 있습니다.

의무

일반적으로 **의무**란 어떤 것을 '하고 싶지 않아도 해야 할 때' 쓰는 말입니다. 칸트에 따르면 선의지는 인간의 유한성이라는 조건 때문에 의무의 형태를 띠게 됩니다. 아마도 신처럼 완전히 선한 의지를 지닌 존재에게는 의무가 부과될 필요가 없을 것입니다. 그러한 존재는 어떤 것을 해야 한다는 강요가 없어도 선한 의지를 항상 실현할 것이기 때문입니다. 또 동물과 같이 이성적 능력이 결여된 존재에게도 의무가 적용되지 않을 것입니다. 선택할 수 있는 능력이 없는 존재에게는 의무도 명령도 아무런 의미가 없을 것이기 때문입니다. 인간과 같이 한편으로는 선의지를, 다른 한편으로는 경향성077을 지닌 존재에게만 의무라는 개념이 적용될 수 있습니다. 경향성의 유혹이 아무리 크다 하더라도 선의지 쪽을 따라야 한다는 의식이 바로 의무인 것입니다. 도덕적 가치를 가지는 행위는 이처럼 경향성과 무관하게 오로지 그것이 의무이기 때문에 행해지는 행위입니다.

> 인간에게, 그리고 모든 이성적인 피조물에게, 도덕적 필연성은 강요이자 강제이다. 그리고 거기에 근거한 모든 행위는 의무(Pflicht)로 [⋯] 생각되어야 한다. [⋯] 따라서 도덕법칙은 하나의 완전한 존재자의 의지에게는 신성(Heiligkeit)의 법칙이지만, 모든 유한한 이성적 존재자의 의지에게는 의무의 법칙이다.
> (『실천이성비판』 145~146)

선

그렇다면 '선'이란 무엇일까요? 좋은 결과를 중시하는 목적론적(혹은 경험주의) 윤리에서 '선'은 대체로 행복(쾌)을 증진하고 고통(불쾌)을 감소시키는 행위와 관련됩니다. 그러나 칸트 윤리에서 선이란 행복이나 불행과는 무관한 개념입니다. 그것은 바로 '도덕법칙을 따르

---

077   **경향성**이란 자연이 인간에게 부여한 본능적 속성들로서, 식욕, 성욕, 이기심 등의 다양한 욕구나 욕망을 가리킴.

는 것'입니다. 따라서 **선의지** 역시 '도덕법칙을 따르려는 의지'를 가리킵니다. 선·악을 행복이나 불행과 연결하는 목적론과 달리, 칸트는 선·악 개념을 먼저 규정하지 않고 도덕법칙을 통해서 비로소 선·악을 규정합니다.

> 선·악의 개념은 도덕법칙에 앞서서가 아니라, (얼핏 보면 이 개념이 도덕법칙의 기초에 놓여야 할 것 같지만) 오히려 도덕법칙에 따라서 그리고 도덕법칙에 의해서 규정될 수밖에 없다. (『실천이성비판』 110)

준칙

선이 '도덕법칙을 따르는 것'이라면, 이제 **도덕법칙**이란 과연 무엇인지를 밝힐 차례입니다. 칸트에 따르면 참으로 도덕적인 행위는 아무런 경향성 없이 오로지 의무이기 때문에 행해지는 행위입니다. 행위를 할 때 경향성의 영향을 완전히 제거한다면 인간을 행위로 이끄는 동기는 무엇이 되어야 할까요? 그것은 그 행위를 하고자 스스로 결심할 때 따르는 주관적 행위 원칙인 준칙[078]입니다.

'준칙'의 의미를 좀 더 쉽게 설명하는 부분을 우리는 칸트의 『교육론(Pädagogik)』에서 찾아볼 수 있습니다. 다음 글을 통해 우리는, 칸트에게 행위의 도덕성은 그 행위가 단지 경험적 축적(즉 수련, 반복, 습관화)의 산물인지 아니면 '오로지 그것이 선하기 때문'이라는 이성적

---

078   준칙 → 각 행위자가 따라야 할 주관적 원칙. 법칙 → 모든 이성적 존재가 따라야 할 객관적 원칙.

자각(즉 준칙)의 산물인지에 따라 좌우된다는 것을 알 수 있습니다.

> 도덕적 도야(Kultur)는 훈련이 아니라 준칙에 기초를 둔다. 만일 우리가 도덕적 도야를 사례, 위협, 처벌 등에 의존하려 한다면 모든 것을 망치게 된다. 그 경우 그러한 도야는 단지 훈련[익숙해짐]에 불과할 것이다. 아동이 습관 때문이 아니라 준칙 때문에 선하게 행동하는지, 단지 선을 행할 뿐만 아니라 그것이 선이기 때문에 선을 행하는지를 우리는 지켜보아야 한다. 왜냐하면 행위의 모든 도덕적 가치는 선의 준칙 안에 존재하기 때문이다. (『교육론』 A 86)

도덕법칙

그렇다면 과연 어떤 준칙이 우리가 따라야 할 준칙일까요? 칸트의 답은 '보편화 가능한' 준칙, 즉 모든 사람에게 똑같이 적용될 수 있는 객관적 타당성을 지닌 준칙입니다. 이것은 우리로 하여금 행위할 때 항상 보편적 입장에 설 것을 요구합니다. 따라서 우리는 "나의 준칙이 보편적 법칙으로 (나뿐만 아니라 다른 모든 사람에게) 적용되어야 한다는 데에 나는 정말로 만족할 수 있는가?"(『정초』 19)라고 늘 자문해 보아야 합니다. 어떤 행위가 모든 사람에게 보편적으로 적용될 수 있고, 오직 보편적으로 적용될 수 있다는 그 이유만으로 행해진다면 그 행위는 도덕적인 행위가 되는 것입니다. 이리하여 나오게 된 것이 바로 다음과 같은 **도덕법칙**(보편법칙의 정식)입니다.

나는 나의 준칙이 보편적인 법칙이 되어야 한다고 내가 또한

바랄 수 있도록 오로지 그렇게 행위해야만 한다. (『정초』 17)

네 의지의 준칙이 항상 동시에 보편적인 입법의 원리로서 타

당할 수 있도록 행위하라. (『실천이성비판』 54)

도덕법칙의 일차적 기능은 어떤 준칙이 과연 보편화될 수 있는지, 즉 그것이 도덕적인지 아닌지를 검사해 보는 틀(형식)을 제공하는 것입니다. 여기서 유의할 점은 도덕법칙의 역할이 구체적인 행위의 지침(내용)을 제공하는 데 있는 것이 아니라는 점입니다. 행위의 목적(내용)을 염두에 두게 되면 으레 자기애나 자기 행복의 동기가 개입할 수밖에 없다는 것이 칸트의 생각입니다. 어떤 이는 칸트의 도덕법칙이 '구체적인 행위의 규칙을 제공해 줄 수 없다'는 이유로 '공허하고, 빈약하며, 단지 형식적'이라고 비판하는데, 이는 도덕법칙의 중요한 역할을 간과한 해석입니다. 왜냐하면 도덕법칙은 우리에게 '도덕적인 것'과 '도덕 아닌 것'을 구분할 수 있는 기준을 제공하기 때문입니다. 이것이 중요한 이유는 "만일 올바른 도덕 판단을 위한 최고의 규범이 없다면, 도덕 자체가 온갖 종류의 타락으로 빠져 버릴 수도 있기 때문입니다"(『정초』 X).

그런데 칸트는 평범한 사람도 이러한 도덕법칙을 이미 잘 알고 있다고 하면서 이 점을 다음과 같이 자신 있게 언급합니다.

도덕과 관련된 일에서 인간의 이성은 아주 평범한 사람조차

매우 쉽고 정확하게 [옳고 그름에 대한] 판단을 내릴 수 있다.
(『정초』XVI)

도덕법칙은 순수 [실천] 이성의 사실로서 주어져 있고, 우리
는 그것을 선험적으로 의식하며 절대적으로 확신한다. (『실천이
성비판』81)

정언명령

도덕법칙은 당위이자 의무를 지시하는 것이기 때문에 명령의
형식을 띱니다. 그런데 우리는 그것이 '무조건적' 명령이라는 점에 주
목해야 합니다. 명령에는 **가언명령**과 **정언명령**이 있습니다. 전자는
어떤 조건이 붙은 명령으로서, "만약 네가 A를 원한다면, 너는 B를 행
해야 한다"와 같은 형식으로 되어 있습니다. 여기서 조건절의 A는 'B
를 행하라'는 명령의 전제가 되는 상위의 목표입니다. A의 자리에는
우리 일상의 사소한 목표를 비롯하여 건강, 부, 명예, 행복 등 여러 가
지가 들어갈 수 있을 것입니다. 만약 도덕법칙이 가언명령으로 구성
되어 있다면, 그것은 단지 우리의 온갖 욕구들을 어떻게 효과적으로
충족시킬 것인지를 가르치는 전략적 지침이 되고 말 것입니다. 그러
므로 도덕의 원리는 가언명령이어서는 안 됩니다.

나머지 한 가지 종류의 명령은 정언명령입니다. 그것은 "너는
무조건 행해야 한다"와 같은 형식으로 되어 있습니다. 도덕은 이러한
정언명령에만 근거해야 합니다. 즉, 그 명령의 전제가 되는 어떤 상
위의 목적이 있으면 안 됩니다. 다시 말해, 명령 그 자체가 목적이어

야 합니다. 도덕법칙은 다른 목적을 달성하기 위한 수단으로서의 명령이 아니라 그 자체가 목적인 명령이기 때문입니다.

자율

칸트에게 **자유**, 즉 의지의 자유란 '어떤 상태를 자신으로부터 시작하는 능력'(『순수이성비판』 B560)입니다. 그것은 나의 의지가 어떤 외적 세력에 의해 규정되지 않는 것을 의미합니다. 그런데 이러한 외적 세력에는 우리를 둘러싼 여러 가지 사회적·역사적 제약뿐만 아니라 우리 자신의 타고난 경향성까지 포함됩니다. 그것들은 모두 현상계에 속하는 것으로서, 한낱 타율의 근거이자 경험적인 제약들에 불과한 것이기 때문입니다. 여기서 우리는 인간이 두 가지 세계에 동시에 속해 있다는 칸트의 인간관과 만나게 됩니다. 이에 따르면 인간은 한편으로 동물과 공유하는 측면, 즉 본능적 욕구들(경향성)을 지닌 동시에, 다른 한편으로는 인간만이 지닌 측면, 즉 이성(자유의지)을 지니고 있습니다. 여기서 이 후자만이 진정한 '나'입니다. 따라서 이 후자인 '본체적 자아'가 전자인 '현상적 자아'[079]를 통제하고 있는 상태가 바람직한 상태이자 진정으로 자유로운 상태라고 할 수 있습니다.

도덕법칙 및 정언명법과 관련하여 주목할 점이 또 있습니다. 하나는 '명령을 따라야 하는 자'와 '명령을 내리는 자'가 똑같은 자기 자신이라는 점입니다. 도덕법칙은 이렇게 외적 강제에 의해서가 아니라 자기 자신에 의해 부과되는 것이므로 타율(他律)이 아닌 **자율**(自

---

079   어떤 학자는 현상적 자아를 '에고(ego)', 본체적 자아를 '참 나(real self)'라고 부르기도 합니다.

律)의 성격을 띱니다. 다른 하나는 이 양자가 같으면서도 서로 다른 자기라는 점입니다. 자연 세계에 속한 전자가 자연법칙, 즉 경향성의 지배를 받는다면, 도덕 세계에 속한 후자는 자유의지를 가지고 스스로 법칙을 수립합니다. 이처럼 인간은 두 가지 세계에 동시에 속해 있으면서 전자의 한계를 넘어 후자로 나아갈 수 있는 능력을 지닌 존재입니다.

인격과 인간 존엄성

이러한 칸트의 자유 개념은 **인격** 개념으로 연결됩니다. 칸트에 의해 존엄성을 지닌 것으로 표현되는 인격은 오로지 이 본체적 자아와 관련된 것입니다. 다시 말해서 '도덕법칙을 세우고 그것을 따를 능력을 지닌 존재'를 가리키는 것입니다.

> 인간은 분명히 신성하지 않으나, 그의 인격 속의 인간성은 신성한 것이 아닐 수 없다. 모든 피조물 중에서 우리가 의욕하고 또 우리가 지배하는 모든 것들은 단지 수단으로서 사용될 수 있다. 오직 인간, 그리고 그와 더불어 있는 모든 이성적 피조물만이 목적 그 자체이다. 즉 그는 도덕법칙의 주체이며, 도덕법칙은 그의 자유가 지닌 자율로 말미암아 신성한 것이다. (『실천이성비판』 156)

이러한 인간 존엄의 정신은 "너 자신과 다른 모든 사람의 인격 안의 인간성을 결코 단지 수단으로만 대하지 말고, 언제나 동시에 목적으로도 대하도록 행위하라"(『정초』 66~67)라는 도덕법칙(인간성의 정식)에 반영되어 있습니다.

흔히 인간 존엄이라 할 때 '존엄(Würde)'이란 단지 교환적 가치를 지닌 존재에 대해서가 아니라 대체 불가능한 절대적 가치에 대해 쓰이는 표현입니다. 따라서 존엄한 존재인 인간은 언제나 동시에 목적으로 대우받아야지 단지 수단으로 취급되면 안 됩니다. 수단적 가치는 비교될 수 있는 상대적 가치요, 결코 절대적 가치가 아니기 때문입니다. 그리고 이는 인간이 자연계에서 차지하는 특별한 지위를 전제로 한 것이기도 하다. 이 자연 세계의 모든 피조물이 인과 필연의 자연법칙에 지배되는 반면 도덕법칙의 입법자인 인간은 도덕 세계의 주인이며 마치 신처럼 자유로운 존재일 수 있는 것입니다. 따라서 인간이 존엄하다는 말은 그가 신의 속성을 지니고 있다는 것을 의미하며, '인격'이라는 용어 또한 신성(神性)의 씨앗을 내포한 자를 의미합니다.

오늘날 우리는 자유민주주의를 표방하면서 살고 있습니다. 자유민주주의 사회는 모든 인간이 평등하며 존엄한 존재임을 전제로 하는 사회입니다. 그러므로 우리가 지향해야 할 윤리는 자명합니다. 그것은 '보편주의'와 '인격주의'에 입각한 윤리일 수밖에 없습니다. 그것은 모든 인간이 도덕적으로 동등하게 대우받아야 하고, 인격을 지닌 존재로서 그 자체로 존중되어야 한다는 정신을 담고 있어야 합니다. 칸트의 윤리는 이러한 이념을 명확하고 체계적으로 제시해 주고 있습니다.

3. 칸트 윤리 사상의 쟁점들[080]

1) 칸트 윤리는 결과를 무시한다?

칸트의 윤리는 선의지를 강조하는데, 이는 행위의 도덕성을 가리는 데에서 오로지 동기에만 주목할 뿐 결과를 완전히 무시한다는 이유로 비난받아 왔습니다. 이것은 도덕을 선한 심정이라는 순수한 주관성으로 환원시킴으로써 우리 행위의 실제 결과에 대해서는 책임을 지지 않는 '비현실적'이며 '부도덕한' 윤리라는 것입니다.

그러나 이러한 비판은 오해에서 비롯한 것입니다. 사실상, 행위의 결과를 절대적으로 무시하는 윤리란 있을 수 없습니다. 왜냐하면 행위란 '결과를 낳는 것'이기 때문입니다. 문제는 동기냐 결과냐가 아니라, 행위자가 자기 행위의 '어떤' 결과에 대해 '어디까지' 책임을 져야 하느냐 하는 것입니다. '의지'란 당연히 현실에서의 실현을 목표로 하지만, 의지의 실현은 신체적·정신적·경제적 여건 등의 한계로 인해 원래의 목표에 미치지 못할 수도 있습니다. 따라서 도덕성은 오로지 행위 주체가 책임질 수 있는 영역, 즉 행위자에게 가능한 것하고만 관련됩니다. 즉 도덕성은 행위의 (객관적) 결과와 같은 행위자가 책임질 수 없는 부분(즉, 행운의 요소가 개입할 수 있는 부분)에 의해 결정되는 것이 아니라, 행위의 근거가 되는 의지, 즉 행위의 **준칙**에 의해 결정되는 것입니다. 그런데 이러한 윤리를 비판하면서 그 대안으로 제시된 (공리주의 같은) 윤리는 인간이 결코 완전히 책임질 수 없는 조건

---

080   이하 내용은 박찬구(2014), 『개념과 주제로 본 우리들의 윤리학』(개정판), 서광사, 129~136쪽 참조.

들에 대해서도 인간에게 책임이 있는 것처럼 취급하는데, 이는 인간이 처해 있는 기본적인 상황을 오인한 것으로서 근본적으로 '비인간적'이라 할 수 있습니다.[081]

2) 칸트 윤리는 인간의 경향성과 행복을 도외시한다?

칸트 윤리는 인간의 경향성, 즉 자연스러운 감정과 행복을 추구하는 경향을 도덕에 반하는 것으로 여김으로써 도덕을 너무 딱딱하게 만들었을 뿐만 아니라, 현실세계에서 도덕이 실현되는 것을 오히려 어렵게 만들고 말았다는 지적과 함께, 이러한 칸트의 추상적 주지주의가 도덕교육에서 중요한 정서의 함양을 소홀히 할 수 있다는 지적이 있습니다.

분명히 칸트는 어떤 행위가 도덕적 가치를 지니기 위해서는 단지 '의무에 일치'하기만 해서는 안 되고 오로지 '의무에서 비롯'해야 한다고 주장합니다. 또 어떤 행위가 단지 경향성에서, 혹은 행복을 얻으려는 동기에서 행해질 경우에는 도덕적 가치가 없다고 주장합니다. 그러나 이러한 언급이, 의무를 실행할 때 경향성의 충족에서 오는 만족감이나 행복이 뒤따르면 안 된다(도덕적 가치가 없어진다)는 것을 의미하는 것은 아닙니다. 칸트는 단지 경향성이나 행복의 동기는 무엇이 의무인가를 결정하려고 할 때 고려되어서는 안 된다는 것을 강조할 뿐입니다. 더 나아가 그는, 도덕법칙에 위배되지 않는 한 자신의 행복을 추구하는 것은 바람직한 일일 뿐만 아니라 때로는 의무일

081　오트프리트 회페(1997), 『임마누엘 칸트』, 이상헌 역, 문예출판사, 212~214쪽 참조.

수도 있다고 봅니다.

'행복원리'와 '도덕원리'를 이같이 구별하는 것은, 그렇다고 해서 곧 양자의 대립을 의미하는 것이 아니다. 순수한 실천이 성은, 사람이 행복에 대한 모든 요구를 포기해야 할 것을 의욕하는 것이 아니다. 오직 의무가 문제일 때에, 행복을 전혀 고려하지 않으려고 할 뿐이다. 자기의 행복에 마음을 쓰는 일은, 어떤 점에서는 '의무'이기도 하다. 일부는 행복(숙련·건강·부 등)이 그의 의무를 실현하는 수단이기 때문이요, 다른 일부는 행복의 결여가 (가령 가난은) 자기의 의무를 소홀히 하는 유혹을 내포하기 때문이다. 그러나 자기의 행복만을 촉진하는 것은 결코 직접적으로 의무일 수 없으며, 더구나 모든 의무의 원리일 수는 없다. (『실천이성비판』166~167)

이로써 우리는 칸트가 도덕 문제에서 경향성과 행복을 도외시했다는 비판은 잘못되었다는 것, 그리고 그는 오히려 도덕법칙의 실현을 위해 그러한 요소들을 활용해야 한다고 생각했음을 알 수 있습니다.

3) 칸트 윤리는 두 개의 절대적 의무가 상충할 때 어떻게 해야 하는지에 대해 분명한 기준을 제시해 주지 못한다?

칸트 윤리에 대한 비판 중에서 가장 흔히 제기되는 것 가운데 하나는, 칸트가 그의 말년에 쓴 짧은 논문(「인간애로부터 거짓말할 사이비 권리에 관하여」)에서 '살인할 의도를 가지고 나의 친구를 쫓는 악한 앞에서라 할지라도 거짓말하는 것은 잘못'이며 이에 비해 '진실을 말할 의무를 다하여 결과적으로 친구가 살해되어도 내게는 잘못이 없다'고 주장한 부분과 관련됩니다. 이에 대해서는 다양한 해석과 논란이 있지만, 여기서는 두 가지 핵심적 착안점만을 제시하고자 합니다.

우선 '인간 존엄성'을 그의 정언명법의 핵심 정신으로 삼고 있는 칸트가 과연 '거짓말하지 말라'는 원칙을 지키기 위해 무고한 인간 생명이 희생되어도 좋다고 생각했을까? 하는 의문입니다. 필자가 이해하는 한, 이 경우에 칸트의 도덕법칙을 적용하자면, '나는 무고한 생명이 희생되는 한이 있더라도 절대 거짓말하지 않겠다'라는 준칙을 우리가 과연 보편화할 수 있는지 검사해야 합니다. 이 준칙은 아마도 보편화 가능성 테스트를 통과할 수 없을 것입니다.

다음으로 고려할 점은 칸트의 진의(眞意)에 관한 것입니다. 칸트의 말은 '진실을 말하는 것은 오직 진실에 대한 권리를 지닌 자에 대해서만 의무이다'라는 콩스탕의 주장에 대해 '살인자의 위협에 쫓기는 친구라 할지라도 나에게 거짓말을 요구할 권리는 없다'라는 칸트의 반론의 맥락에서 이해해야 합니다. 실제 현실에서 원칙이 유보되는 예외적 경우가 있다고 해서 원칙 자체를 무너뜨려서는 안 된다는 것입니다. 왜냐하면 진실성의 의무는 사회계약의 토대가 되는 형식적 원칙의 하나이기 때문입니다.[082]

---

082   김종국(2001), 「'인류의 권리'와 거짓말」, 『철학』 제67집, 한국철학회, 59~77쪽 참조.

4) 칸트 윤리는 지나치게 엄격하다?

칸트 윤리는 너무 이상적이고 엄격한 도덕주의를 표방함으로써 현실과 괴리되어 있으며, 그것이 요구하는 도덕적 기준이 너무 높아 일반인들이 실천하기 어렵다는 비판이 있습니다.

하지만 의무론적 윤리의 관점에서 볼 때 이러한 비판은 도덕의 본질을 전혀 이해하지 못한 데에서 나온 주장일 뿐입니다. 도덕(특히 도덕의 최고 원리)이란 현실에서 벌어지고 있는 사실에 근거한 것이 아닙니다. 지금 우리 눈앞에 있는 모든 사람이 '자신에게 유익하다면 언제든지 거짓말을 해도 좋다'고 생각한다고 해서 거짓말이 선하다거나 당연하다고 말할 수는 없는 것입니다. 도덕은 원래 당위이기 때문에 현실에 대해서는 늘 하나의 이상으로 다가올 수밖에 없습니다. 따라서 '이상이 현실적이지 못하다'는 말은 난센스입니다. 우리는 그 이상이 옳다고 여겨지는 한, 비록 현실적으로 많은 어려움이 예상된다고 하더라도 그것을 추구하지 않을 수 없는 것입니다. 다시 말해서, 자기가 놓여 있는 현실의 자리에서 그 이상을 향해 한 발자국씩 전진해야 합니다. 만일 우리가 '현실적이지 않다'는 이유로 이상의 지표를 버린다면, 우리의 현실은 곧바로 도덕적 타락의 나락으로 떨어지고 말 것입니다.

칸트 의무론에서처럼, '도덕'이라는 것이 (어떤 다른 목적을 달성하기 위한 가언명법이 아니라 그 자체가 목적인) 정언명법에 그 근거를 두고 있다면, '우리는 왜 도덕적으로 살아야 하는가?'라는 물음은 '우리가 도덕적으로 살아야 할 도덕과 무관한 이유를 대라'는 요구인 셈입니다. 즉, 그것은 정언명법을 가언명법으로 바꾸려는 시도로서, 본래 무조건적 명령으로 되어 있는 것(그 자체가 궁극 목적으로서 달리 이유를 댈 수 없는 것)에 대해서 (마치 그것을 행하는 어떤 다른 이유나 상위의 목적이라도 있는 것처럼) 조건을 묻고 있는 것입니다. 그러므로 도덕적 가치를 통찰한 사람에게 위와 같은 물음은 사실상 사이비 물음(pseudo-question)에 불과합니다. 그것은 물질문명에 물든, 그래서 진정한 삶의 의미를 상실한 시대에 사는 사람들의 병든 모습을 반영하고 있습니다. 우리에게 필요한 일은 '도덕적으로 살아야 할 도덕과 무관한 이유'를 찾는 것이 아니라 도덕적 가치의 왕국을 향해 그냥 한 발 내딛는 것입니다. 그럴 때 비로소 우리는 새로운 차원의 세계를 열어 갈 수 있을 것입니다.

1. 다음 글 (A)는 칸트가 도덕적 행위의 동기로서 '법칙에 대한 존경심 (Achtung)'을 언급한 부분이고, 글 (B)는 이 '존경심'에 대한 어떤 학자의 해석입니다. 이를 통해 '존경심'이란 과연 어떤 감정인지에 대해 토론해 봅시다.

(A)

존경심이 비록 하나의 감정이긴 하지만 그것은 외부의 영향에 의해 **받아들여진** 감정이 아니라 이성개념 **자신이 일으킨** 감정으로서, 경향성이나 공포심 같은 감정들과는 질적으로 구분된다. […] 그것은 나의 감관에 미치는 어떠한 다른 영향에도 구애받지 않고 나의 의지가 오로지 하나의 법칙에 **복종한다**는 의식을 의미한다. 존경심의 **대상**은 오로지 법칙뿐이다. 그것도 우리가 **우리 자신에게** 스스로 반드시 지켜야 하는 것으로서 부과하는 법칙뿐이다. 법칙이기 때문에 우리는 자기애를 돌아보지 않고 그것에 복종한다. 우리 자신에 의해 우리에게 부과된 것이기 때문에 법칙은 분명히 우리 의지에서 비롯한 결과이다. (『정초』 16~17)

(B)

칸트는, 선하지만 신성하지는 않은 의지를 지닌 존재가 도덕적 순수성을 바라볼 때 경험하는 특별한 종류의 감정이 있다고 주장한다. 이 감정을 그는 **존경심**이라 부르는데, 그것은 일종의 경외감이다. 이런 경우,

그 존재는 그의 복합적 본성으로 인해 감성계와 초감성계에 동시에 속해 있는바, 초감성계를 언뜻 들여다보게 된다. 이것은 그가 이 세상에서 초감성계를 들여다볼 수 있는 유일한 직접적인 기회이다. 이런 일순간의 바라봄이 그를 겸손하고 두려워하게 만드는데, 이는 그의 본성이 부분적으로 동물적이고 감성적인 것으로 되어 있기 때문이다. 그러나 동시에 이것은 그를 고양시키기도 하는데, 이는 그의 본성이 기본적으로 이성적인 한, 그로 하여금 초감성계의 시민임을 일깨워 주기 때문이다. 여기서 다시금 분명해지는 것은, 칸트가 거짓 없는 사실을 우리들 대부분이 이해할 수 있고 또 대체로 수용할 수 있는 언어로 묘사하고 있다는 점이다.[083]

2. 다음 글에서 칸트는 '도덕법칙의 필연성이 증명될 수는 없으나, 그것이 증명될 수 없음은 증명된다'고 말합니다. '증명될 수 없음이 증명된다'라는 역설적인 표현을 통해 칸트가 말하고자 하는 바는 무엇일까요?

비록 우리는 도덕적 명령의 실천적이고 무조건적인 필연성을 개념적으로 파악하지 못하지만, 그럼에도 이것을 **개념화할 수 없음**은 개념적으로 파악한다. 이것이야말로 그 원리상 인간 이성의 한계에까지 추구해 가려는 철학에 대해 우리가 정당하게 요구할 수 있는 것의 전부이다.

(『정초』 128)

083   C. D. 브로드(2000), 『윤리학의 다섯 가지 유형』, 박찬구 역, 철학과현실사, 172~173쪽.

제10장

벤담과 밀

'최대다수의 최대 행복'을 추구하는 **공리주의**(功利主義, utilitarianism)[084]는 근대 영
국 윤리 사상을 대표하는 이론입니다. 물론 공리주의의 선구가 될 수 있는 아
이디어는 사회적 '유용성(usefulness)'을 강조한 흄에게서 비롯하지만, 공리주의
를 하나의 윤리 이론으로서 분명하게 제시한 인물은 **벤담**(1748~1832)입니다. 그
리고 공리주의를 더욱 세련된 형태로 발전시킨 인물은 밀(1806~1873)입니다. **밀**
은 벤담의 공리주의를 많은 사람에게 좀 더 설득력 있는 이론으로 발전시켰
지만, 다른 한편으로는 원래의 공리주의를 변질시켰다는 지적을 받기도 했습
니다. 벤담의 『도덕과 입법의 원리 서설(*An Introduction to the Principles of Morals and
Legislation*)』과 밀의 『공리주의(*Utilitarianism*)』는 공리주의 이론을 대표하는 양대 저
술입니다.

084　utilitarianism이라는 말의 번역어로는 功利主義와 公利主義의 두 가지가 있는데, 전자가 utility, 즉 유용성[功利]의 의미를 살린 표현이라면, 후자는 공공(公共)의 이익이라는 의미를 부각시킨 표현이라 할 수 있습니다. 여기서는 어원에 충실한 번역어인 功利主義를 택했습니다.

1. 공리주의의 기본 입장

쾌락주의

인간이 살아가면서 추구하는 궁극적 목적은 무엇일까요? 만약 우리가 이 궁극적 목적이 무엇인지를 안다면, 무엇이 좋은 삶이고 무엇이 바람직한 행동인지에 대해서도 알게 될 것입니다. 그 궁극 목적을 실현시키는 데 도움이 되는 삶과 행동이 바로 좋은 삶, 바람직한 행동이 될 것이기 때문입니다. 서양의 윤리학자들은 오래전부터 이 것을 **최고선**(the highest good)이라 불렀습니다. 그렇다면 이 최고선에 해당하는 것은 무엇일까요?

이 질문에 대한 가장 오래된 답이자 오늘날에도 널리 접할 수 있는 대답은 '우리가 궁극적으로 원하는 것은 **쾌락**(또는 행복)'이라는 것입니다. 즉, 우리가 그것 때문에 다른 모든 것을 원하게 되는 것, 우리가 본래적으로 원하는 것은 바로 쾌락(또는 고통의 회피)이라는 주장입니다. 따라서 이 목적의 달성에 기여하는 것은 좋은 것(선)이고 그것에 방해가 되는 것은 나쁜 것(악)입니다. 우리는 이러한 주장을 **쾌락주의** (hedonism)라고 부릅니다. 다음과 같은 벤담과 밀의 말은 쾌락주의(또는 행복주의)의 기본 입장을 잘 보여 줍니다.

> 자연은 인류를 고통(pain)과 쾌락(pleasure)이라는 두 주인에게 지배받도록 만들었다. 우리가 무엇을 할지 결정하는 일은 물론이요, 무엇을 해야 하는지를 짚어내는 일은 오로지 이 두 주인의 몫이다. 한편으로는 옳음(right)과 그름(wrong)의 기준이, 또 한편으로는 원인과 결과의 사슬이 모두 이 두 주인의 왕좌에 묶여 있다. 고통과 쾌락은 우리가 행하는 모든 것, 우리가 말하는 모든 것, 우리가 생각하는 모든 것에서 우리를 지배한다. 우리가 그러한 속박을 벗어던지기 위해 아무리 노력한다 해도 끝내는 오히려 그러한 속박을 입증하고 확인하게 될 뿐이다. 간혹 말로는 그들의 지배를 벗어난 척할 수 있지만, 실제로는 끝끝내 거기에 예속된 채로 남아 있게 될 것이다. (『서설』 1.1)[085]

도덕의 토대로서 공리 혹은 최대행복의 원리를 받아들이는 [공리주의] 신조는 행위는 행복을 증진하는 경향에 비례해서

---

085 제러미 벤담(2011), 『도덕과 입법의 원리 서설』, 고정식 역, 나남. 이하 이 책의 인용은 『서설』로 약칭하며, 쪽수 대신 (장.절)로 표기함.

옳고, 행복과 반대되는 것[즉, 불행]을 증진하는 경향에 비례해서 그르다고 주장한다. 여기서 행복은 쾌락의 향유와 고통의 부재를 의미하고, 불행은 쾌락의 결핍과 고통을 의미한다. (『공리주의』 2.2)[086]

공중적(公衆的) 쾌락주의

쾌락주의의 대표적 예로서는 고대 그리스의 에피쿠로스학파를 들 수 있습니다. 이들은 개인의 안심입명(安心立命)을 추구하는 헬레니즘 시대의 분위기 속에서 주로 자기 자신의 쾌락을 추구하는 데 집중했습니다. 에피쿠로스학파가 사라진 이후 서양에서 쾌락주의는 그다지 주목받지 못했습니다. 특히 중세기의 엄격한 종교적 윤리는 쾌락주의의 대두를 허용하지 않았습니다. 그런데 근대 시민사회가 형성될 무렵 영국의 철학자들이 쾌락주의에서 사회적으로도 의미 있는 측면을 찾아냄으로써 쾌락주의는 새로이 주목받는 계기를 맞게 되었습니다. 개인적 쾌락만을 목적으로 삼는 것이 아니라 사회 전체의 일반적 쾌락을 추구한 근대 영국의 쾌락주의가 바로 공리주의입니다.

공리주의자들은 사회는 개인의 집합체이므로 개개인의 행복은 **사회 전체의 행복**으로 연결되며, 더 많은 사람이 행복을 누리게 되는 것은 그만큼 더 좋은(또는 옳은) 일이라고 생각했습니다.

왜 일반의 행복(the general happiness)이 바람직한지에 대해서 제

---

086 존 스튜어트 밀(2021), 『밀의 공리주의』, 류지한 역, 울력. 이하 이 책의 인용은 『공리주의』로 약칭하며, 쪽수 대신 (장.절)로 표기함.

시할 수 있는 유일한 이유는 각자가 자신의 행복을 달성할 수 있다고 믿는 한에서 자기 자신의 행복을 바란다는 것뿐이다. 이 하나의 사실만으로도 우리는 행복이 선이라는 것, 즉 각 개인의 행복은 그 사람에게 선이며, 따라서 일반의 행복은 모든 사람 전체에게 선이라는 것에 대해서 그것이 허용하는 모든 증명뿐만 아니라 요구 가능한 모든 증명을 확보하게 된다. [이로써] 행복은 행위의 목적들 가운데 하나라는 자격을 확립하게 되고, 결과적으로 도덕의 기준들 중 하나라는 자격을 확립하게 된다. (『공리주의』 4.3)

결과주의

공리주의에서 행위들은 오직 그 결과에 의해서만 좋고 나쁨이나 옳고 그름을 판단할 수 있습니다. 그 외의 다른 요인은 어떤 것도 문제되지 않습니다. 따라서 좋은(또는 옳은) 행위란 오로지 최선의 결과를 가져오는 행위입니다. 이러한 노선을 우리는 **결과주의**라고 부릅니다. 결과주의는 행위의 도덕적 가치를 그 행위가 낳은 결과들의 총체적 가치를 계산하여 판단합니다. 이것은 모든 일에 효용성을 중시하는 영국 경험주의의 입장을 잘 반영하고 있습니다. 아무리 좋은 의도에서 행해진 일이라 하더라도 결과적으로 모두를 불행하게 만들었다면 다음부터 그러한 행위는 마땅히 하지 말아야 할 것입니다. 벤담은 이러한 취지를 다음과 같이 표현하고 있습니다.

만일 동기가 좋거나 나쁘다면, 그것은 오로지 그 결과 때문이다. 쾌락을 낳거나 고통을 피할 수 있는 경향 때문에 좋은 것이며, 고통을 낳거나 쾌락을 피할 수 있는 경향 때문에 나쁜 것이다. (『서설』 10.12)

이와 같이 결과를 중시함으로써 공리주의는 도덕적 의무감이나 동기를 중시하는 칸트의 의무론과는 상반된 입장을 취합니다. 그래서 '의무보다는 행복', '동기보다는 결과'를 중시합니다.

어떤 윤리 체계도 우리가 하는 모든 행위의 유일한 동기가 의무감이어야 한다고 요구하지는 않는다. 오히려 우리가 하는 행위의 백분의 구십구는 의무감이 아닌 다른 동기에서 행해진다. 그리고 그 행위가 의무의 규칙을 위반하지 않는 한, 그 행위는 옳은 것이다. [...] 물에 빠진 동료를 구한 사람은 그의 동기가 의무에서였건 그의 수고에 대해 보상을 받으리라는 희망에서였건 간에 도덕적으로 옳은 일을 행한 것이다. (『공리주의』 2.19)

2. 벤담의 공리주의 윤리 사상

공리주의의 발상지는 산업혁명과 더불어 자본주의 경제가 점차 발전해 가던 18세기 영국입니다. 당시 영국에서는 개인의 이익과 사회 전체의 이익을 조화시키는 일이 문제로 대두되었고, 이에 벤담이 사익과 공익의 조화를 위해 **최대 다수의 최대 행복**의 원리를 도덕과 입법의 원리로 제창하게 되었던 것입니다. 벤담은 원래 옥스퍼드 대학에서 법률을 공부한 법학자이자 변호사였습니다. 그래서 윤리 이론에 그가 관심을 갖게 된 것도 법과 정치에 대한 관심, 불의에 대한 혐오, 그리고 사회와 법률 개혁을 위한 그의 열망 때문이라 할 수 있습니다. 대체로 그의 이론은 홉스와 로크의 생각을 이어받아 이를 시대의 요구에 맞게 적용시킨 것으로 보입니다.

공리의 원리

벤담의 공리주의가 제시하는 기준은 '**공리**(유용성)의 원리(the principle of utility)'입니다. 공리의 원리가 추구하는 바는 물론 행복의 증진입니다.

> 공리의 원리란, 자기 이익이 걸려 있는 당사자의 행복을 증가시키거나 감소시키는 것으로 보이는 경향에 따라서, 또는 그러한 행복을 증진하거나 반대하는 데 따라서, 각각의 모든 행위를 시인(approve)하거나 부인(disapprove)하는 원리를 뜻한다. 나는 각각의 모든 행위에 대하여 말하고 있다. 그리고 바로 그런 까닭에, 내가 말하는 바는 개인의 사적인 모든 행위뿐만 아니라 정부의 모든 정책에 대한 것이기도 하다. (『서설』1.2)

> 공리란 어떤 대상에 들어 있는 성질로서 그것이 이익 당사자에게 이익·편의·쾌락·선·행복을 낳거나 손해·해악·고통·악·불행이 생기는 일을 막는 경향을 지닌 것을 뜻한다. 여기서 말하

는 행복은, 만일 그 당사자가 일반 공동체라면 그 공동체의 행복이 될 것이고, 그 당사자가 특정 개인이라면 그 개인의 행복이 될 것이다. (『서설』 1.3)

재러미 벤담

공리의 원리는 우리로 하여금 우리 자신을 포함한 모든 사람의 쾌락의 양을 최대화하고 고통의 양을 최소화할 것을 명령합니다. 그리고 우리의 행위로 영향받는 사람들의 행복을 최대로 증진시키는 것이 곧 우리가 수행해야 할 옳은 행위이자 의무입니다. 하지만 이 원리가 도덕의 기본 원리로서 타당하다는 것을 우리는 어떻게 증명할 수 있을까요? 벤담에 따르면 그것을 직접 증명할 수 있는 방법은 없습니다. "왜냐하면 다른 모든 것을 증명하는 데 사용되는 것은 그 자체로는 증명될 수 없기 때문"(『서설』 1.11)입니다. 그러나 이를 간접적으로 증명할 수는 있습니다. 숨을 쉬는 인간으로서 이 공리의 원리에 의존하지 않는 경우는 없을 뿐만 아니라, "인간 구조의 자연적 조성에 따라 보통 사람들은 삶의 대부분의 경우에 이 원리를 별로 생각해 보지도 않고 채택"하기 때문입니다. 다시 말해서 "인간은 바로 그렇게 만들어져 있기 때문"(『서설』 1.12)입니다.

쾌락의 계산법

그런데 이 공리의 원리, 즉 최대 다수의 최대 행복의 원리가 실질적으로 선·악의 판단 기준이 될 수 있으려면 행위가 낳은 쾌락과 고통의 가치를 정확히 측정할 수 있어야 합니다. 벤담에 따르면 공리는 **측정 가능**한 것이며, 따라서 **양적**이고 과학적이고 객관적인 것입니다. 여기서 우리는 벤담의 '양적 쾌락주의'를 만나게 됩니다. 벤담은 쾌락을 측정할 수 있는 방법으로서 다음과 같은 일곱 가지 척도를 제시합니다(『서설』 4.2~4.4).

① 쾌락이나 고통의 강도

② 그것의 지속성

③ 그것의 확실성 또는 불확실성

④ 그것의 근접성 또는 소원성 […]

⑤ 그것의 생산성, 또는 동일한 종류의 감각이 뒤따를 가능성, 즉 그것이 쾌락이라면 쾌락이, 고통이라면 고통이 뒤따를 가능성.

⑥ 그것의 순수성, 또는 반대되는 종류의 감각이 뒤따르지 않을 가능성, 즉 그것이 쾌락이라면 고통이, 고통이라면 쾌락이 뒤따르지 않을 가능성 [⋯]
⑦ 그것의 범위, 즉 그것이 적용될, 또는 그것에 영향받을 개인들의 수

벤담에 따르면 위의 척도에 따라 계산을 수행함으로써 우리는 어떤 행위가 옳고 또 마땅히 해야 하는 행위인지 알 수 있습니다. 결과적으로 모든 사람의 고통을 최소화하고 쾌락을 최대화하는 행위, 즉 전체의 행복을 증진하는 행위가 바로 그런 행위입니다. 이성적으로 자기 자신의 선과 공동체의 선을 생각하는 사람이라면 누구든 이 공리의 원리와 쾌락의 계산법을 이미 사용하고 있으며, 사실상 이는 "인류의 오랜 관행"이기도 합니다(『서설』 4.8).

양적 쾌락주의의 문제점

그러나 쾌락의 계산법에 따라 쾌락을 측정할 수 있다는 벤담의 주장은 중대한 비판에 직면했습니다. 인간의 내면적·주관적 경험이라 할 수 있는 쾌락이나 행복을 과연 정확히 측정할 수 있는가에 의문이 제기되었던 것입니다. 공리의 원리를 적용하거나 쾌락의 계산법을 사용한다는 것은 이미 모든 쾌락과 고통이 하나의 동일한 기준으로 측정될 수 있는 공통적인 성질을 지닌다는 사실을 전제로 하고 있습니다. 그렇지 않다면 측정이 불가능하기 때문입니다. 하지만 이런 전제 자체가 잘못된 것이라면 공리를 판정하는 기준은 무엇일까요?

벤담의 이론이 내포한 가장 결정적인 문제점은 무엇보다도 그가 쾌락의 질적인 차이를 과소평가했다는 데 있습니다. 예컨대 그는 동물적·관능적 쾌락과 인간적·지적 쾌락 등을 구분하지 않고 오로지 쾌락의 양적 차이에만 주목함으로써 쾌락의 질적 차이를 간과하였다는 것입니다. 밀은 바로 이러한 점을 수정·보완함으로써 공리주의를 좀 더 설득력 있는 이론으로 발전시키고자 했습니다.

3. 밀의 공리주의 윤리 사상

쾌락의 질적 차이

밀은 쾌락이라는 개념을 벤담보다 좀 더 넓은 뜻으로 해석하였습니다. 벤담이 쾌락을 오로지 양적으로 계산할 수 있는 단일한 성질로 보았던 데 반해, 그는 쾌락의 양만을 따질 것이 아니라 그 질적인 차이도 고려해야 한다고 보았던 것입니다.

> 어떤 종류의 쾌락이 다른 종류의 쾌락보다 더 바람직하고 더 가치 있다는 사실을 인정하는 것은 공리의 원리와 완전히 양립 가능하다. 다른 모든 것들을 평가할 때는 양뿐만 아니라 질도 고려하면서, 쾌락을 평가할 때는 오직 양에만 의존해야 한다고 가정하는 것은 불합리하다. (『공리주의』 2.4)

밀은 쾌락에는 질적으로 저급한 것도 있지만 또한 고상한 것도 있다고 봅니다. 이를테면 감각적 쾌락보다는 내적 교양이 뒷받침된 정신적 쾌락이 더 수준 높은 쾌락이라는 것입니다. 그리고 정상적인 인간이라면 누구나 질적으로 더 수준 높고 고상한 쾌락을 원할 것이라고 확신합니다.

> 만족한 돼지가 되는 것보다 불만족한 인간이 되는 것이 더 낫고, 만족한 바보가 되는 것보다 불만족한 소크라테스가 되는 것이 더 낫다. 만일 바보나 돼지가 이와 다른 의견을 가지고 있다면, 그것은 이들이 이 문제에서 오직 자신들의 측면만을 알고 있기 때문이다. 그 비교의 다른 쪽인 인간이나 소크라테스는 양쪽을 모두 알고 있다. (『공리주의』 2.6)

이러한 밀의 말을 통해 우리는 '질적으로 더 높은 쾌락을 어떻게 분별할 수 있는지'에 대한 그의 대답을 짐작할 수 있습니다. 그것은 질적으로 서로 다른 두 가지 쾌락을 모두 충분히 경험한 사람들이 선택한 것이 바로 '더 바람직하고 더 가치 있는' 쾌락이라는 것입니다. 밀은 정상적인 사람이라면 누구나 다소 고통이 따르더라도 '더 수준 높은' 삶을 택하리라고 믿는 것 같습니다.

> 고등 능력을 지닌 존재는 하등 능력을 지닌 존재보다 행복하기 위해서 더 많은 것이 필요하고, 더 예민하게 고통을 느끼고, 더 많은 영역에서 고통을 받을 수 있다. 하지만 이러한 어려움에도 불구하고, 그는 결코 자신이 생각하기에 더 저급한

존재로 전락하기를 진정으로 바라지 않는다. (『공리주의』2.6)

공리의 원리에 대한 증명

밀의 저술 중 가장 큰 논란의 대상이 되었던 부분은 '공리의 원리에 대한 증명'과 관련한 문제입니다. 벤담은 이 원리를 '직접 증명할 수는 없어도 간접적으로 증명할 수는 있다'면서 '대부분의 사람들이 대부분의 경우에 이 원리를 채택하고 있다'고 주장한 바 있습니다. 밀도 벤담을 따라 삶의 궁극 목적을 행복으로 설정한 후 다음과 같이 **공리의 원리를 증명**하고자 시도합니다.

어떤 대상이 보일 수 있다(visible)는 것에 대한 유일한 증명은 사람들이 실제로 그것을 본다는(see) 것이다. 어떤 소리가 들릴 수 있다(audible)는 것에 대한 유일한 증명은 사람들이 그것을 듣는다는(hear) 것이다. 그리고 이것은 우리 경험의 다른 원천들에 관해서도 그렇다. 마찬가지로 어떤 것이 바람직하다는(desirable) 것에 대해 제시할 수 있는 유일한 증거는 사람들이 그것을 실제로 바란다는(desire) 것이다. 만약 공리주의 이론이 스스로 제안하는 그 목적이[즉, 행복이] 이론적으로나 실천적으로 하나의 목적으로 인정되지 않는다면, 그 무엇으로도 그것이 목적이라는 것을 어느 누구에게도 설득시킬 수 없을 것이다. 왜 일반의 행복이 바람직한지에 대해서 제시할 수 있는 유일한 이유는 각자가 자신의 행복을 달성할 수 있다고 믿는 한에서 자기 자신의 행복을 바란다는 것뿐이다. (『공리주의』4.3)

밀의 이러한 논증은 후세에 많은 논란의 대상이 되었습니다. 특히 조지 무어 등 몇몇 윤리학자는 밀이 여기서 이른바 **자연주의적 오류**를 범했다고 반박했습니다. 왜냐하면 보일 수 있다거나 들릴 수 있다는 말은 어떤 것이 '사실적으로 가능하다'는 것을 의미하는 데 반해, 어떤 것이 바람직하다는 말은 '바라는 것이 (사실적으로) 가능하다'는 것을 의미하는 것이 아니라 '바랄 만한 가치가 있다'는 것을 의미하기 때문입니다. 그들에 따르면, 어떤 '경험적 사실(fact)'은 어떤 다른 사실의 근거는 될 수 있지만, '도덕적 가치(value)'의 근거는 될 수 없습니다. 다시 말해서 '존재(is)'는 '당위(ought)'의 근거가 될 수 없다는 것입니다.

존 스튜어트 밀

밀의 '증명'이 내포하고 있는 또 다른 문제는 '각 개인에게 **자기 자신**의 행복이 바람직한 것(선)'이라는 사실로부터 '각 개인에게 **전체**의 행복도 바람직한 것(선)'이라는 결론을 이끌어 내는 그의 추론과 관련됩니다. 이러한 논증은 이른바 **결합의 오류**, 즉 '어떤 것이 각 부분들에 대하여 참이면 전체에 대해서도 참'이라는 결론을 이끌어 낼 때 발생하는 논증상의 오류를 가리킵니다. 코끼리의 각 부분은 작지만 이로부터 전체로서의 코끼리도 작다는 결론을 이끌어 내는 것은 분명히 오류일 것입니다. 따라서 이러한 밀의 논거만으로는 개인의 행복과 전체의 행복이 상충할 때 '왜 전체의 행복을 위해서 나 자신의 행복을 희생시켜야 하는지'를 정당화할 수 없습니다.

이에 대해 밀은 "나 자신의 행복이 일반의 행복과 일치하지 않는 경우에 왜 내가 일반의 행복보다 나 자신의 행복을 우선해서는 안 되는지?"(『공리주의』, 3.1)라고 자문하면서, 인간에게 내재해 있는 '사회적 감정(social feelings)' 덕분에 우리는 공리주의 도덕을 받아들일 수 있다고 주장합니다.

> 일단 일반의 행복이 윤리적 기준으로 받아들여지고 나면, 이것은 공리주의 도덕의 강점이 된다. 이런 굳건한 토대는 바로 인류의 사회적 감정이다. 동료 인간들과 하나가 되고자 하는 욕망인 사회적 감정은 이미 인간 본성 속에서 강력한 원리로 작동하고 있으며, 다행히도 인위적으로 가르치지 않더라도 문명 발전의 영향으로 점점 강해지는 경향이 있다. (『공리주의』
>
> 3.10)

현재에도 모든 개인이 자신을 사회적 존재라고 생각하는 그 뿌리 깊은 관념은, 자신의 감정 및 목표가 다른 동료 인간들의 감정 및 목표와 조화를 이루는 것을 자신의 자연적 소망들 중 하나라고 느끼게 하는 경향이 있다. (『공리주의』 3.11)

밀은 이처럼 쾌락의 질적인 차이를 인정할 뿐만 아니라, 우리가 사회적 감정을 통해 전체의 선을, 즉 모든 사람의 행복을 원하게 된다고 주장함으로써 공리주의의 이론적 난점 하나를 해결한 셈이 되었습니다. '왜 우리는 자신의 행복과 상충하는 경우에도 전체의 행복을 증진시킬 의무를 지니는가?'라는 물음에 대해 '더 수준 높은' 쾌락 가운데에는 남의 행복에 대해서 느끼는 쾌락도 포함된다고 대답할 수 있기 때문입니다.[087]

선호 공리주의와 규칙 공리주의

밀의 공리주의 이론에 관해서는 이런 의문이 제기됩니다. '질적 쾌락주의를 과연 쾌락주의의 일종으로 볼 수 있는가?' 벤담처럼 쾌락을 양적으로 측정하는 일도 어렵지만, 밀처럼 쾌락을 질적으로(고급 혹은 저급으로) 구분하는 일도 못지않게 어렵다는 것입니다. 예컨대 클래식 음악을 들으면서 얻는 쾌락과 번지점프를 하면서 느끼는 쾌락은 분명히 다를 것입니다. 심지어 고대 그리스의 현자들이 지적 관조

---

087   하지만 엄밀히 말해서 이는 '우리가 왜 개인의 행복보다 전체의 행복을 더 우선해야 하는지'에 대한 증명이 될 수 없습니다. 즉 그것이 '어떻게 가능한지'에 대한 심리적 설명은 될 수 있어도 '왜 그렇게 해야 하는지'에 대한 의무의 정당화는 될 수 없습니다.

를 통해 얻는 쾌락은 일반인의 관점에서는 전혀 쾌락이 아닐 수도 있습니다. 밀의 주장처럼 쾌락의 질적 차이가 단지 여러 종류의 쾌락을 경험한 "유능한 판단자들"(『공리주의』 2.8)이 내리는 판단에 좌우되는 것이라면, 선은 그러한 유능한 판단자들의 **선호**(preference)와 동일한 것이 될 것입니다. 이는 벤담의 양적 쾌락주의가 지니는 난점을 피하기 위하여 쾌락을 '질적인 선호'로 대체한 것으로 보입니다.[088]

밀의 이론에 관해 다음으로 자주 거론되는 문제는 그의 주장이 과연 '행위 공리주의'인가 '규칙 공리주의'인가 하는 논란입니다. **행위 공리주의**가 공리의 원리를 개별적 행위에 직접 적용하여 행위의 옳고 그름을 판단하는 이론이라면, **규칙 공리주의**는 공리의 원리를 행위에 직접 적용하는 것이 아니라 행위가 전제하고 있는 규칙(들)에 적용하여 최대의 공리를 산출하는 규칙(들)을 선정한 다음, 이 규칙(들)과의 일치 여부에 따라 행위의 옳음과 그름을 판단하는 이론입니다. 규칙 공리주의가 등장하게 된 이유는, 행위하기에 앞서 그 행위가 과연 일반의 행복을 얼마만큼 증진시킬지를 계산할 시간이 부족하기 때문입니다. 사실상 결과를 정확히 예측하여 행동한다는 것은 그리 쉬운 일이 아닙니다. 그뿐만 아니라 행위의 결과란 미래의 어떤 시점을 기준으로 평가하느냐에 따라 달라질 수도 있기 때문에, 행위의 결과를 미리 따져 보고 행위한다는 말은 다분히 허구적인 말일 수도 있습니다. 이런 문제에 대한 대응으로서 규칙 공리주의는 개별적 행위의 결과를 따지지 말고 '일반적으로' 최대의 행복을 가져오는 행

---

088   로버트 L. 애링턴(2003), 『서양윤리학사』, 김성호 역, 서광사, 530~531쪽 참조.

위의 규칙을 따져야 한다고 주장하게 된 것입니다. 이에 따르면, 일단 어떤 행위의 규칙(2차적 원리)이 공리의 원리(제1원리)에 비추어 옳다고 판단되면, 개별적 행위들은 사전에 이렇게 세워진 규칙들에 비추어 봄으로써 판단하게 됩니다.

우리가 무엇을 도덕의 근본 원리로 채택하건, 우리는 그것을 적용하기 위해서 하위 원리들을 필요로 한다. 하위 원리 없이 근본 원리를 적용하는 것은 불가능하다. (『공리주의』 2.24)

우리는 2차적 원리들이 상충하는 경우에만 제1원리에 호소할 필요가 있다는 것을 명심해야 한다. 도덕적 의무의 경우치고 모종의 2차적 원리들과 관련되지 않는 경우는 없다. (『공리주의』 2.25)

이처럼 밀은 우리의 도덕 판단에서 도덕의 제1원리(공리의 원리)를 직접 적용하는 대신에 2차적 원리들을 활용할 필요가 있음을 강조합니다. 이로써 밀은 현대 규칙 공리주의의 핵심적 논점을 그 당시에 이미 선취한 셈입니다. [089]

089   존 스튜어트 밀(2021), 『밀의 공리주의』, 류지한 역, 울력, 187쪽 「역자 해제」 참조.

4. 공리주의 윤리 사상의 쟁점들

도덕적 당위(의무)의 정당화 문제

의무론적 관점에서 볼 때 밀의 질적 쾌락주의는 공리주의에
또 다른 이론적 문제점을 안겨 준 셈이 됩니다. 왜냐하면 쾌락의 질
적 차이를 인정하고 쾌락을 측정하는 데 쾌락 이외의 성질을 도입할
경우, 쾌락은 더 이상 가치의 유일한 표준이 될 수 없으며, 이는 곧 공
리주의의 출발점인 쾌락주의 자체를 부인하는 결과가 되고 말기 때
문입니다.

여기서 주목할 점은 '쾌락에 질적인 차이를 가져오는 바로 그
요소', 즉 '우리가 타인들의 행복에 관심을 가지고 타인의 행복을 배
려해야 하는 이유가 되는 바로 그것'이야말로 **도덕성**(morality)의 본질
에 해당하는 부분이라는 것입니다. 쾌락의 질적 차이를 판정하기 위
해서는 쾌락이 아닌 제3의 성질이 요구됩니다. 그것은 과연 무엇일
까요? 만약 도덕의 담론에서 쾌락이 제각기 고유한 질을 가진다면 그
'고유한 질'이 더 중요한 관심사가 될 텐데, 도대체 왜 '쾌락'이라는 개
념에 그토록 집착을 하는 것일까요?

이러한 문제의식과 관련하여 피터 싱어는, 우리가 자기 자신
의 이익이나 행복을 뛰어넘어 타인의 그것까지 평등하게 고려해야
하는 이유를 묻는 물음에 대해 "보다 의미 있는 삶을 살기 위해서" 또
는 "보다 큰 목적을 향해 살기 위해서"라고 대답하다가, 종내에는 "모
든 사람에게 도덕적으로 행위해야 할 절대적인 이유를 제시할 수는
없다"라고 고백합니다.090 여기서 우리는, 사실적·경험적으로가 아니

라 오직 형이상학적으로 정당화할 수밖에 없는 도덕성의 본질을 확인하게 됩니다.

경험주의 윤리의 특징과 공리주의의 의의

영국은 **경험주의**(empiricism)의 본 고장입니다. 경험주의란 반복된 경험을 통해 얻어진 지혜를 존중하는 입장으로서, 진리 탐구의 방법으로는 귀납법을 중시합니다. 영국에서 상식 철학이 발달한다든가, 이른바 '영미법'에서 판례를 중시하는 것은 이러한 풍토를 반영한 것으로 보입니다. 정치적으로 보아도 영국은 민주주의의 역사가 가장 오래됐고, 이상주의를 내세운 피의 혁명보다는 대체로 현실적 타협을 통해 온건한 개혁의 길을 걸어왔습니다. 영국의 경험주의는 이렇게 현실을 무시한 이상주의적 독선에 늘 비판적 성찰의 계기를 제공해 왔습니다.

그러므로 도덕의 원리를 찾는 데에서도 이러한 정신에 입각하여 평범한 대부분의 사람들이 실제로 추구하고 있는 것이 무엇인지에 주목하는 것은 당연한 일일 것입니다. 홉스의 '자연 상태'가 각자 자기의 생존과 이익을 추구하는 개인들을 가정하고 있는 것은 현실적 인간의 모습을 반영한 것이자 근대 이기주의 윤리의 출발점이기도 합니다. 공리주의는 이러한 이기적 개인들이 한데 모여 사는 사회 속에서 어떻게 서로 공존할 수 있는가를 모색한 결과물이라 할 수 있습니다. 다시 말해서 각 개인들 간의 이익이 서로 충돌할 때, 그리고

090   피터 싱어(1991), 『실천윤리학』, 황경식 · 김성동 역, 철학과현실사, 294~297쪽 참조.

사익과 공익이 서로 충돌할 때, 그것을 절충하고 조화시키기 위한 판단 기준을 세운 것이라 할 수 있습니다.

　이러한 공리주의의 등장 배경을 이해한다면, 우리는 공리주의를 향해 자유, 인간 존엄성, 절대적 가치, 무조건적 의무와 같은 도덕의 최종적 근거를 정초할 수 없다고 비난할 필요가 없습니다. 왜냐하면 공리주의는 애초부터 개개인의 도덕성에 초점을 맞춘 이론이 아니라 '사회 운영 원리'의 하나로서 등장한 이론이자, 입법이나 공공정책 차원의 문제를 다루기에 적합한 이론이기 때문입니다. 그러므로 공리주의에 대해 도덕의 형이상학적 정당화를 요구하기보다 사회 집단들 사이의 이해관계가 충돌하는 일에서 최선의 대안을 찾는 소임을 맡긴다면, 공리주의는 매우 유력한 윤리 이론이 될 수 있을 것입니다. 다음 인용문은 공리주의의 이러한 성격을 잘 말해 줍니다.

> 공리의 원리에 대한 논의는 공공정책에 관한 주제에서 끝나야 한다. 왜냐하면 공리주의가 처음부터 —지금도 여전히 가장 설득력 있는 것으로서— 등장하게 되었던 것 자체가 기본적으로 공공정책 입안자들을 위한 지침을 제공하는 것이었기 때문이다. 벤담의 저술[『도덕과 입법의 원리 서설』]도 결국 도덕과 입법의 원리를 위한 것이었다. 또한 방대한 그의 후속 저술들로 미루어 판단해 보건대, 벤담이 기본적으로 항상 입법가들과 법관들 그리고 기타 공공 관료들을 위하여 글을 썼다는 것은 분명한 사실이다. 그러므로 공리주의를 특징짓는 질문은 '우리가 집단적으로 무엇을 해야 하느냐?'이지, '내가 개인적으로

어떻게 살아야 하느냐?'가 아니다.[091]

현대의 공리주의는 우리의 도덕적 관심을 확대함으로써 싱어
의 **이익 평등 고려의 원칙**('모든 이익은 그것이 누구의 것이든 동등하게 고려되어
야 한다')에서 볼 수 있듯이 인간의 범위를 넘어 동물의 이익(또는 복지)을
증진하는 데 이바지하고 있습니다. 또한, 개인적 차원의 도덕 원리를
넘어 사회적 관습이나 정책, 제도의 도덕성을 평가하는 **공적 도덕의
기준**으로 널리 받아들여지고 있습니다.

---

091   R. E. Goodin(1991), "Utility and the good," in: P. Singer(ed.), *A Companion to Ethics*,
Oxford: Basil Blackwell, p. 248.

1. 다음 글은 공리주의에 대한 한 가지 비판을 담고 있습니다. 이 비판의 타당성에 관해 토론해 봅시다.

'행복'이라는 개념은 또 다른 측면에서 볼 때에도 도덕적으로 위험하다. […] 사람들이 자신의 운명에 대해 행복을 느낀다고 해서 그 운명이 당위적인 것이라는 결론이 나오는 것은 아니다. 그 행복을 위해 지불되는 대가가 얼마나 큰가 하는 질문이 언제나 제기될 수 있기 때문이다. 따라서 '최대 다수의 최대 행복'이라는 개념은 어떤 형태의 권위적이고 전체주의적인 사회를 옹호하기 위해서도 사용될 수 있으며, 그러한 사회에서 행복의 대가는 개인들의 선택의 자유일 수도 있는 것이다. 어떠한 상황에서는 자유와 행복이 근본적으로 상충하는 가치일 수도 있다. […] 대중이 공공의 행복이란 유태인의 대량 학살에 달려 있다고 생각하는 사회에서는 그 원칙이 어떻게 적용될 수 있겠는가? 열두 명으로 이루어진 사회에서 열 명의 사람들이 나머지 두 사람에게 고통을 가함으로써 커다란 행복을 얻는 사디스트라면, 공리의 원칙에 의거해서 두 사람에게 고통을 줄 것을 요구할 것인가?[092]

092   A. 매킨타이어(2004), 『윤리의 역사, 도덕의 이론』, 김민철 역, 철학과현실사, 401~403쪽.

2. '최대 다수의 최대 행복'을 표방하는 공리주의는 다수결의 원리를 지지하기 때문에 '소수자의 인권이 침해될 소지가 있다'라는 비판이 있습니다. 다음과 같은 밀의 언급을 참고하여 이러한 비판에 대해 밀이 어떻게 대응할 것인지 추론해 봅시다.

이 글의 목적은 사회가 강제와 통제의 방법으로 개인을 다루는 방식을 절대적으로 규제하는 지극히 단순한 원칙을 주장하는 데 있다. 이 원칙이란, 인간이 개인적으로나 집단적으로 어느 한 사람의 자유에 정당하게 개입할 수 있는 유일한 경우는 자기보호를 위한 경우밖에 없다는 것이다. 문명사회의 어느 한 구성원에게 그의 의사에 반해서 권력이 정당하게 행사될 수 있는 유일한 경우는 타인들에게 해를 끼치는 것을 막기위한 경우밖에 없다. [⋯] 개인의 행위 중에서 그가 사회에 책임을 져야할 유일한 부분은 타인과 관련되는 부분이다. 단지 그 자신만 관련되는 부분에서는 당연히 그의 독립성이 절대적으로 보장된다. 자기 자신에 대해서는, 즉 자신의 신체와 정신에 대해서는 각자가 주권자이다.[093]

[이 글에서 주장하는 원칙들에 관한] 첫째 준칙은, 각 개인은 자신의 행위가 자신 이외의 어떤 타인의 이익과도 관련되지 않는 한 사회에 책임을 지지 않는다는 것이다. [⋯] 둘째 준칙은, 개인은 타인의 이익에 손해를 끼치는 행위에 대해서는 책임을 져야 하고, 만일 사회가 사회적 처벌이나 법적 처벌이 사회 보호를 위해 필요하다고 인정할 경우, 개인은 이러한 처벌을 받을 수 있다는 것이다.[094]

093   존 스튜어트 밀(2015), 『자유론』, 권기돈 역, 펭귄클래식코리아, 81~82쪽.
094   같은 책, 207~208쪽.

제11장

실존주의와 실용주의

실존주의는 19세기 유럽의 사상계를 지배하고 있던 헤겔의 관념철학적 사변에 대항하여 실존하는 개인의 내면세계를 철학의 근본 문제로 등장시킨 사조입니다. 실존주의는 보편적이고 추상적인 개념 대신 구체적이고 현실적인 문제에, 존재 전체의 체계 대신 개개인의 고유한 체험에, 객관적인 진리 대신 주체적인 진리에 관심을 집중합니다. 실존주의는 20세기에 접어들어 두 차례의 세계대전을 겪으며 크게 부상하게 됩니다.

실용주의는 현대 미국에서 영국의 경험주의와 공리주의의 흐름을 이어받아 출현한 사상입니다. 공리주의와 마찬가지로 유용성(utility)을 중시하기 때문에, 현실적으로 쓸모가 있는 이론이 진리라는 입장을 취합니다. 실용주의는 어떤 이론이나 지식이 현실의 문제들을 해결하고 사회를 개선하는 데 실제로 도움이 되는지를 중시합니다.

1. 실존주의와 실용주의의 등장 배경

실존주의의 등장 배경

20세기 실존철학은 서구 근대 문명의 위기의 산물입니다. 인간의 이성과 합리적 사고능력을 통해 더 나은 삶과 사회를 만들어 갈 수 있다는 근대 계몽주의의 믿음은 19세기에 정점을 찍은 후 20세기에 세계대전을 치르면서 산산이 부서졌습니다. 인간은 스스로 생각하는 것만큼 그렇게 이성적이고 합리적인 존재가 아니었던 것입니다. 서구의 과학기술 문명은 20세기 초 제국주의 전쟁의 파국적인 모습을 통해서 심각한 문제점을 드러냈습니다. 그뿐만 아니라 현대인의 풍요롭고 편리한 삶의 이면에는 인간의 자기 상실이라는 무서운 병이 깃들어 있음도 드러났습니다. 실존철학은 서구 근대 문명이 추구해 온 이성주의, 진보주의, 낙관주의, 과학주의, 세속주의에 대한 총체적인 반성의 결과라고 할 수 있습니다.

실용주의의 등장 과정

실용주의의 등장은 1878년 퍼스(1839~1914)가 "어떻게 우리의 관념을 명료하게 할 수 있는가?"라는 논문을 발표한 것을 기점으로 삼습니다. 이 논문에서 퍼스는 관념의 의미를 사변적으로 밝히기보다 '실험적 방법'을 통해 경험적으로 밝히려 했고, 그 관념이 초래하는 '결과'에서 찾으려 했습니다. 실용주의는 1907년 제임스(1842~1910)의 『프래그머티즘』이라는 책이 출간되어 널리 읽히면서 1930년대 중반까지 큰 영향력을 행사했는데, 이를 명실상부하게 미국의 철학으로 자리 잡게 한 사람은 듀이(1859~1952)입니다. 실용주의는 20세기 초 유럽의 분석철학자들이 미국에 논리실증주의를 소개하면서 그 그늘에 가려져 있다가 1970년대 이후 부흥하게 됩니다.

2. 실존주의 윤리 사상

'실존'의 의미

실존이란 '실제로 존재함', 즉 '바깥에 드러나 있는 존재'를 가리키며, '속에 숨어 있는 성질'인 본질과 대립하는 개념입니다. 본질이 특정 종에 속하는 사물들이 보편적으로 지닌 근본 성질을 가리킨다면, 실존은 이런 보편적인 근본 성질을 구현하고 있는 각 개체를 의미합니다. 그중에서도 실존철학자들이 문제 삼은 것은 인간 개인입니다. 인간만이 다른 사물이나 동물과 달리 '나'라는 개체 의식을 지니고 '내가 어떻게 살 것인가?'를 물으며 고뇌할 수 있기 때문입니다. 그러므로 '실존'이라는 말은 사실상 '실존하는 개인', 다시 말해서 바로 지금 여기에 구체적으로 존재하는 '나 자신' 또는 '자기'를 의미합니다. **실존주의**를 '주체성의 철학'이라 일컫는 것도 이 때문입니다.

키르케고르: '주체적 진리'와 '실존의 3단계'

실존주의의 선구자 **키르케고르**(1813~1855)는 **주체적 진리**를 강조한 사상가로 알려져 있습니다. 주체적 진리란 우리로 하여금 자신의 인격을 걸고 정열적·헌신적으로 살아갈 수 있게 해 주는 진리를 뜻합니다. 즉 그것은 모든 인간에게 널리 받아들여질 수 있는 보편적 진리가 아니라, 한 개인이 자신의 특수한 삶의 과제를 이해하고 그것을 실현할 수 있게 해 주는 진리를 가리킵니다.

> 내게 참으로 부족했던 것은 내가 무엇을 인식할 것인가가 아니라 내가 무엇을 해야 할 것인가에 대한 확실한 자각이다. 중요한 것은 나의 사명을 이해하는 것이요, 신이 진정으로 내가 행하기를 바라고 있는 것이 무엇인가를 아는 것이다. 나만의 진리를 찾는 것, 내가 그것을 위해 살고 또 죽기를 진심으로 원하는 그런 이념을 찾아내는 것이다. 이른바 객관적인 진리를 찾아낸들 그것은 내게 아무 소용도 없을 것이다.[095]

이제 키르케고르가 이런 주체적 사고를 통해 찾고자 한 참된 실존과 그에 이르는 길을 알아봅시다. 키르케고르에 따르면 인간의 실존은 다음과 같은 3단계를 거치면서 점차 참된 자기실현을 향해 나아가는데, 이를 '실존 변증법'이라고도 합니다.

쇠렌 키르케고르

1단계는 **심미적 실존**입니다. 이것은 실존의 가장 낮은 단계로서 미와 쾌락에 탐닉하는 탐미주의자의 삶을 가리키는데, 젊은 시절 한때 방황하던 키르케고르 자신의 체험을 반영한 것이기도 합니다.

095 『키르케고르 일기 유고 전집(S. Kierkegaards Papirer)』, Pap., Ⅰ, A 75.

심미적 실존은 인생을 향락해야 할 것으로 생각합니다. 스페인의 전설적인 호색한 '돈 후안'의 삶이 여기에 해당합니다. 탐미주의자는 자신이야말로 사회적인 규범 따위에 구애받지 않고 가장 자유롭고 주체적으로 살고 있다고 생각하지만, 실상 그는 세상이 제공하는 향락에 끌려다니는 향락의 노예일 뿐입니다. 그는 주어진 현실 속에서 끝없는 쾌락을 추구하지만, 제약된 현실 속에서 무한한 쾌락을 얻기란 불가능한 일입니다. 이러한 삶은 결국 권태, 우울, 절망에 빠질 수밖에 없습니다.

이때 마음속 깊은 곳에서 '뉘우침'이 일어나고 인간은 참된 자기, 곧 윤리적 실존에 눈뜨게 됩니다. 이 깨우침의 계기가 되는 것은 이제까지 쾌락적·감성적 자기에 밀려 무시당했던 '양심'입니다. 이 양심의 깨우침과 더불어 그는 다음 단계로 비약하게 됩니다.

2단계는 **윤리적 실존**입니다. 이 단계에서 인간은 더는 미와 쾌락을 삶의 원리로 삼지 않고 도덕적 선을 삶의 원리로 삼습니다. 이제 그는 사회적 법규와 도덕적 규범을 준수하는 한 명의 선량한 시민으로서 양심과 이성에 따라 살려고 합니다. 윤리적 실존에게 중요한 것은 자신의 존엄한 인격을 실현하는 것과 이를 통해서 참된 자기를 구현하는 것입니다.

그러나 윤리적 실존은 그 출발부터 이미 실패할 운명을 안고 있습니다. 인간이 도덕법칙을 철저히 지키는 삶을 추구하는 순간, 그는 자신이 도저히 그것을 실현할 수 없다는 것을 깨닫게 되기 때문입니다. 보편적인 도덕법칙의 요구와 유한한 현실 사이의 무한한 거리에 직면할 때, 인간은 자신의 나약함을 깨닫고 도덕적 투쟁의 가능성에 대한 회의와 절망에 빠지게 됩니다. 키르케고르가 보기에 윤리적 실존이 좌절할 수밖에 없는 이유는, 원래 자기란 자기 자신의 자유에만 의존하는 존재가 아니라 자기를 설정한 타자인 신에 의존하는 존재이기 때문입니다. 이러한 이중적인 의존관계를 무시하고 자신의 자유에만 의존하려는 시도는 실패할 수밖에 없는 것입니다. 여기서 윤리적 실존은 양심의 한계를 넘어 신에 의존하는 종교적 실존으로 넘어가게 됩니다.

3단계는 **종교적 실존**입니다. 이 단계에서 인간은 신을 받아들이고 신앙으로 사는 삶을 선택합니다. 이러한 종교적 실존의 단계를 키르케고르는 종교성 A와 종교성 B로 구분합니다. 종교성 A는 인간의 내재적인 진리 인식 가능성에 바탕을 둔 종교 일반을 의미하고, 종교성 B는 계시에 의한 초월종교인 그리스도교를 가리킵니다.

종교성 A는 인간의 내면에 진리가 존재한다고 생각합니다. 이러한 입장은 플라톤 철학이나 불교와 비슷합니다. 소크라테스의 상기설이 불멸하는 영혼의 존재를 전제로 하듯이, 종교성 A도 인간을 불멸하는 영혼의 소유자로 여기며, 그 영혼을 참된 자기라고 믿습니다. 종교성 A에서 인간은 영원에 속하는 불멸하는 영혼과 현상계에 속하는 시간적 존재의 종합으로 이해되기 때문에, 그의 실존의 주된 과제는 어떻게 하면 현상세계의 변화하는 시간적 차원을 벗어나 영원으로 돌아가는가 하는 것입니다.

반면에 **종교성 B**는 인간에 내재한 어떤 영원한 것도 인정하지 않고 신과 인간 사이의 절대적 단절을 주장합니다. 신과 인간은 어떻게 이러한 절대적 단절을 넘어 서로 만날 수 있을까요? 그것은 신이 인간을 구원하기 위해 인간의 모습으로 다가왔기 때문입니다. 하지만 이것은 유한한 인간의 이성으로는 도저히 이해할 수 없는 역설입니다. 키르케고르에 따르면 우리가 이러한 절대적 역설을 받아들일 때, 결단을 통해 그리스도가 신이면서 인간이라는 역설을 믿을 때, 신이 그리스도 안에서 인간의 죄를 용서하신다는 것을 믿을 때 신앙은 성립합니다. 결국 키르케고르에게 실존의 궁극적인 모습은 그리스도인으로서 신 앞에 (이른바 '단독자'로서) 홀로 서는 종교적 실존이요, 이는 곧 '참된 그리스도인이 되는 것' 바로 그것입니다.[096]

야스퍼스: '한계상황'

야스퍼스(1883~1969)에 따르면 인간이 실존을 자각하게 되는 계기는 **한계상황**입니다. 인간은 한계상황에 부딪혀 좌절할 때 자기를 자각하게 되고 자기의 근원으로 돌아가게 된다는 것입니다. 인간이 처한 상황 중에는 자신이 어느 정도 변화시키고 지배할 수 있는 상황도 있지만, 자기 힘으로는 도저히 어떻게 할 수 없는 절대적이고 극한적인 상황도 있습니다. 이를 한계상황이라고 합니다. 한계상황의 예로는 **죽음·고통·투쟁·죄**를 들 수 있습니다. 인간은 '죽음'을 면할 수 없고, 생·로·병·사의 '고통'을 피할 수 없으며, 생존경쟁으로 인한 '투쟁'을 피할 수 없고, 어떤 식으로든 '죄'를 짓지 않고 살 수도 없다는 것입니다.

카를 야스퍼스

인간은 이러한 한계상황에 부딪힐 때 좌절하고 고뇌에 빠지게 되지만, 동시에 자기의 유한성을 깨닫고 스스로 깊이 반성하게 됩니다. 이러한 의미에서 한계상황은 현대사회에서 자기에 대한 반성 없이 일상적으로 살아가고 있는 인간이 본래적 자기를 되찾는 계기가 될 수 있습니다.[097]

그러므로 우리는 한계상황을 극복하기 위해 계획과 계산에 의해 교묘하게 한계상황에 반응하는 것이 아니고, 우리 내면에

---

097   박영식(2000), 『서양철학사의 이해』, 철학과현실사, 337쪽 참조.

서의 가능적 실존의 생성이라는 완전히 다른 능동성에 의해서 반응한다. 즉 우리는 한계상황 속으로 눈을 뜨고 들어감으로써 자기가 된다. […] 한계상황을 경험하는 것과 실존하는 것은 동일하다.⁰⁹⁸

하이데거: '현존재'와 '실존', 그리고 '죽음으로의 선구'

하이데거(1889~1976)는 이제까지 철학에서 인간을 가리키는 말로 사용해 왔던 주체·의식·정신·영혼이라는 표현 대신 **현존재**(Dasein, 거기에 있음)라는 용어를 사용합니다. 현존재는 전통 철학에서 말하는 것처럼 실체·자아·주관이 아니라, 그때그때 자기 자신의 고유한 존재 방식에 내던져져 있는 존재자를 가리킵니다. 이는 다름 아닌 '지금 우리 자신'입니다.

하이데거에 따르면 현존재의 '본질'은 그것의 **실존**(Existenz)에서 파악되어야 합니다. 즉 현존재는 그의 실존에 의해서 규정된 존재자입니다. 실존이란 사물과 같이 그 본질이 한번 정해지면 더 이상 변할 수 없는 '존재 양식'을 뜻하는 것이 아니라, 자신의 존재를 스스로 만들어 갈 수 있는 '존재 가능'을 뜻합니다. 인간은 자신의 존재가 한번 정해지면 그것으로 끝나 버리는 존재자가 아니라, 스스로 자신의 가능성을 끊임없이 기획하면서 자신이 되고자 하는 장래 모습을 통해 자신의 현재 모습을 문제 삼는 그런 존재자라는 것입니다.

하이데거는 현존재가 자신의 존재 가능성을 스스로 선택하는

---

098   K. Jaspers, *Philosophie Bd. II*, S. 204; 쿠르트 잘라문(2011), 『카를 야스퍼스』, 정영도 역, 지식을만드는지식, 114쪽에서 재인용.

것을 가리켜 '본래성'이라 하고, 자신의 가능성을 스스로 선택하지 않고 남들이 살아가듯이 그렇게 떠밀려 살아가는 것을 '비본래성'이라 합니다. 현존재는 이러한 본래성이나 비본래성 속에서, 또는 이 양자를 넘나들며 살아가는데, 이와 같은 존재 방식을 '세계-내-존재(In-der-Welt-sein)'라고 부릅니다. 그런데 하이데거는 세계-내-존재로서의 현존재가 특히 현대의 대중사회 속에서 남들을 따라 살아가는 가운데 자신을 상실할 수 있음을 지적합니다. 그리고 현존재가 이렇게 일상성 속에 휩쓸려 버린 모습을 '일상인(das Man, 세상 사람)'이라고 부릅니다.

> 우리는 남들이 즐기는 것처럼 즐기며 좋아한다. 우리는 남들이 보고 판단하는 것처럼 읽고 보며 문학과 예술에 대해서 판단한다. 우리는 또한 남들이 그렇게 하듯이 '군중'으로부터 물러서기도 한다. 남들이 격분하는 것에는 우리도 '격분한다.' '그들'은 어떤 특정한 사람들이 아니고, 비록 총계로서는 아니더라도, 모두인데, 이 '그들'이 일상성의 존재양식을 규정해 주고 있다.[099]

일상인은 대체로 본래적인 자기, 즉 실존을 보려 하지 않고 퇴락한(무언가에 '빠져 있는') 생활을 합니다. 호기심에 사로잡힌 채 남의 소문이나 주고받고 잡담이나 하면서 유행을 뒤쫓으며 삽니다. 한마디로 남들이 생각하는 대로 생각하고 남들이 사는 대로 삽니다. 그러나

---

099   마르틴 하이데거(1998), 『존재와 시간』, 이기상 역, 까치, 177쪽.

마르틴 하이데거

현존재의 이러한 비본래적인 '일상성'으로부터 본래적인 '근원성'으로
시선을 돌리게 하는 계기가 있습니다. 그것은 바로 죽음입니다. 죽음
이라는 절대적인 한계상황은 우리로 하여금 비본래적인 삶의 공허함
을 깨닫게 함으로써 '자신의 가장 고유한 존재 가능성'에 이르는 길을
열어 줍니다.

　　우리에게 죽음은 가장 확실한 가능성입니다. 사람들은 언젠가
자신이 죽으리라는 사실을 잘 알고 있습니다. 또 다른 사람의 죽음을
보면서 이를 확인합니다. 그런데도 '자신은 아직 죽지 않았다'라고 안
도하면서 죽음이 자신에게는 아직 먼 사건인 것처럼 생각합니다. 사
람들이 이렇게 생각하는 것은 실은 자신이 죽음에 처해 있다는 사실

을 잊고 싶기 때문입니다.

> 사람들은 이렇게 말한다. "죽음이 다가온다는 사실은 확실하
> 다. 그러나 지금 당장은 아니다." 이 '그러나'라는 말로써 '그
> 들'은 죽음의 확실성을 부인한다. "지금 당장은 아니다"는 단
> 순한 부정적 진술이 아니라 '그들'의 자기 해석이다. [...] 이렇
> 게 '그들'은 "죽음이 어느 순간에건 가능하다"라는 이 죽음의
> 확실성의 고유함을 은폐한다. 죽음의 확실성과 죽음의 [들이
> 닥침의] '언제[시점]'의 '무규정성'은 같이 간다. 일상적 죽음을
> 향한 존재는 이 무규정성에 규정성을 부여함으로써 그 무규정
> 성을 피해 간다.[100]

죽음은 특히 **불안**(Angst)이라는 기분(심정)을 통해 절실하게 드러
납니다. 이 불안을 통해 현존재가 그동안 안주해 온 일상적인 세계는
의미를 상실합니다. 그가 이제까지 집착해 왔던 모든 것들, 예컨대
돈·명예·가족·사회·국가·인류 그리고 신조차 더는 의미를 가질 수
없게 됩니다. 불안 속에서 그는 회피할 수 없는 죽음 및 세상사의 물
거품 같은 허망함과 마주하게 됩니다. 여기서 현존재는 고독한 단독
자로서 자신 앞에 서게 되며, 가슴 속 깊은 곳에서 외치는 양심의 소
리를 듣게 됩니다. 이 소리는 인간을 일상성에 사로잡혀 있는 세계,
즉 비본래적인 세계로부터 끄집어내어 그의 가장 본래적인 가능성

---

100   같은 책, 345쪽.

앞에 세워 놓습니다.

이제 그는 그간 당연시해 왔던 '자신이 존재한다'라는 사실을 가장 큰 수수께끼로 경험하게 됩니다. 동시에 다른 어떤 존재로도 대체될 수 없는 자신의 고유한 본래적인 가능성에 눈뜨게 됩니다. 이처럼 죽음에의 불안과 공포를 회피하지 않고 오히려 용기 있게 받아들임으로써 그는 새로운 인간으로 거듭나게 됩니다. 하이데거는 이를 **죽음으로의 선구**, 즉 '죽음으로 앞서 달려가 봄'이라고 말합니다. 죽음으로의 선구는 본래적인 실존으로 비약하는 것을 의미하며, 동시에 불안이라는 기분이 기쁨으로 전환되는 사건입니다. 이러한 기쁨 안에서 모든 존재자들의 고유한 존재가 자신을 드러내는 근원적인 세계(존재 자체)가 열립니다.[101]

사르트르: 실존이 본질에 앞선다!

사르트르(1905~1980)의 실존주의는 "**실존이 본질에 앞선다**"라는 주장으로 대표됩니다. '본질'이란 어떤 사물을 그 사물답게 하는 성질로서, 일반 사물의 경우에는 그것의 본질이 실존에 앞선다고 말할 수 있습니다. 예를 들어 책상이나 칼 같은 물건은 그것을 만들어 낸 사람의 의도와 설계에 따라서 특정한 목적을 위해 만들어진 것이므로, 그것의 본질은 그것이 실존하기 전에 이미 결정되어 있는 셈입니다. 이와 마찬가지로, 신이 이 세상과 인간을 창조했다고 믿는 유신론자 같은 경우에 인간의 본질은 신의 창조 계획에 의해 이미 정해진 것이

---

101   박찬국(2005), 『현대철학의 거장들』, 철학과현실사, 149~152쪽 참조.

므로 본질이 실존에 앞섭니다. 그러나 사르트르 같은 무신론자에게 인간은 실존이 본질에 앞서는 존재입니다. 미리 정해진 설계·개념· 본질에 의해 인간을 만드는 신이 존재하지 않기 때문입니다. 그러므 로 인간은 미리 정해진 본질에 의해 규정되는 존재가 아니라, 자기의 본질을 스스로 만들어 가는 자유로운 존재이자 무한한 가능성을 지 닌 존재입니다.

장–폴 사르트르

이처럼 인간은 자기의 인생과 자기의 상황도 만들어 가는 존 재입니다. 즉 그는 자신의 가치를 스스로 형성합니다. 이는 인간에 의해 비로소 가치가 이 세상에 출현하게 된다는 뜻이며, 자기 인생에 의미를 부여하는 주체 또한 인간 자신이라는 뜻입니다. 이렇게 자유롭고 주체적인 존재로서 인간은 자신이 선택하고 기획한 모든 일에 책임을 져야 합니다. 이러한 책임을 기꺼이 떠맡는 자는 '성실한' 사람이요, 책임을 회피하는 자는 '불성실한' 사람입니다.

하지만 의지할 신도 없이 오로지 자유롭도록 '내던져진' 실존의 상태 속에서 인간은 공포와 고독과 절망을 경험하게 됩니다. 그의 자유로운 선택과 그 결과에 대한 무한 책임은 인간의 현존에 불안을 야기합니다. 그에게는 단지 선택해야 한다는 것 이외에 다른 선택지는 없습니다. 동시에 이 선택의 자유에는 어떤 합리적인 이유도 존재하지 않습니다. 말하자면 인간은 자유에 예속된 셈입니다. '인간은 자유롭도록 운명 지워진 하나의 비극'이며, 이것이 인간의 상황입니다.[102]

> 자유는 인간의 속성이 아니다. 인간의 '있음(존재)'은, 그가 자신을 끊임없이 기획 투사[103]할 때에만 가능하다. 이렇게 '자신을 자신의 가능성들을 향해 기획 투사한다는 것', 그것은 인간이 자신의 가능성들을 선택한다는 것을 말한다. '자신을 선택함'과 '있음'은 인간에게는 동일한 것이다. [⋯] '있음(존재)'은 인간에게는 '자유의 형벌에 처해져 있음', 즉 자기 자신을 선택해야만 한다는 형벌에 처해져 있음을 뜻한다. 인간은 자신

---

102 W. S. 사하키안(1986), 『윤리학의 이론과 역사』, 송휘칠 · 황경식 역, 박영사, 298~302쪽 참조.

103 스스로 목표를 세우고 그 목표의 실현을 위해 적극적으로 행위하는 것을 말합니다.

의 실존을 주어진 그대로 보존하는 것이 아니라 자기 자신을 실현시켜야만 한다. 그것도 자신의 선택을 통해.[104]

3. 실용주의 윤리 사상

실용주의의 어원

실용주의(pragmatism, 프래그머티즘)의 어원인 'pragma'라는 용어는 사실(fact)이나 행동(action)을 의미하는 그리스어에서 유래하는데, '실천' 또는 '실제적'이라는 뜻을 지닌 영어 'practice'의 어원이기도 합니다. 그래서 번역어인 '실용주의'보다 원어인 '프래그머티즘'이라는 용어를 사용하는 편이 낫다는 주장도 있습니다. 이러한 어원상으로 볼 때 실용주의는 실천적 행동이나 실제적인 것을 중시하는 사상임을 알 수 있습니다.

퍼스: 실험적 방법과 과학적 방법

퍼스는 실용주의의 창시자로 일컬어집니다. 그가 '관념을 명료하게 하는 과정' 및 '신념을 얻게 되는 방법'을 설명하는 데에서 우리는 그의 실용주의 정신을 읽을 수 있습니다.

---

104   발터 비멜(1999), 『사르트르』, 구연상 역, 한길사, 194쪽.

찰스 샌더스 퍼스

퍼스는 "어떻게 우리의 관념을 명료하게 할 수 있는가?"라는 글에서 **실험적 방법**을 강조합니다. 그리고 관념의 의미를 관념이 초래하는 결과에서 찾고자 합니다. 퍼스는 데카르트처럼 관념을 '사변적으로' 명료하게 하는 데 반대합니다. 그는 본래 과학자여서 사변적 방법보다 실험적 방법을 중시합니다(실험주의). 실험은 가장 확실하고 객관적인 인식 방법이기 때문입니다. 실험적 방법은 또한 '결과'를 중시합니다. 실험 결과를 통해 실험 전에 설정했던 가설의 진·위가 결정되기 때문입니다. 더 나아가 퍼스는 관념의 의미를 '행동'과 결부시킵니다. 이는 우리의 관념이 언제나 행동을 인도하고 지배하기 때문입니다.

어떤 관념을 명료하게 하는 데 필요한 규칙은 다음과 같이 정식화될 수 있다.

어떤 대상의 개념을 명료하게 가지려면, 그 대상이 어떤 효과 —이 효과는 행동과 관계가 있을 터인데— 를 미친다고 생각되는지를 잘 고찰해 보라. 그렇게 되면 이러한 효과에 관한 개념은 그 대상에 관한 개념과 일치한다.[105]

다음으로 퍼스는 신념을 얻는 방법을 설명하는 데 **과학적 방법**을 강조합니다. 퍼스에 따르면 인간은 누구나 어떤 신념을 갖고 있으며, 그 신념에 따라 행동합니다. 그런데 때로는 그 신념으로 해결되지 않는 새로운 상황에 부딪히게 되는데, 이런 상황을 '문제 상황'이라고 합니다. 우리는 문제 상황에 부딪힐 때 의심하게 되고 이를 해결하기 위해 탐구하며, 그 결과 새로운 신념을 얻게 됩니다. 인간은 이 과정을 끊임없이 반복하면서 지식을 늘리고, 이를 통해 사회를 발전시킵니다. 인간이 신념을 얻는 방법에는 고집의 방법, 권위의 방법, 선험적 방법, 과학적 방법이라는 네 가지가 있습니다. 그중에서 가장 좋은 방법은 과학적 방법입니다. 앞의 세 가지 방법에는 경험과 행동이 빠져 있거나 과학성이 부족하지만, 과학적 방법은 그 신념을 얻는 과정과 결과를 검증할 수 있기 때문입니다.[106]

105 　C. S. 퍼스(1994), 제2장 「어떻게 우리의 관념을 명료하게 할 수 있는가?」, 소광희 외, 『철학의 제 문제』, 벽호, 150~151쪽에서 재인용.

106 　박영식(2000), 『서양철학사의 이해』, 철학과현실사, 315~317쪽 참조.

제임스: 진리의 의미와 진리의 기준

실용주의를 하나의 철학 사조로 정립하고 널리 보급하는 데 공헌한 인물은 제임스입니다. 그는 실용주의를 단순한 인식 방법이 아니라 하나의 진리관, 나아가서 하나의 세계관으로 확대 발전시켰습니다. 만일 저 개념보다 이 개념이 참이라면, 이것이 어떤 사람에게 '실제로 어떤 효과를 낳을지'를 그는 따집니다. 참된 것은 마땅히 실천이나 경험에 영향을 주어야 한다는 것입니다. 그것을 제임스는 '현금 가치(cash-value)'라고 합니다. 따라서 추상적인 진리들은 구체적인 사실들에 영향을 주지 않는 한 무의미합니다.

윌리엄 제임스

267

제 11 장 실존주의와 실용주의

제임스는 진리의 개념도 새롭게 제시합니다. 그에게 진리란 실재와 관념의 일치만으로 입증되는 게 아닙니다. 진리를 따질 때는 반드시 결과적인 특성, 즉 실제적 의의를 따져야 합니다. 따라서 진리의 기준은 어떤 이론이나 명제의 '작동 가능성(workability)'입니다. 어떤 관념이 구체적인 경험적 사실들에 적용되어 제대로 작동한다면 참된 관념이지만, 그렇지 못하면 참된 관념이 아닙니다.

> 실용주의가 늘 던지는 물음은 다음과 같다. "하나의 관념이나 신념이 참이라고 인정될 경우, 그 참이라는 것을 통해 우리의 현실 삶에 어떠한 구체적인 차이가 생겨날 것인가? 그 진리는 어떻게 실현될 것인가? 신념이 잘못된 경우의 경험과는 어떻게 다른 경험이 생길 것인가? 요컨대 경험 세계의 통화(通貨)로서 그 진리의 현금 가치는 얼마쯤 되는가?"
> 실용주의는 이러한 질문에 대해 곧 다음과 같이 대답한다. 참된 관념이란, 우리가 인정하고, 그 효력을 입증하며, 확인하고 또 진리가 되게 할 수 있는 관념이다. 거짓된 관념이란 그렇지 않은 관념이다. 이것이 바로 참된 관념을 가짐으로써 우리에게 생기는 차이이다. 이것이 진리의 의미이며, 진리가 진리로서 인정되는 모든 것이다.[107]

결론적으로, 진리에 관한 프래그머티즘의 테스트는 '무엇이 가

107　윌리엄 제임스(1994), 제6장 「실용주의의 진리관」, 『프래그머티즘』, 소광희 외, 『철학의 제문제』, 벽호, 152쪽에서 재인용. [윌리엄 제임스(2015), 『실용주의』, 정해창 편역, 아카넷, 290쪽 참조.]

장 잘 작동하는가?'와 '무엇이 우리 생활의 모든 부분에 잘 들어맞는 가?' 여부입니다. 이러한 테스트는 신학에도 적용됩니다. 이때 신학의 진리성은 신에 대한 믿음이 우리의 생활에 미치는 정도에 따라 판단됩니다. 신을 믿는 것이 우리에게 활력과 용기, 행복이나 종교적 위안을 가져다주는지에 따라 결정될 문제라는 것입니다. 결과적으로 제임스는, 신의 존재를 믿는 것이 마음의 평화와 종교적 위안을 줄 수 있으므로 위에 언급한 진리의 의미에 당연히 부합된다고 주장합니다.[108]

듀이: 도구주의

실용주의는 듀이를 통해 과학적 방법론을 넘어 윤리 사상과 사회사상, 나아가 교육철학과 민주주의 전반으로 확장되어 오늘날까지 미국 사회 전체에 큰 영향을 주고 있습니다. 특히 듀이는 전통적인 도덕적 가치관과 과학기술 시대의 새로운 가치관을 중재하고자 하는데, 이를 위해서는 민주 사회에서 철학을 새롭게 재구성해야 한다고 주장합니다.

듀이에 의하면 인간은 늘 문제 상황 속에 놓여 있는 존재입니다. 문제 상황 속에 있는 인간은 수동적이고 관조적일 수 없으며 능동적이고 행동적이어야 합니다. 그래야만 문제를 해결하면서 생존할 수 있기 때문입니다. 이때 문제 해결의 도구가 되는 것이 바로 '지성(intelligence)'입니다. 지성은 종래의 이성(reason) 개념처럼 추상적이고 사변적이어서는 안 되고 구체적이고 탐구적이어야 합니다. 듀이는

---

108   김동식(2002), 『프래그머티즘』, 아카넷, 137~139쪽 참조.

이를 '창조적 지성'이라 부릅니다. 창조적 지성을 발휘함으로써 기존의 관행이나 이론에 안주하는 것을 넘어 적극적인 사회적 실천으로 새로운 대안을 모색할 것을 그는 강조합니다.

존 듀이

[문제 상황 속에서는] 여러 가지 욕망이 서로 충돌하고 있는가 하면, 여러 가지 선인 것처럼 보이는 것들이 서로 대립하고 있다. 필요한 것은 올바른 행위의 방향과 올바른 선을 찾아내는 일이다. 여기서 탐구의 필요성이 제기된다. 즉 상황의 상세한 구조를 관찰하고, 그것을 여러 가지 요인으로 분석하고, 애매한 것을 명확하게 밝히고, 더 뚜렷하고 선명한 특성을 잡아내

고, 가능한 여러 가지 행위 양식의 결과를 헤아려 보고, 도달된 결정도 거기에 이르기까지 예상되고 가정된 결과가 현실적 결과와 일치될 때까지는 단지 가설적이고 시험적인 것으로 간주하는 것이 필요하다. 이러한 탐구가 곧 지성이다.[109]

듀이에 따르면 문제 해결을 위한 탐구의 결과, 즉 지성의 활동 결과로 우리는 어떤 결론에 이르게 되는데, 이 결론이 바로 관념, 또는 이론입니다. 이렇게 볼 때 관념이란 문제 상황을 해결하기 위한 방법이요, 수단이요, 도구입니다. 그런데 도구란 낡으면 갈아야 하고 더 좋은 도구가 나타나면 바꿔야 합니다. 마찬가지로 관념이나 이론도 문제 해결에 도움이 되지 못하면 개량하거나 바꿔야 합니다. 도구로서의 관념의 성격을 요약하면 다음과 같습니다.

첫째, 관념은 플라톤의 이데아처럼 불변하는 절대적인 것이 아니라 인간의 경험이 성장함에 따라 변해 가는 것입니다. 즉 그것은 초월적 기준이 아니라 그때그때 우리의 행위를 인도하는 지침입니다. 둘째, 관념은 외부로부터 받아들인 수동적 경험이 아니라 인간의 능동적 지성이 만들어 낸 창조적 산물입니다. 셋째, 관념은 그 자체로 의미를 지니는 것이 아니라 우리의 삶과 환경을 개선하는 도구로서 의미를 지닙니다. 넷째, 관념은 행위와 분리되어 있지 않고 행위와 연결되어 있습니다. 그래서 좋은 관념은 좋은 행위를 낳게 됩니다.[110]

제11장 실존주의와 실용주의

109   존 듀이(1994), 제6장 「도덕관념의 재구성」, 『철학의 개조』, 소광희 외, 『철학의 제 문제』, 벽호, 368쪽에서 재인용.
110   박영식(2000), 『서양철학사의 이해』, 철학과현실사 327쪽.

1. 다음과 같은 실존철학자의 글을 읽고, 자연과학을 바라보는 실존주
의의 문제의식은 어떤 것인지 말해 봅시다.

> 자연과학이 정신의 영역에 발을 들여놓으려고 할 때 위험과 파멸이 온
> 다. 그것으로 하여금 그것 나름의 방식으로 식물이나 동물 또는 별을 다
> 루도록 하되, 인간 정신까지 그런 방식으로 다루는 것, 즉 대상의 질적
> 측면을 양적 측면으로 환원하고 기계적·역학적으로 획일화하여 다루
> 는 것은 윤리적인 것, 종교적인 것의 정열을 약하게 만드는 모독일 뿐
> 이다.[111]

2. 제임스의 다음 글을 읽고, 철학에 있어 '실용주의의 방법'이 지닌 특
징을 말해 봅시다.

> 실용주의 방법은 애당초 그것 없이는 끝나지 않았을지도 모르는 형이
> 상학적 논쟁들을 해결하는 방법이다. 세계는 하나인가 다수인가, 운명
> 적인가 자유로운가, 물질적인가 정신적인가? 이런 개념들 중 어느 쪽은
> 세상에 유효할 수도 있고 그렇지 않을 수도 있다. 그리하여 그러한 개념

---

111   『키르케고르 일기 유고 전집』, Pap., VII, A 186.

들에 대한 논쟁은 끝나지 않고 있다. 이런 경우들에서 실용주의 방법은 각각의 실제 결과들을 추적함으로써 개개의 개념을 설명하고자 한다. 이 개념이 저 개념보다 참이라면 그 개념은 누군가에게 실질적으로 무슨 차이를 만드는가? 아무리 추적해 보아도 실질적 차이가 없다면, 어느 한쪽을 택한다 해도 실제로 같은 것이고, 모든 논쟁은 쓸데없다. 우리는 논쟁이 심각해질 때마다, 한쪽 또는 다른 쪽이 옳다면 어떤 실질적 차이가 있는지 보여 줄 수 있어야 한다.[112]

112   윌리엄 제임스(2008), 『실용주의』, 정해창 편역, 아카넷, 257쪽.

제12장

최근의 윤리적 담론

이 장에서는 주로 20세기 후반에 등장한 미국의 윤리적 담론들, 그중에서도 오늘날 우리에게까지 큰 영향을 미치고 있는 롤스(J. Rawls, 1921~2002)와 매킨타이어(A. MacIntyre, 1929~)와 싱어(P. Singer, 1946~)의 윤리 사상을 살펴보고자 합니다.

롤스는 20세기 후반 길을 잃은 미국의 윤리학계에 혜성 같이 등장하여 윤리학의 부활을 이끈 당사자로서, 효율성을 추구하는 자본주의 체제에 '칸트 윤리학'의 아이디어를 접목하려 시도했습니다. **매킨타이어**는 롤스 이론의 현실성 부족을 비판하면서, 롤스가 꿈꾼 윤리 혁명은 우리 사회의 당면 문제와 역사적 유산을 제대로 이해하고 극복할 수 있을 때 가능하다고 주장했습니다. 또 이를 위한 개인들의 자기 정체성과 신념의 형성을 강조했으며, 이러한 그의 논지는 '덕 윤리'의 담론으로 이어졌습니다. 오늘날 영·미 윤리학의 대세인 공리주의를 비판하면서 등장한 위 두 사상가와 달리 **싱어**는 '공리주의'를 현대적 관심사에 적용하면서 그 논의의 범위를 넓혔는데, 이는 특히 응용윤리의 분야에서 많은 사람의 주목을 받았습니다.

이 세 사상가는 현대 규범 윤리학의 부활을 이끈 인물들이면서, 각기 **칸트의 의무론**, 아리스토텔레스의 **덕 윤리**, 그리고 **공리주의**를 현대적 의미에서 재해석한 대표자들이기도 합니다.

1. 20세기 윤리학의 흐름

메타윤리학의 군림과 규범윤리학의 부활[113]

20세기 중반까지 서구의 ―주로 영미권에서― 윤리학은 거의 한 세기 가깝게 주로 도덕적 지식의 본질이나 주요 도덕적 용어의 의미에 관한 기술적(descriptive) 문제를 논하는 데 몰두하고 있었습니다. 윤리 연구는 의미론과 인식론에 치우쳐 있었으며, 실천적인 주제들에 대한 연구는 거의 무시되었습니다. 이 시기의 윤리학은 두 가지 도그마에 의해 지배되고 있었습니다. 첫째는 도덕적 중립성(moral neutrality)의 논거인데, 이에 따르면 도덕철학의 결론들은 구체적인 규

---

113   박찬구(2016), 1장 1절 「현대 응용윤리학의 동향」, 『생활 속의 응용윤리』, 세창출판사 참조.

범적 문제들에 관한 한 항상 중립을 지켜야 합니다. 그래서 메타윤리학(metaethics)[114]과 규범윤리학(normative ethics)[115] 사이에는 분명한 선이 그어졌습니다. 그 결과 윤리학자의 임무는 메타윤리학으로 한정되었고, 연구의 결과도 현실의 규범적 윤리 문제와는 무관하게 되었습니다. 두 번째 도그마는 이른바 사실-가치(fact-value)의 이분법과 관련한 문제인데, 말하자면 사실적 탐구와 가치 탐구 사이에는 논리적 장벽이 있어서 누구도 '있는 사실'에 관한 전제로부터 '있어야 할 당위'에 관한 결론을 이끌어 낼 수 없다는 것입니다. 이러한 논거에 따르면, 자연과학, 사회과학, 또는 역사 연구의 결과들과 같은 사실적 명제들(사실 판단)로부터는 어떠한 규범적 명제(가치 판단)도 이끌어 낼 수 없습니다.

그러나 당시의 윤리학자들이 표방하던 위의 두 가지 신조는 1960년대의 수많은 사회적·도덕적 난제들 앞에서 윤리학자들의 판단에 기대를 걸었던 많은 사람에게 매우 실망스러운 결과를 안겨 줄 수밖에 없었습니다. 왜냐하면 도덕적 중립성의 논거는 윤리학자들의 연구가 실제 도덕 문제들과는 아무 상관이 없다는 것을 함축하며, 사실-가치의 이분법은 사실적 탐구에 근거한 어떠한 이론도 윤리적으로 타당할 수 없다는 것을 의미하는 듯이 보였기 때문입니다. 결국 윤리학은 윤리적 도움을 필요로 했던 당시 사회의 절박한 요구에 부응하기 위해서 스스로 변할 수밖에 없었습니다.

---

114   윤리학이 하나의 학문으로서 성립 가능한지 여부를 따지거나 윤리적 용어 및 개념의 의미를 주로 분석하기 때문에 분석윤리학이라고도 함.

115   선과 악, 옳고 그름 등의 가치 판단과 그러한 판단을 내릴 수 있게 해 주는 규칙이나 원리의 타당성에 대해 탐구하는 전통적 의미의 윤리학.

이러한 변화는 한마디로 '규범윤리학의 부활'로 나타났습니다.[116] 1971년 롤스는 그의 책 『정의론(*A Theory of Justice*)』을 통해 그 전환점을 마련했으며, 여기서 칸트 의무론을 현대적으로 해석했습니다. 이에 맞서 공리주의 이론도 재조명되었는데, 본 장에서는 1975년 『동물해방(*Animal Liberation*)』을 통해 윤리의 적용 범위 확대를 주장하며 응용윤리 분야에서 많은 이슈를 생산한 싱어의 사상을 살펴봅니다. 칸트주의와 공리주의의 부활에 맞서 이 양자를 모두 비판하는 신(新)아리스토텔레스주의(neo-Aristotelian)도 등장했습니다. 1981년에 나온 매킨타이어의 『덕의 상실(*After Virtue*)』은 이른바 덕 윤리(virtue ethics)의 부활을 알리는 신호탄이 되었습니다.

2. 롤스의 정의론

롤스 이론의 등장 배경: 공리주의의 한계

20세기 전반기의 윤리학은 한마디로 메타윤리학의 군림과 규범윤리학의 불모 상황으로 특징지어질 수 있습니다. 그런데 아무리 규범윤리학의 무능이 두드러진다 해도 암암리에 사회제도 및 정책 결정의 기준으로 작용하고 있었던 이론은 역시 **공리주의**였습니다.

---

116 규범윤리학의 부활에 대한 반동도 있었습니다. 보편타당한 윤리 이론의 가능성을 의심했던 니체의 영향을 받아 버나드 윌리엄스와 리처드 로티 등은, 추상적인 윤리 이론이 우리로 하여금 오히려 삶의 구체적인 측면을 놓치게 만들 수 있다고 비판했습니다. 대체로 이들은 윤리 이론 그 자체를 평가절하 하고 이러한 규범윤리학적 기획 전체의 인식론적 위상에 대해 의문을 제기했습니다.

이는 경험주의적 전통을 지닌 영미권 사회에서는 어쩌면 당연한 일일 것입니다.

　　롤스의 문제의식은 당시의 지배적 이론인 공리주의가 개인의 권리와 복지를 보장해 줄 수 없다는 불만에서 시작됩니다. 사실 이러한 문제점은 고전적 공리주의를 비판하면서 현대 공리주의로의 길을 개척한 **시즈윅**(1838~1900)을 통해 이미 예견된 바 있습니다. 시즈윅은 개인적인 행복 추구와 사회 전체의 행복 사이에서 생기는 문제점을 해결하는 데 혼신의 노력을 기울인 사상가입니다. 그는 '행복이란 한 개인에 의하여 주관적으로 경험되는 것인데 왜 인류 전체의 행복 달성이 개인에게 의무로 부과되어야 하는가?' 또 '개인이 경험할 수 있는 유일한 행복은 자기 자신의 행복인데 왜 다른 사람들의 행복을 걱정해야 하는가?'라고 의문을 제기한 후, 이러한 공리주의의 이론적 약점을 극복하기 위해서 공리주의에 칸트 윤리학의 직관주의적 요소를 도입하고자 했습니다. 시즈윅의 해법은 일단 보편적 행복(최대 다수의 최대 행복)이라는 공리주의의 '실질적 원리'를 인정한 다음, 추가로 몇 개의 자명한 '형식적 원리'를 받아들이는 것입니다. 그것은 칸트의 정언명법 같은 공정과 평등의 원리인 **정의**(justice), 합리적 자기애의 원리인 **타산**(prudence), 개인의 선이 아닌 모든 사람의 선을 지향하는 **박애**(benevolence)라는 세 가지 원리입니다.[117]

117　H. Sidgwick(1963), *The Methods of Ethics*, 7th ed., London: Macmillan, pp. 381~383.

헨리 시즈윅

시즈윅의 시도는 '정의'의 원리를 통해 '타산'과 '박애' 원리 사이의 갈등을 해소하려는 것으로 보입니다. 그러나 이 같은 노력에도 불구하고 '이기주의와 공리주의' 사이, 혹은 '타산의 원리와 박애의 원리' 사이에 생길 수 있는 갈등은 쉽게 해결될 수 없었습니다. 공리주의가 '어떤 개인이 타인의 더 큰 행복을 위해서 자신의 행복을 희생하는 것이 합리적일 수 있다'고 주장하면, '어떤 개인이 자신의 행복을 궁극적 목적으로서 추구하는 것도 마찬가지로 합리적일 수 있다'고 이기주의가 맞받아칠 것이기 때문입니다.[118] 경험적으로 볼 때 이 두

118   같은 책, p. 498.

원리는 분명히 조화될 수 없습니다. 왜냐하면 자신의 희생이 항상 자신의 행복(이익)으로 연결된다고 볼 수는 없기 때문입니다.

마침내 시즈윅은 자명한 원리들이 이렇게 상충하는 결과를 놓고 몹시 흔들리는 모습을 보이고 맙니다. 그는 이러한 모순을 해결할 수 없다면 "도덕을 전적으로 포기하는 것이 합리적일 것"이라고 토로하는가 하면, 심지어 "도덕을 완전히 합리화할 생각 또한 포기하는 것이 필요할 것"이라고 언급하기도 합니다.[119] 이러한 시즈윅의 고백에서 우리는 이 문제가 결코 쉽게 해결될 수 없는 것임을 직감합니다. 롤스의 정의론은 오늘날 우리가 몸담고 있는 자본주의 체제의 현실 속에서 이 문제를 해결해 보려는 또 하나의 위대한 시도로 보입니다.

정의의 두 원칙

잘 알다시피 공리주의는 사회 전체의 효용(utility, 공리)의 극대화를 추구합니다. 따라서 윤리적 판단의 기준은 '최대 다수의 최대 행복'이 됩니다. 롤스의 문제의식은 이러한 기준에 따라서 분배되는 개인의 권리와 자유, 권한과 기회, 소득과 재산 등의 사회적 기본 가치들이 과연 균등하게 분배되고 있는가에 있습니다. 즉 특정 세력의 이해관계나 우연적인 운이 작용하여 분배에 영향을 미친다면 이는 정의롭지 못하다는 것입니다. 이런 문제의식에서 그는 사회적 기본 가치들이 각 구성원에게 공정하게 분배될 수 있도록 보장하는 제도를 꿈꾸었습니다. 그리고 그러한 제도를 만들기 위한 기본 원칙, 즉 '정

119　같은 책, p. 508.

의의 원칙'을 구상했습니다. 이 정의의 원칙은 당연히 모든 사회구성원의 합의를 통해 수립되어야 할 것입니다.

> 그 원칙들은 자신의 이익 증진에 관심을 가진 자유롭고 합리적인 사람들이 평등한 최초의 입장에서 그들 공동체의 기본 조건을 규정하는 것으로 채택하게 될 원칙들이다. 이러한 원칙들은 그 후의 모든 합의를 규제하는 것으로서, 참여하게 될 사회 협동체의 종류와 설립할 정부 형태를 명시해 준다. 정의의 원칙들을 이렇게 보는 방식을 나는 공정으로서의 정의 (justice as fairness)라 부르고자 한다. (『정의론』, §3; 33)[120]

존 롤스

일반적으로 사람들은 자신의 이해관계가 개입된 일에는 공정한 판단을 내리기가 어렵습니다. 그래서 롤스는 내가 누구인지, 다른 사람이 누구인지 모른다는 가정 아래 원칙을 정해 보자고 제안합니다. 나와 타인에 관한 정보가 차단된다면 사심이 개입할 여지가 적어져서 그만큼 공정한 원칙을 세울 수 있으리라 기대한 것입니다. 롤스는 이를 평등한 **원초적 입장**(original position)이라 부르는데, 이는 일종의 사유실험으로서 전통적인 사회계약론에서의 '자연 상태'에 해당합니다. 이러한 입장이 지니는 특성은 "아무도 자신의 사회적 지위나 계층상의 위치를 모르며, 누구도 자기가 어떠한 소질이나 능력, 지능, 체력 등을 천부적으로 타고났는지를 모른다"는 것입니다. 그리하여 "정의의 원칙들은 **무지의 베일**(veil of ignorance) 속에서 선택된다"는 것입니다. "이를 통해 보장되는 것은 원칙들을 선택함에 있어서 아무도 타고난 우연의 결과나 사회적 여건의 우연성으로 인해 유리해지거나 불리해지지 않는다"는 점입니다(『정의론』 §3; 34). 롤스는 사람들이 나중에 베일을 벗었을 때 혹 자기가 가장 불리한 위치에 처해 있음을 발견하게 된다 하더라도, 최소한의 인간다운 삶의 여건을 마련해 주는 사회를 선택하리라고 확신합니다.

이러한 선택의 원리를 롤스는 **최소 극대화 규칙**(maximin rule)이라고 부르는데, 이는 최소 수혜자에게 최대의 몫이 돌아가도록 결정한다는 의미입니다. 그는 '무지의 베일' 속에서 합리적 선택을 하는 자는 이 규칙에 따라 최소한의 생활수준을 보장하는 체제를 선택할

120　이하 롤스의 『정의론』 인용은 (절(§) 숫자; 번역본의 쪽수)를 병기함. 번역은 『사회정의론』
(황경식 역, 서광사, 2013)을 참조하였음. 인용문 내 강조는 필자 강조.

것으로 기대합니다.

> '최소 극대(maximin)'라는 말은 최소 중의 최대(maximum minimorum)
> 를 의미하는 것인데, 그 규칙이 주는 지침은 제시된 행동 과정
> 을 취할 때 일어날 수 있는 최악의 경우에 주목하고 그에 비추
> 어 결정을 하라는 것이다. (『정의론』 §26; 172)

이런 과정을 통해 롤스가 찾아낸 **정의의 두 원칙**은 첫째, '최대
로 평등한 자유의 원칙', 둘째, '차등의 원칙' 및 '(공정한) 기회 균등의
원칙'입니다(『정의론』 §21; 142). 이를 부연하면 다음과 같습니다.

> 첫째, 모든 사람은 다른 사람들의 유사한 자유와 양립할 수 있
> 는 가장 광범위한 기본적 자유에 대하여 동등한 권리를 가져
> 야 한다. (『정의론』 §11; 81~82)

> 둘째, 사회적·경제적 불평등은 다음 두 조건을 만족하도록 조
> 정되어야 한다. (a) 최소 수혜자에게 최대의 이익이 되고 (b)
> 공정한 기회 균등의 원칙 아래 모든 사람에게 개방된 직위와
> 직책에 결부되어야 한다. (『정의론』 §13; 103)

제2원칙의 해석을 통한 '정의로운 체제'의 모색

흔히 **자유 우선 원칙**으로 불리는 첫째 원칙은 정치적 자유, 언
론과 집회의 자유, 양심과 사상의 자유, 사유재산권과 신체의 자유 등

누구나 평등하게 누려야 할 기본권을 명시한 것으로서, 둘째 원칙에
우선하는 원칙입니다.

흔히 **평등 제한 원칙**으로 불리는 둘째 원칙의 내용 중에서 롤
스는 "그 불평등이 모든 사람에게 이익이 된다"와 "그 불평등이 모든
사람에게 개방된다"(『정의론』 §11; 82)라는 두 가지 조건을 독립변수 삼아
그려 볼 수 있는 네 가지 체제를 검토합니다(『정의론』 §12; 86 이하).

	"모든 이에게 이익이 됨"	
"평등하게 개방됨"	효율성 원칙	차등의 원칙
재능에 따른 성취로서의 평등	① 자연적 자유주의	③ 자연적 귀족주의
공정한 기회 균등으로서의 평등	② 자유주의적 평등	④ 민주주의적 평등

① **자연적 자유주의**(natural liberty) 체제는 '재능 있는 자라면 누구
나 출세할 수 있다'라는 생각이 구현된, 즉 다양한 천부적 재능과 서
로 다른 사회적 배경을 가진 사람들이 자유로이 경쟁하며 살아가는
체제입니다. 이들은 자신의 타고난 능력을 마음껏 발휘하고 사회적
여건을 마음껏 활용함에 있어서 어떤 제도적 제약도 받지 않습니다.
이러한 체제는 자유 시장경제를 전제로 하고 있습니다. 여기서는 훌
륭한 재능이나 사회적 지위를 타고난 사람, 또는 그러한 바탕 위에서
열심히 노력하는 사람이 성공하며, 자기의 재능과 노력 정도에 따라
출세의 길이 열려 있습니다. 이러한 평등은 '형식적 기회 균등'으로서
의 평등이라 할 수 있습니다. 이 체제가 갖는 문제점은 우연적 요인
들, 즉 **자연적 우연성**(자기 노력의 결과가 아니라 우연히 타고난 재능이나 소질 등으
로 인한 것)과 **사회적 우연성**(자기 노력과 상관없이 부모 덕택에 우연히 소속하게 된

사회적 신분이나 조건 등으로 인한 것)으로 인해 사회적 권익의 분배가 부당하게 이루어진다는 점에 있습니다.

　② **자유주의적 평등**(liberal equality) 체제는 앞선 형식적 기회 균등의 조건에 **공정한 기회 균등**이라는 조건을 추가함으로써 '사회적 우연성으로 인한 부정의'를 시정하려는 노력의 산물입니다. 이러한 체제는 기회의 균등을 단지 형식적으로가 아니라 '실질적으로' 보장하고자 합니다. 이는 비슷한 능력을 지니고 비슷한 노력을 하는 사람에게는 비슷한 수입과 직위를 얻을 수 있는 실질적인 기회가 보장된다는 의미입니다. 이 체제는 동일한 능력과 포부를 지닌 사람들의 기대치가 자기가 속한 사회적 계급의 영향을 받아서는 안 된다는 생각, 즉 모든 사람은 자기가 태어난 소득 계층과 무관하게 동일한 성공의 전망을 가져야 한다는 생각의 반영입니다. 그러나 이 체제는 사회적 우연성의 영향을 배제한다는 장점을 지니고 있긴 하지만, 아직도 **자연적 우연성**에 의해 부나 소득의 분배가 결정된다는 단점을 지니고 있습니다. 사회적 여건과 마찬가지로 자연적 자질 또한 우리의 노력과 상관없이 우연히 주어지는 조건에 불과한 것으로서, 그로 인한 결과적 불평등 역시 도덕적으로 정당화되기 어렵다는 것입니다.

　③ **자연적 귀족주의**(natural aristocracy) 체제는 자연적 자유주의 체제와 마찬가지로 사회적 우연성이 방치되는 것은 물론, 이에 더하여 천부적 재능을 가진 자들의 이익(즉, 자연적 우연성)이 귀족주의에 의하여 제한될 수도 있습니다. 이 체제는 형식적 기회 균등조차 충분히 보장할 수 없다는 점에서 일단 논외로 합니다.

　④ **민주주의적 평등**(democratic equality) 체제는 '공정한 기회 균등

의 원칙'과 '차등의 원칙'이 결합된 형태입니다. 이 체제는 자유주의적 평등 체제가 지향하는 실질적 기회 균등을 보장하는 데에서 한걸음 더 나아가 사회적 약자를 위한 배려, 즉 사회보장제도까지 갖춘 형태입니다. 완전히 정의로운 최상의 체제를 모색하면서 롤스가 특히 신경 쓴 부분은 "차등의 원칙도 효율성의 원칙과 양립할 수 있다"는 점, 그리고 "완전히 정의로운 체제 또한 효율적이어야 한다"는 점입니다 (『정의론』 §13; 99). 이는 인간 존엄성이라는 칸트적 정의의 이념을 자본주의 체제에 적용하는 데서 그가 고심한 결과로 보입니다. 다음 인용문은 롤스가 생각한 정의로운 사회의 모습을 보여 줍니다.

> 만일 법과 정부가 효율적으로 작용함으로써 시장을 경쟁적으로 유지하고 자원을 충분히 활용하고 적합한 형태의 조세 등을 통해서 재산과 부를 널리 분배하며 적절한 최소한의 사회생활을 보장한다고 가정해 보자. 그럴 경우에 따라오는 소득의 분배와 기대치의 형태는 차등의 원칙을 만족시키는 경향이 있을 것으로 생각된다. 현대 국가에 있어서 사회 정의를 확립해 준다고 생각되는 이러한 복합적인 제도 내에서는 보다 유리한 처지에 있는 자의 이익은 최소 수혜자의 여건을 향상시켜 줄 것이다. 혹은 향상시키지 못할 경우에도, 예를 들어서 적합한 수준의 사회적 최소치(social minimum)를 설정함으로써 향상시키도록 조정될 수 있을 것이다. (『정의론』 §14; 107)

롤스는 이와 같이 자본주의 체제의 '효율성 원칙'을 살리면서도 '공정한 기회 균등의 원칙'과 '차등의 원칙'이 모두 적용되는 **민주주의적 평등 체제**를 정의로운 사회의 대안으로 제시합니다.

3. 매킨타이어의 덕 윤리

덕 윤리의 등장 배경

칸트의 의무론과 공리주의로 대표되는 서양 근대 윤리는 서양 근대 시민사회의 산물입니다. 근대에 접어들어 과거 농노의 신분으로 장원에 묶여 있던 근대인들이 자유도시로 탈출하여 상공 시민계층으로 성장함으로써 시민사회가 형성되었습니다. 근대 윤리는 바로 이 시민사회의 특징을 지닌 윤리라 할 수 있습니다. 이러한 윤리는 이전의 전통 윤리와는 다른 특성을 지닙니다. 예전에는 (고대 그리스의) 폴리스나 (중세의) 장원과 같은 소규모 또는 중간규모 공동체의 삶에 필요한 규칙을 배우고 익힘으로써, 다시 말해 덕을 쌓음으로써 충분했으나, 이제는 추상적 거대 공동체 또는 익명적 타인과의 관계에도 적용될 수 있는 윤리가 필요해진 것입니다. 이러한 윤리는 **원리 중심**이 되지 않을 수 없습니다. 개별적 행위자나 특정 집단의 특수성을 넘어서 보편적으로 적용될 수 있어야 하기 때문입니다. 또 이러한 윤리는 **강한 의무 의식**을 수반하지 않을 수 없습니다. 우리의 일반적인 도덕적 감수성이 미치는 범위를 훨씬 넘어서까지 적용되어야 하기 때문입니다. 근대 윤리학이 '행위자보다 행위 자체'에 주목하고, '행위자의 덕성보다 도덕 원리나 규칙'을 중시하며, '좋거나 나쁘다는 표현보다 옳거나 그르다는 표현'을 주로 사용하는 것도 이런 맥락에서 이해할 수 있습니다. 같은 맥락에서 '근대 윤리학은 도덕성을 **법적 개념**에 근거지우고 있다'라는 말도 충분히 이해할 만합니다.

알레스데어 매킨타이어

오늘날 **덕 윤리**의 등장은 근대 윤리의 이런 특성에 대한 불만의 결과라고 할 수 있습니다. 덕 윤리가 보기에 근대 윤리는 인간 삶의 사회적·역사적 맥락과 개인의 인성을 무시한 채 도덕적 의무와 도덕법칙만을 강조했습니다. 이에 덕 윤리는 근대 윤리의 결함을 보완하기 위해 고대의 덕 개념을 현대 윤리의 실천적 과제에 맞추어 적용시키려 했으며, 이 과정에서 **아리스토텔레스의 윤리학**으로부터 큰 영향을 받았습니다. 잘 알다시피 아리스토텔레스는, 인간의 행위에서 무엇이 바람직하고 무엇이 옳은지는 보편적 규칙이나 원칙을 통해 이해될 수 있는 문제가 아니라 오히려 도덕적 사고, 욕구, 행위의 좋은 습관과 결부되어 있는 감수성이나 세련된 식견의 문제라고 보았습니다. 이런 이유로 현대의 덕 윤리학자들은 윤리에 대한 '이론적' 접근 자체를 잘못된 것으로 보는 경향이 있습니다. 인간의 도덕적 삶은 너무나 풍부하고 복잡한 것이기 때문에 윤리를 단일한 제1원리에 근거지우려 하는 공리주의나 칸트주의 같은 접근법으로는 결코 해명될 수 없다는 것입니다.[121] 매킨타이어의 덕 윤리 역시 바로 이런 문제의식의 산물입니다.

롤스에 대한 매킨타이어의 비판

롤스에 대한 매킨타이어의 비판은 롤스가 현대 사회의 윤리적 문제 해결을 위한 아이디어를 근대 윤리의 대표격인 칸트 윤리로부터 빌려 온 데서 이미 충분히 예견됩니다. 롤스는 우리가 정의의 원칙을 바로 세워 우리 사회가 나아갈 방향을 명확히 제시하기만 한다면 점차 사회악과 불평등을 제거하고 마침내 사회 정의를 구현할 수 있다고 생각했습니다. 그러나 매킨타이어는 롤스의 정의 원칙이 과연 현실적인 개혁의 동력이 될 수 있을지 의심합니다. 그 이유 중 하나는 롤스가 가정한 원초적 입장은 단지 사유실험일 뿐이어서 현실의 고민과 문제를 제대로 반영할 수 없다고 생각하기 때문입니다. 현

---

121   박찬구(2014), 『개념과 주제로 본 우리들의 윤리학』(개정판), 서광사, 139쪽 이하 참조.

실에 존재하지도 않는 이상적 인간들의 가상적 판단으로는 현실의 구체적인 문제들을 해결할 수 없다는 것입니다.

매킨타이어에 따르면, 원초적 입장의 계약 상황이란 기본적으로 합리적 판단이 가능하고 스스로 만든 법을 지킬 줄 아는 인간을 전제로 했을 때만 가능합니다. 이렇게 볼 때 원초적 입장의 도덕적 관점은 칸트의 자율 개념에 근거한 서구 근대 이념의 소산입니다. 원초적 입장의 당사자들은 무지의 베일을 쓰고 있어서 애초부터 현실적 이해관계를 떠나 있고 자기 주위의 사회적 상황에 대해서도 무지한데, 이는 개인적 이해 증진은 최소화하면서 사회적 협력은 극대화하는 선택을 하도록 하기 위해서입니다. 롤스는 이러한 선택 과정을 통해 각종 사회제도의 근간이 될 분배 정의의 원칙을 얻을 수 있다고 보는 것입니다. 하지만 매킨타이어가 보기에 우리 삶의 완성은 근대인의 이상과는 달리 오직 타인과 더불어 사는 삶을 통해서만 가능합니다. 더불어 산다는 것은 하나의 공동체를 이루는 것이고, 공동체 없이는 어떤 윤리적 삶도 가능하지 않습니다.[122]

> 우리 모두는 우리 자신의 상황을 하나의 특수한 사회적 정체성의 담지자로서 파악한다는 것이 중요하다. 나는 누군가의 아들 또는 딸이고, 누군가의 사촌 또는 삼촌이다. 나는 이 도시 또는 저 도시의 시민이며, 이 조합 또는 저 직장의 구성원

122 이양수(2007), 『롤스 & 매킨타이어: 정의로운 삶의 조건』, 김영사, 142~145쪽 참조. 이런 측면에서 매킨타이어의 입장을 **공동체주의**로 분류하는 학자들도 있습니다. 이는 칸트적 자유주의 전통을 이어받은 롤스의 입장을 **자유주의**로 분류하는 것과 대조됩니다.

이다. 나는 이 씨족에 속하고, 저 부족에 속하며, 이 민족에 속한다. 그래서 나에게 좋은 것은 이러한 역할을 담당한 누구에게나 좋을 수밖에 없다. 이러한 역할의 담지자로서 나는 나의 가족, 나의 도시, 나의 부족, 나의 민족의 과거로부터 다양한 부채와 유산, 정당한 기대와 책무들을 물려받는다. 이것들은 나의 삶의 주어진 사실과 나의 도덕적 출발점을 구성한다. 이것이야말로 부분적으로 나의 삶에 그 나름의 도덕적 특수성을 부여하는 바로 그것이다. (『덕의 상실』 220; 324)[123]

매킨타이어는 특정 시공간에 실재하는 사회를 떠난 어떤 도덕도 단지 허구에 불과하다고 봅니다. 따라서 도덕철학의 주요 주제들도 특정한 사회적 집단의 역사적 삶이 구현된 곳에서만 발견될 수 있다고 봅니다.

특정한 사회의 도덕으로서 존재하지 않는 도덕은 어디에서도 발견되지 않는다. 기원전 4세기 아테네의 도덕이 있었고, 13세기 서유럽의 도덕이 있었으며, 수많은 그와 같은 도덕들이 있다. 하지만 도덕 그 자체라는 것이 어디에 있었고 또 어디에 있단 말인가? (『덕의 상실』 265~266; 388~389)

이러한 문제의식에서 매킨타이어는 아리스토텔레스가 중시했

123   이하 매킨타이어의 『덕의 상실』 인용은 원서와 번역본의 쪽수를 병기함. 번역은 『덕의 상실』(이진우 역, 문예출판사, 1997)을 참조하였음.

던 덕과 품성을 강조합니다. 그것은 우리의 도덕적 삶에서 결코 무시할 수 없는 중요한 요소이기 때문입니다.

> 덕의 발휘(exercise)는 그 자체로 인간에게 좋은 삶의 핵심적 구성요소이다. (『덕의 상실』184: 273)

> 덕은 습득된 인간의 자질로서, 그것을 소유하고 발휘할 경우 우리는 어떤 관행들(practices)에 내재해 있는 선들을 성취할 수 있게 될 것이며, 그것을 결여할 경우 우리는 사실상 그러한 선들을 성취할 수 없게 될 것이다. (『덕의 상실』191: 282)

매킨타이어는 우리가 몸담고 있는 사회의 역사와 문화를 통해 형성된 정체성을 무시하고서는 어떤 정의 사회의 기획도 성공할 수 없다고 봅니다. 사회제도의 정의로움은 개인이 피부로 느끼는 공정성과 분리되어 존재할 수 없으며, 이는 오로지 개인적 신념들의 지지 속에서 완성된다고 보는 것입니다.

그렇다면 매킨타이어의 덕 윤리는 롤스의 정의론을 대체할 수 있을까요? 몇몇 학자들이 지적하는 바와 같이, 덕 윤리를 대안으로 삼기 힘든 것은 그것이 상대주의의 위험을 안고 있기 때문입니다. 덕이란 어쩔 수 없이 특정 사회의 전통과 관행, 그리고 문화와 뗄 수 없는 관계에 있습니다. 이런 측면에서는 근대 의무 윤리(duty ethics)가 강점을 지닙니다. 그것은 모든 인간의 자유, 평등, 존엄, 행복에 근거한 기본 원칙을 분명히 제시하고 있기 때문입니다. 한 가지 절충안으로는, 의무 윤리의 기본 원칙을 수용한 토대 위에서, 구체적 행위의 장(場)에서는 이웃 사랑의 심성을 길러 주는 덕 교육 및 품성 교육을 병행하는 안을 생각해 볼 수 있을 것입니다.

4. 싱어의 실천 윤리

윤리의 최소한으로서의 공리주의

싱어가 응용윤리 분야에서 주목받기 시작한 계기는 1975년에 나온 책 『동물해방』에서 비롯하지만, 본격적으로 자신의 윤리학을 전개한 것은 1979년에 나온 『실천윤리학(*Practical Ethics*)』에서입니다. 여기서 그는 우리 삶의 실천적인 문제들을 다루기 위한 근거로서 윤리의 개념을 논합니다. 그리고 제일 먼저 윤리의 범주에서 자기중심적이거나 이기적인 노선을 제외합니다. 왜냐하면 "윤리라는 개념은 개인적인 것보다는 좀 더 큰 어떤 것에 대한 고려를 담고 있기 때문"입니다(『실천윤리학』 29).[124] 윤리란 "'나'와 '너'를 넘어서서 보편적인 법칙, 보편화 가능한 판단, 불편부당한 관망자나 이상적인 관찰자의 입장, 혹은 그것을 무엇이라 부르든 간에 그 같은 것으로 갈 것을 요구"합니다(『실천윤리학』 30).

싱어에 따르면 이러한 윤리의 보편적인 측면은 우리로 하여금 넓은 의미의 **공리주의적 입장**을 취하도록 합니다. "윤리적 판단이 보

---

[124]   이하 싱어의 『실천윤리학』 인용은 『실천윤리학』(황경식·김성동 역, 철학과현실사, 1991)의 쪽수만을 표기함.

편적인 관점에서 내려져야 한다는 것을 받아들이게 되면, 이익(interest)이 단지 **나의** 이익이라는 것만을 이유로 다른 사람의 이익보다 더 중요한 것으로 간주될 수 없다는 것도 받아들이게 되기 때문"입니다(『실천윤리학』 31). 이는 모든 사람의 이익을 동등하게 고려해야 함을 의미합니다. 마침내 싱어는 다음과 같이 자신의 입장을 천명합니다.

> 공리주의적 입장은 최소한의 것이며, 이기적인 의사결정을 보편화함으로써 도달하게 되는 첫째 근거이다. 우리가 윤리적으로 생각하고자 하는 한 이 단계를 거부할 수 없다. (『실천윤리학』 33)

이익 평등 고려의 원칙

공리주의적 입장에 따르면, 인간은 윤리적 판단을 함에 있어 개인적이고 당파적인 관점을 넘어서서, 우리의 행위에 의해 영향을 받는 모든 사람의 이익을 동등하게 고려해야 합니다. 싱어는 이를 **이익 평등 고려의 원칙**(the principle of equal consideration of interests)이라고 부릅니다(『실천윤리학』 41). 그리고 이 원칙은 인종과 성을 불문하고 모든 인간에게 동일하게 적용되어야 한다고 주장합니다. 말하자면 인종의 차이와 성의 차이를 넘어 인종 간의 평등과 성평등을 주장하는 것입니다(『실천윤리학』 49~60). 이러한 싱어의 주장에서 특히 주목할 점은 그가 '기회의 평등'을 넘어 '고려의 평등'을 주장한다는 것입니다. 싱어는 기회의 평등만으로는 정의가 구현될 수 없다고 보는데, 이는 마치 롤스가 '(공정한) 기회 균등의 원칙'에 더하여 '차등의 원칙'이 적용되어야 한다고 주장하는 것과 같은 취지입니다.

기회의 평등이란 매력적인 이상이 못 된다. 그것은 재미있고 수입이 좋은 직업을 수행할 능력을 타고난 운 좋은 사람에게는 상을 주고, 그 같은 성공을 거두기 어려운 유전자를 가진 불운한 사람에게는 벌을 주는 그러한 것이다. [···] 타고난 능력에 따른 분배는 필요나 노력의 대가와는 아무 상관없는 자의적인 선택이기 때문에 부정의하다. (『실천윤리학』 63)

이런 이유로 싱어는 **노력**에 대하여 보상을 하는 것, 다시 말해서 타고난 능력이 어떠하든 간에 자기 능력의 최대치에 이르도록 일하는 사람에게 더 많은 보상을 하는 것이 바람직하며, "타고난 능력보다는 필요와 노력에 따른 분배의 원칙이 더욱 광범위하게 인정되도록 하는 것이 현실적일 뿐만 아니라 옳은 일"이라고 봅니다. 이는 일종의 차등의 원칙을 의미하는데, 한걸음 더 나아가 싱어는 '**역차별**(reverse discrimination) 대우'를 제안합니다. 그것은 "기회의 평등을 넘어서서 불리한 집단의 구성원들에게 우선적인 대우를 해 주는 것"을 의미합니다(『실천윤리학』 68).

동물에게도 평등을?

이제 싱어는 '이익 평등 고려의 원칙'을 인간의 범주를 넘어 동물에게까지 적용합니다. 오늘날 인종이나 성(性)을 근거로 인간을 차별하는 인종차별주의(racism)나 성차별주의(sexism)를 우리가 거부하듯이, 단지 우리와 종(種)이 다르다는 이유로 동물을 함부로 대하는 **종차별주의**(speciesism)도 거부해야 한다고 싱어는 주장합니다. '모든 이익은 누구의 것이든 동등하게 고려되어야 한다'는 '이익 평등 고려의 원칙'에서 볼 때, 쾌고 감수 능력(limit of sentience)을 지니는 동물들은 이익, 즉 '고통을 당하지 않을 이익'을 가지고 있으며, 따라서 우리는 이들을 도덕적으로 동등하게 고려할 책임이 있다는 것입니다.

피터 싱어

어떤 존재가 고통을 느끼는데도 그러한 고통을 고려의 대상으로 삼길 거부하는 태도는 도덕적으로 옹호될 수 없다. 한 존재의 본성이 어떠하든, 평등의 원리는 그 존재의 고통을 다른 존재의 동일한 고통과 동일하게 취급할 것을 요구한다. 한 존재가 고통을 느낄 수 없거나 쾌락과 행복을 느낄 수 없다면, 거기에 고려되어야 할 것은 아무것도 없다. 그러므로 쾌고 감수 능력은 다른 존재의 이익에 관심을 가질지 여부를 판단하는, 우리가 옹호할 수 있는 유일한 기준이 된다.[125]

이러한 싱어의 관점에서 본다면, 단지 인간의 편의를 위해 동물에게 심각한 고통을 주는 행위는 잘못된 것입니다. 따라서 우리는 동물을 대하는 태도를 근본적으로 바꾸어야 합니다. 예를 들어, 우리의 육식 습관, 비인도적인 동물사육 및 동물실험 방식, 사냥 취미, 모피 착용, 그리고 서커스와 동물원에 대한 우리의 태도를 모두 바꾸어야 합니다. 만일 우리의 태도가 변한다면, 싱어의 공리주의적 관점에서 볼 때 전체 고통의 양은 크게 줄어들 것입니다.

　동물의 권리를 최초로 언급한 벤담의 정신을 이어받아 윤리의 적용 범위를 동물에게까지 확대할 것을 주장한 싱어의 논의는 오늘날 동물해방 운동의 이론적 토대가 되었습니다. 물론 그의 주장에 대한 반론들도 만만치 않지만, 최근 반려동물을 기르는 인구의 증가 추세와 더불어 동물권에 대한 논의는 더욱 활발해지고 있습니다. 동물권 이슈를 필두로 오늘날 응용윤리 분야의 활발해진 담론은 일정 부분 싱어에게 빚지고 있다고 할 수 있겠습니다.

제12장 최근의 윤리적 담론

125　피터 싱어(1999), 『동물해방』, 김성한 역, 인간사랑, 44~45쪽.

1. 다음 글은 '절차적 정의'를 수립함으로써 정의로운 분배 결과를 보장할 수 있다고 주장합니다. 공정한 분배를 가능하게 하는 이러한 방식의 핵심적 아이디어는 무엇일까요?

완전한 절차적 정의의 예로서 공정한 분할의 가장 간단한 경우를 생각해 보자. 몇 사람이 케이크를 나눈다고 할 때, 공정한 분할을 동등한 분할이라고 한다면, 도대체 어떤 절차에 의해 이런 결과가 나타날 것인가? 복잡한 전문적인 것을 접어 둘 때 분명한 해결책은 한 사람으로 하여금 케이크를 자르게 하고 다른 사람들로 하여금 먼저 집어 가게 한 후 자신은 가장 나중의 조각을 갖게 하는 것이다. 이 경우에 그는 케이크를 똑같이 자를 것인데, 왜냐하면 그렇게 해야 자신에게도 가능한 최대의 몫이 보장되기 때문이다. 이러한 예는 완전한 절차적 정의가 갖는 두 가지 특징을 보여 주고 있다. 첫째, 공정한 분할이 무엇인가에 대한 독립적인 기준이 있는데, 그 기준은 따르게 될 절차와는 상관없이 그에 선행해서 정해진다는 것이다. 둘째, 분명히 그러한 바람직한 결과를 가져오게 될 절차를 고안할 수 있다는 것이다. 물론 이 경우에 선정된 그 사람이 케이크를 똑같이 자를 수 있다든가, 가능한 한 가장 큰 것을 갖고 싶어 한다든가 등과 같은 가정이 이루어지게 된다. 그러나 우리는 이러한 복잡한 점들을 무시할 수 있다. 중요한 것은 어떤 결과가 정의로운지를 결정하는 독립적인 기준과 그러한 결과를 보장하는 절차가 있다는 점이다(『정의론』 §14; 105).

2. 다음 글은 인간의 도덕성에 대한 근대적 이해가 잘못되었다고 지적하며, 그 대안을 아리스토텔레스의 덕 윤리에서 찾고 있습니다. 근대 윤리를 바라보는 덕 윤리의 핵심적 문제의식은 무엇일까요?

17세기와 18세기에 도덕성은 일반적으로 인간 이기주의에 의해 제기되는 문제에 대한 해결책을 제공할 것처럼 이해되었으며, 도덕성의 내용은 대체로 이타주의와 동일시되었다. 인간은 본성상 위험할 정도로 이기적이라고 여겨지게 되었던 것도 바로 그 시기였기 때문이다. 그리고 일단 우리가 인류를 위험할 정도로 이기적이라고 간주하게 되면, 이타주의는 곧바로 사회적으로 필요해지긴 하되 불가능한 것처럼 보이고, 또 만약 그것이 발생해도 설명할 수 없게 된다. 전통적 아리스토텔레스적 관점에서는 그러한 문제들이 생기지 않는다. 덕 교육이 우리에게 가르치는 것은 인간으로서의 나의 선이 내가 인간 공동체 안에 결합되어 있는 다른 사람들의 선과 똑같은 것이라는 사실이기 때문이다. 내가 나의 선을 추구하는 방식은 당신이 당신의 선을 추구하는 방식과 결코 필연적으로 대립하지 않는다. 그것은 그 선이 특별히 내 것만도 아니고 특별히 당신 것만도 아니기 때문이다. 선들은 사적 소유가 아니다. 그렇기 때문에 아리스토텔레스는 인간관계의 근본적 형식인 우애를 공유된 선이라는 맥락에서 정의했던 것이다(『덕의 상실』 228~229; 336~337).

　　대학에서 강의하다 보면 학생들의 반응을 통해서 변화하는 요즘 세상의 흐름을 엿볼 수 있습니다. 더욱이 저자의 수강생 중 상당수가 사범대학의 도덕·윤리 예비교사이다 보니 오늘날 초·중·고교 도덕·윤리 교육의 비관적 전망을 토로하는 말을 자주 듣게 됩니다. 사람들의 관심이 온통 물질, 돈, 외모에만 쏠려 있는 현실에서 정신적 가치, 도덕, 내면의 품성을 강조하는 교육은 설 자리가 없다는 것입니다. 게다가 '도덕'은 대개 뻔~한 얘기가 반복되는, 그래서 지루하고 재미없는, 정답도 뻔~한 것이어서 머리 좋은 애들은 쉽게 점수를 따는 그런 과목이라는 것입니다. '그럼 왜 이런 학과에 들어왔느냐?'고 물으면 매우 곤혹스러워합니다. 점수에 맞춰 지원하다 보니 그렇게 되었다고 고백하거나, 그래도 이런 시대일수록 도덕 교육이 더 필요한 것 아니겠느냐며 당위론을 펴기도 합니다.

물질과 외모와 본능적 욕망의 추구에 정신이 팔린 시대, 그래서 도덕·윤리에 대해서는 냉소주의가 만연한 시대에 윤리교육과에 입학한 학생들의 심정은 복잡합니다. 이런 시대에 도덕·윤리를 이야기하는 것이 무슨 의미가 있을까? 도덕 교육은 과연 가능한 기획일까? 마치 계란으로 바위를 치는 격이 아닐까? 학부생 중에는 스스로 냉소주의자임을 자처하면서 이런 질문을 집요하게 던지는 학생들이 있습니다. 그럴듯한 사탕발림 식의 대답이 통할 수 있는 상황이 아닙니다. 이런 상황을 통해 저자는 학생들로부터 지적 자극과 도전의식을 경험합니다. 어떻게든 '도덕 교육은 의미가 있다', 아니 적어도 '도덕적 성찰 과정 자체가 도움이 된다'는 점을 설득해야 하니까요.

'서양윤리사상' 강의에서도 사정은 마찬가지입니다. 이 강의는 도덕·윤리 예비교사들로 하여금 고등학교 '윤리와 사상' 과목을 가르칠 수 있도록 준비시키는 성격이 있습니다. 정규 교육과정에 개설된 도덕·윤리 교과는 암암리에 어떤 불변하는 혹은 보편적인 도덕적 가치를 전제로 하고 있습니다. 그래서 소크라테스, 플라톤, 아리스토텔레스로부터 시작하여 스토아학파와 중세 교부철학, 스콜라철학을 거쳐 스피노자와 칸트에 이르는 서양의 '주류' 윤리 사상은 어떤 보편적 가치에 대한 신념을 담고 있습니다. 반면에 소피스트로부터 시작하여 에피쿠로스학파를 거쳐 근대 경험주의와 공리주의, 현대 실용주의로 이어지는 흐름은 유물론적이면서 가치 상대주의적인 면모를 지니고 있습니다. 딜레마는 윤리 교과의 은근한 지향점이 전자 쪽에 놓여 있음에도 실제로 많은 학생이 후자 쪽으로 더 끌린다는 데 있습니다. 자본주의 사회의 현실에서 미국 문명의 영향을 강하게 받으며 살고 있는 오늘날 우리의 상황에서는 당연한 일인지도 모릅니다.

이미 '신이 죽은' 이 시대에 '눈에 보이지도 손에 잡히지도 않는' 불변하는 보편적 가치를 설득하는 일은 정말 어려운 과제입니다. 그래서 학생들은 진리 탐구에서도 철학적 방법보다는 과학적 방법을, 추상적 추론보다는 구체적 증거를 더 신뢰하고 선호합니다. 그렇다면 '서양윤리사상'이나 '윤리와 사상' 과목을 둘러싼 우리의 과제는 어떻게 서양의 이 '주류' 윤리 사상을 진부해 보이지 않게 되살릴 것인가, 어떻게 오늘날에도 생생한 울림을 지닌 메시지로 다가오도록 할 수 있는가에 있을 것입니다.

다음 쪽에 등장하는 표는 "윤리의 두 가지 차원"을 하나로 정리해 본 것입니다. 이 표는 저자가 독자의 이해를 돕기 위해 만든 것으로, 이를 통해 서로 밀고 당기며, 혹은 두 가지 차원을 넘나들며 발전해 온 서양 윤리 사상의 흐름을 독자 여러분이 편견 없이 이해할 수 있게 되기를 바랍니다.

윤리의 두 가지 차원

	시간·공간을 초월한 차원	시간·공간적 차원
	본체계(本體界)	현상계(現象界)
	예지계(睿智界)	감성계(感性界)
	철학(형이상학)	과학
	무분별지(직관)	분별지(분석)
플라톤	가지계(可知界, idea)	가시계(可視界)
그리스도교	하느님의 나라	지상의 나라
	하느님의 자녀	혈육의 자녀
	형이상(形而上)	형이하(形而下)
	(태극의) 리(理)	(음양의) 기(氣)
	도(道)	기(器)
유학	본연지성(本然之性)	기질지성(氣質之性)
	천리(天理)	인욕(人慾)
	도심(道心)	인심(人心)
	군자	소인
	불성(佛性)	삼독(三毒, 탐·진·치)
불교	참나(real self)	에고(ego)
	일심(一心) / 진여심(眞如心)	오온으로서의 자아
	보살	중생
	물자체	정신현상
칸트	실천이성	경향성
	선험적(초월적) 자아	경험적(현상적) 자아
법	자연법	실정법
마음	양심	욕심
윤리학	기본 정신·원리로서의 도덕(morality)	현실 규범·제도로서의 도덕(moral)

참고문헌

가아더, 요슈타인(1996), 『소피의 세계 2』, 장영은 역, 현암사.

김동식(2002), 『프래그머티즘』, 아카넷.

김상봉(1999), 『호모 에티쿠스』, 한길사.

김종국(2001), 「'인류의 권리'와 거짓말」, 『철학』 제67집, 한국철학회.

김태길(1973), 『윤리학』(수정5판), 박영사.

램프레히트, S. P.(1973), 『서양철학사』, 김태길 외 역, 을유문화사.

롤스, 존(2013), 『사회정의론』, 황경식 역, 서광사.

매킨타이어, 알레스데어(1997), 『덕의 상실』, 이진우 역, 문예출판사.

_____(2004), 『윤리의 역사, 도덕의 이론』, 김민철 역, 철학과현실사.

문교부(1975), 『고등학교 국어 2』.

밀, 존 스튜어트(2015), 『자유론』, 권기돈 역, 펭귄클래식코리아.

_____(2021), 『밀의 공리주의』, 류지한 역, 울력.

박영식(2000), 『서양철학사의 이해』, 철학과현실사.

박종현(1985), 『희랍사상의 이해』, 종로서적.

박찬구(1995), 「흄과 칸트에 있어서의 도덕감」, 『철학』 제44집, 한국철학회.

_____(2014), 『개념과 주제로 본 우리들의 윤리학』(개정판), 서광사.

박찬국(2005), 『현대철학의 거장들』, 철학과현실사.

벤담, 제러미(2011), 『도덕과 입법의 원리 서설』, 고정식 역, 나남.

브로드, C. D.(2000), 『윤리학의 다섯 가지 유형』, 박찬구 역, 철학과현실사.

비멜, 발터(1999), 『사르트르』, 구연상 역, 한길사.

사하키안, W. S.(1986), 『윤리학의 이론과 역사』, 송휘칠·황경식 역, 박영사.

서병창(2016), 『토마스 아퀴나스의 윤리학』, 누멘.

세네카(2005), 『행복론: 인생이 왜 짧은가』, 천병희 역, 숲.

소광희 외(1994), 『철학의 제문제』, 벽호.

스피노자, B.(1990), 『에티카』, 강영계 역, 서광사.

싱어, 피터(1991), 『실천윤리학』, 황경식·김성동 역, 철학과현실사.

_____(1999), 『동물해방』, 김성한 역, 인간사랑.

아우구스티누스(2002), 『신국론』, 조호연·김종흡 역, 현대지성사.

_____(2008), 『고백록』, 김평옥 역, 종합출판 범우.

아리스토텔레스(1984), 『니코마코스 윤리학』, 최명관 역, 서광사.

_____(2006), 『니코마코스 윤리학』, 이창우·김재홍·강상진 역, 이제이북스.

_____(2009), 『정치학』, 천병희 역, 도서출판 숲.

_____(2018), 『니코마코스 윤리학』, 천병희 역, 도서출판 숲.

아우렐리우스, 마르쿠스(2005), 『명상록』, 천병희 역, 숲.

에이어, A. J.(1987), 『흄의 철학』, 서정선 역, 서광사.

아퀴나스, 토마스(2020), 『신학대전 8』, 강윤희 역, 바오로딸.

_____(2020), 『신학대전 28』, 이진남 역, 바오로딸.

애링턴, 로버트 L.(2003), 『서양윤리학사』, 김성호 역, 서광사.

에피쿠로스(1998), 『쾌락』, 오유석 역, 문학과 지성사.

에픽테토스(2018), A. A. 롱 편, 『어떻게 자유로워질 것인가?』, 안규남 역, 아날로그.

이양수(2007), 『롤스 & 매킨타이어: 정의로운 삶의 조건』, 김영사.

잘라문, 쿠르트(2011), 『카를 야스퍼스』, 정영도 역, 지식을만드는지식.

제임스, 윌리엄(2008), 『실용주의』, 정해창 편역, 아카넷.

표재명(1995), 『키에르케고어 연구』, 지성의 샘.

프랑케나, 윌리엄 K.(1984), 『윤리학』, 황경식 역, 종로서적.

플라톤(2003), 『플라톤의 네 대화 편』, 박종현 역주, 서광사.

____(2005), 『플라톤의 국가』, 박종현 역주, 서광사.

____(2010), 『플라톤의 프로타고라스/라케스/메논』, 박종현 역주, 서광사.

____(2018), 『플라톤의 고르기아스/메넥세노스/이온』, 박종현 역주, 서광사.

하이데거, 마르틴(1998), 『존재와 시간』, 이기상 역, 까치.

한전숙(1980), 「헬레니즘 로마 철학」, 『세계철학대사전』, 교육출판공사.

홉스, 토마스(2008), 『리바이어던 1』, 진석용 역, 나남.

회페, 오트프리트(1997), 『임마누엘 칸트』, 이상헌 역, 문예출판사.

흄, 데이비드(1996), 『인간 본성에 관한 논고 2: 정념에 관하여』, 이준호 역, 서광사.

_____(1998), 『인간 본성에 관한 논고 3: 도덕에 관하여』(수정판), 이준호 역, 서광사.

힐쉬베르거, 요한네스(1994), 『서양철학사』(상권), 강성위 역, 이문출판사.

Gert, B.(1988), *Morality: A New Justification of the Moral Rules*, Oxford: Oxford University Press.

Goodin, R. E.(1991), "Utility and the good," in: P. Singer(ed.), *A Companion to Ethics*, Oxford: Basil Blackwell.

Hume, D.(1975), *Enqiuries concerning Human Understanding and concerning the Principles of Morals*, L. A. Selby-Bigge(ed.), P. H. Nidditch(rev.), Oxford: Oxford University Press.

_____(1978), *A Treatise of Human Nature*, L. A. Selby-Bigge(ed.), Oxford: Oxford University Press.

Raphael, D. D.(ed)(1897), *British Moralists*, Oxford: Oxford University Press.

Russell, B.(1996), *History of Western Philosophy*, London: Routledge.

Kant, I.(1983), *Werke in zehn Bänden*, W. Weischedel(hrsg.), Darmstadt: Wissenschaftliche Buchgesellschaft.

[ㄱ]

가언명령 209

가언명법 217

가치 상대주의 164

갈릴레이, 갈릴레오 153

감성계 220

감성 교육 48

감정(sentiments) 179

강자의 이익 35, 40

개인주의 19, 85

결과론 200

결과주의 226

결정론 145, 159

경향성 205, 210, 214, 219

경험주의 154, 177, 189, 193, 226, 241

경험주의자 182

계몽주의 249

계시신학 117

계약 138

고려의 평등 296

고르기아스 19

『고백록』 110

고전적 공리주의 280

공감(sympathy) 186

공동체 292

공리 224, 228

공리(유용성)의 원리 228, 230, 234, 239

공리주의 194, 197, 275, 279-282, 291

공익 242

공자 23

공정성 69

공정으로서의 정의 283

공정한 기회 균등 287

(공정한) 기회 균등의 원칙 285, 287, 296

과두 정체 49

과학적 방법 266

과학주의 145

관념 271

관조적 활동 76

교부철학 108, 123

교환적 정의 68

구원 113

궤변론자 17

귀납법 241

귀납적 방법 154

규범윤리학 278, 279

규칙 공리주의 188, 238, 239

그리스도 255

근대 윤리 290, 301

근대 윤리학 289, 290

근원성 259
글라우콘 41
기게스의 반지 41
기쁨의 정념 163
기술(technē) 71
기회의 평등 296

[ㄴ]
노예제 78
논리실증주의 250
뉴턴, 아이작 153, 201
능산적 자연 158

[ㄷ]
다수결의 원리 245
다이모니온 25
단독자 255, 260
단순관념(simple idea) 180
담론 197
덕 96, 119, 120, 162, 193, 294
덕과 복의 일치 28
덕 교육 301
덕 윤리(virtue ethics) 275, 279, 290, 294, 301
『덕의 상실(After Virtue)』 279
덕(arete, 훌륭함) 46, 53, 61
데모크리토스 16, 90
데카르트, 르네 156, 175
도구 271
도덕 감정(moral sentiment) 184, 187, 193
도덕감(moral sense) 180, 183
도덕법칙 205-208, 211, 212, 214, 220, 253,
    290

도덕성 240
도덕성발달 이론 197
도덕적(인) 덕 63, 120
도덕적 중립성 277, 278
도덕주의 58, 217
도시국가(폴리스) 83
돈 후안 253
동굴의 비유 36, 38
동물권 299
『동물해방』 279, 295
동물해방 운동 299
동적(動的)인 쾌락 89
듀이, 존 250, 269, 271
디오게네스 93

[ㄹ]
로크, 존 228
롤스, 존 197, 275, 279, 280, 282, 291
『리바이어던(Leviathan)』 134
리바이어던(Leviathan) 140

[ㅁ]
만민평등사상 100
만인에 대한 만인의 투쟁 134
매킨타이어, 알래스데어 275, 279, 291, 292
메타윤리학 277-279
명예 지상 정체 49
목적론 59, 199, 200, 206
무시케(mousike) 51
무신론자 262
무어, 조지 235
무지 74

310

무지의 베일(veil of ignorance) 284, 292
무지의 지 21
무한자 16
문제 상황 266, 269
민주 정체 49
민주주의적 평등 287
민주주의적 평등 체제 289
밀, 존 스튜어트 197, 221
밀레토스학파 16

[ㅂ]
박애(benevolence) 280
박애의 원리 281
버틀러, 조지프 147
범신론 157
법칙에 대한 존경심 219
베이컨, 프랜시스 132
벤담, 제러미 221, 226, 227, 231, 299
보편법칙의 정식 207
보편적 이기주의 162
보편주의 212
본래성 258
본래적 자기 256
본질 250, 261
본체적 자아 210
부동심(apatheia, 아파테이아) 95
분배적 정의 68
분배 정의의 원칙 292
분석윤리학 278
불교 254
불안(Angst) 260, 263
불의 68, 69, 138

불평등 78
브로드, 찰리 던바 199
비본래성 258

[ㅅ]
사르트르, 장-폴 261
사실-가치(fact-value) 문제 189
사실-가치(fact-value)의 이분법 278
사유실험 291
사유(dianoia)의 덕 63
사익 242
사회계약 139, 216
사회계약론 284
사회보장제도 288
사회 운영 원리 242
사회적 감정(social feelings) 236
사회적 우연성 286, 287
사회적 정체성 292
사회 정의 288, 291
산파술 21, 22
상대주의 18, 19, 36, 45, 294
상식 철학 241
생·로·병·사의 '고통' 255
생산자 47
석가모니 23
선 205
선의 이데아 38
선의지 201-204, 206, 213
선의 형상 39
선호 공리주의 237
성차별주의(sexism) 297
성평등 296

세계-내-존재 258

세계시민 100

세계주의(cosmopolitanism) 85

세네카 93

소극적 쾌락주의 86

소산적 자연 158

소수자의 인권 245

소크라테스 19, 20, 40, 233, 254

소피스트 17

속성(attribute) 155

수도자의 덕(the monkish virtues) 170

수호자 47

스콜라철학 123

스토아사상 165, 167

스토아학파 93, 169

스파르타 35

스피노자, 바뤼흐 101, 154

슬픔의 정념 163

시민법 124

시민사회 289

시인의 감정 184, 192

시인(approbation) 혹은 부인(disapprobation)의 감정
179

시즈윅, 헨리 280, 282

『신국론』 113

신법 125

신(新)아리스토텔레스주의(neo-Aristotelian) 279

신에 대한 지적인 사랑 168

신의 계시 111, 125

신의 나라 115

신의 은총 113, 118

신(新)플라톤주의 113

신(新)플라톤학파 109

『신학대전』 118, 125

실용주의(pragmatism, 프래그머티즘) 194, 247,
250, 264, 268

실용주의(의) 방법 272, 273

실재 38

실재론자 38

실정법(實定法) 100, 124, 144

실존 250, 257, 264

실존 변증법 252

실존이 본질에 앞선다 261

실존주의 247, 251, 272

실존철학 249

실질적 기회 균등 288

『실천윤리학』 295

실천이성 70

실천적 지혜(phronēsis) 71, 72

실체(substance) 154

실험적 방법 250, 265

실험주의 265

심미적 실존 252

싱어, 피터 240, 275, 295, 296

[ㅇ]

아낙시만드로스 16

아데이만토스 43

아리스토텔레스 59, 117, 169, 200, 290, 293,
301

아리스티포스 85

아우구스티누스 108, 123

아우렐리우스, 마르쿠스 94

아퀴나스, 토마스 77, 117

아타락시아(ataraxia) 90

아테네 17, 35

악 113

악덕(나쁨) 53, 193

악의 기원 126

안심입명(安心立命) 85

앎(epistēmē) 74

야스퍼스, 카를 255

약육강식(弱肉強食) 18

양심 117, 183, 253, 260

양적 쾌락주의 230, 231

양태(modes) 155

에피쿠로스 86

에피쿠로스학파 85, 225

에픽테토스 94, 167

역차별 297

연역적 방법 154

영국 경험주의 132

영미법 241

영원법 121

영혼불멸 24

예수 23

'용기'의 덕 51

우애 301

원자론 90

원죄 115

원초적 입장(original position) 284, 291, 292

유능한 판단자(competent judges) 189, 238

유물론 92, 132, 145

유용성 184, 185

윤리적 상대주의 17, 143

윤리적 실존 253

윤리적 이기주의 142

윤리학 197

응용윤리 275, 279, 295

의견(doxa) 74

의무 204, 205, 214

의무론 199, 200, 217, 227

의무 윤리(duty ethics) 294

의무 윤리학 99, 100

의지의 나약함(akrasia) 27, 74

이기주의 142, 162, 241, 281, 301

이데아 38, 39, 271

이론이성 70

이모티비즘(emotivism) 181, 191

이상적 관찰자 이론(ideal observer theory) 189

이상주의자 38

이성의 덕 70

이성주의 154, 177, 191, 193

이성주의자 181

이성중심주의 197

이오니아학파 16

이익 평등 고려의 원칙 243, 296, 297

이타주의 301

인간법 124

인간성 211

인간의 나라 115

인간 존엄 사상 100

인간 존엄성 211, 216, 288

인격 211, 212

인격주의 212

인류애 187

인위적 덕 186

인종차별주의(racism) 297

일반적 규칙(general rules) 188
일상성 258-260
일상인 258
일원론 156

[ㅈ]
자기만족 102
자기보존 133
자기보존의 원리 161
자기애 208, 219
자아(ego)의 발견 175
자연권 137
자연법 122, 136, 144
자연법사상 100
자연 상태 134, 284
자연신학 117
자연적 귀족주의 287
자연적 덕(natural virtues) 120, 185
자연적 우연성 286, 287
자연적 자유주의 286
자연주의 145, 173
자연주의자 195
자연주의적 오류(naturalistic fallacy) 190, 235
자연철학 16
자연철학자 15
자유 26
자유민주주의 212
자유 시장경제 286
자유 우선 원칙 285
자유의지 113, 159
자유인 166, 170
자유주의적 평등 287

자율 210
자제력 없음 74
작동 가능성(workability) 268
'절제'의 덕 51
절차적 정의 300
정념 163, 182, 183, 193
정언명령 209
정언명법 217
정의 35, 40, 42, 46, 68, 138, 186
정의론 197, 279, 282
정의의 두 원칙 282, 285
정의의 원칙 283
정의(justice) 280
정적(靜的)인 쾌락 89
제국주의 249
제논 93
제임스, 윌리엄 250, 267, 272
존경심 219
존엄(Würde) 212
존재 가능 257
존재-당위(is-ought) 문제 189
존재 양식 257
종교성 A 254
종교성 B 254
종교적 덕 120
종교적 실존 254
종교전쟁 132
종차별주의(speciesism) 297
죄 255
주권자 139, 149
주지주의 27
주체성 251

314

주체적 진리 251
주체 철학 175
죽음 23, 24, 31, 91, 97, 170, 255, 259, 260
죽음으로의 선구 261
준칙 206, 213
중용(mean) 65, 66
지성(intelligence) 269
지와 덕과 복의 일치 29
지와 덕의 일치 25
지적인 덕 63, 120
직관적 지성(nous) 71
직관주의 280
진리 268
질적 쾌락주의 237, 240

[ㅊ]
차등의 원칙 285, 288, 296, 297
참주 정체 50
창조적 지성 270
철인 군주 48
철인 정치 47
철학적 지혜(sophia) 71
초감성계 220
최고선 60, 169, 223
최대 다수의 최대 행복 227, 244
최대행복의 원리 224
최소 극대(maximin) 285
최소 극대화 규칙(maximin rule) 284
최소 수혜자 288

[ㅋ]
칸트, 이마누엘 101, 169

칸트 윤리 291
칸트 윤리학 280
칸트 의무론 279
칸트주의 279, 291
칼리클레스 28
콜버그, 로런스 197
콩스탕, 뱅자맹 216
쾌고 감수 능력(limit of sentience) 298
쾌락 28, 79, 98, 224
쾌락의 계산법 231
쾌락의 질적(인) 차이 232, 237
쾌락주의(hedonism) 28, 79, 199, 224, 240
쾌락주의의 역설 86
키니코스학파 93
키레네학파(Cyrenaics) 85
키르케고르 251, 252

[ㅌ]
타산(prudence) 280
타산의 원리 281
타산주의(prudentialism) 143
타율 210
탈레스 16
탐미주의자 252
태양의 비유 39
통치자 46
투쟁 255
트라시마코스 19, 40

[ㅍ]
「파이드로스(Phaidros)」 52
퍼스, 찰스 250, 264

페르시아 전쟁 17
「페이터의 산문」 103
펠로폰네소스 전쟁 35
평정심(아타락시아) 89
평화 112
품성 294
품성의 덕 63, 73
프로타고라스 18, 30
플라톤 17, 35, 108, 169, 197, 254, 271
피타고라스 16

[ㅎ]
하버마스, 위르겐 197
하이데거, 마르틴 257
학문적 인식(epistēmē) 71
한계상황 255, 256, 259
행복(eudaimonia) 28, 60, 62, 75, 97, 112, 118,
       127, 162, 169, 200, 214, 228, 234,
       244, 280
행복주의(eudaimonism) 58
행운 62

행위 공리주의 238
허치슨, 프랜시스 180
헤겔, 게오르크 빌헬름 프리드리히 247
헤라클레이토스 16
헤브라이즘 15
헬레니즘 15
현금 가치(cash-value) 267, 268
현대 공리주의 280
현명한 관망자(judicious spectator) 189
현상계 201, 210
현상적 자아 210
현존재(Dasein) 257
형상 38
형식적 기회 균등 286
홉스, 토머스 131, 228
화이트헤드, 앨프리드 33
황금률 123
회의주의 19, 36, 45
효용(utility, 공리) 282
효용성 226
흄, 데이비드 176